감사의 마음을 담아

_____ 님께 드립니다.

부동산협상 2
명도편

부자로 가는 문이 활짝! 당신의 선택은?

부동산협상 2
명도편

임병혁 지음

W미디어

머 · 리 · 말

요즘은 아파트나 빌라 등을 구입한다고 하면 누구나 경매를 통한 방법을 한 번쯤은 생각한다. 경매가 얼마나 대중화가 되었으면 심지어 대학교에 경매 관련 동아리가 있을 정도이고, 일명 갭gab 투자로 아파트가 투자 대상이 된 지도 오래다. 공부를 해야 할 학생들이 부동산 투기의 열풍에 발을 담그고 있는 실정이니, 이쯤 되면 전문 경매업자들은 더 긴장할 수밖에 없다. 사실 시장이 너무 과열되면 별로 먹을 게 없다. 그래도 여전히 경매는 진행되고, 누군가는 낙찰을 받아간다.

일단 경매로 낙찰 받았다면 명도를 어떻게 해야 하는가를 생각해야 한다. 흔히 경매에서 명도를 경매의 꽃이라고 하지 않는가. 그만큼 경매 명도는 정석이 없고, 또한 시작과 끝이 정해진 게 없다. 아주 쉬운 경매 명도 협상도 누가 하느냐에 따라 다르고, 누가 점유하고 있느냐에 따라 다르다. 경매는 각 물건마다 개별성이 워낙 다양하기에 'A하면 B하다'란 명도 정석이 존재하지 않는다. 결국은 많은 경험을 요한다는 뜻이다.

그렇다고 명도가 다 어렵다고 얘기하는 것은 아니며, 모든 명도가 쉽다는 뜻은 더더욱 아니다. 하지만 경매에서 낙찰을 받아야 이런 명도 협상을 고민이라도 하지, 일단 낙찰받기가 워낙 힘이 든다. 돈이 많으면 쉽게 받을 것 같지만 그게 그렇게 호락호락하지가 않다. '내가 받을 수 있었는데 말이야, 나보다 더 많은 금액을 누가 배팅을 해서…' 모두가 남 탓을 한다. 이게 문제다. 모두가 이렇게 생각해서인지 요즘 아파트들은 시세마진이 거의 없을 것 같은데도 어쨌든 낙찰을 받아간다.

　여러분은 이런 분위기에 휩쓸리지 않고, 냉정하게 자료 분석을 하고 임장을 거쳐 낙찰을 받았다. 이제 명도는 어떻게 할 것인가? 이 책은 20여 년에 걸친 필자의 다양한 명도 경험을 바탕으로 연구 분석한 명도 협상 이론에 더해 실제 사례를 담아 경매 초보자들도 어렵지 않게 명도 협상에 임할 수 있게 노력해온 산물로, 이 책을 활용하여 독자들의 큰 성공이 있기를 기대한다. 책에 언급된 실제 사례들은 편의상 시기와 장소를 약간 바꿨으며, 그 과정 중에 의도치 않은 잘못이 있더라도 필자의 불찰임을 밝히며 널리 양해를 구한다는 말로 글을 맺는다.

차례

제2부 명도 협상의 실제

제1부

명도 협상의
이해

제1장

명도는 정말 어려운가?

경매로 낙찰을 받았다면 우선 점유자를 만나게 되는데, 그는 낙찰자인 당신에게 이런 얘기를 할 것이다. 현재의 상태로 오기까지 자신들의 집안은 풍비박산되어 가족 모두 길거리로 나앉게 되었으니 당신의 선처를 바란다면서, "그래서 말인데 어느 정도의 이사비를 주실 수 있겠습니까?"라고 분명히 물어온다.

여기서 '분명히'라고 표현하였다. 즉 절대 예외가 없다는 뜻이므로 낙찰자는 미리 이 질문에 답변할 준비가 되어 있어야 한다. 그런데도 상당수의 낙찰자는 이 부분에 대하여 깊은 생각을 하지 않고 일단 상대를 만나본 후 그때부터 답변을 준비하려 한다. 피할 수 없는 상황이라면 미리 준비하는 것이 좋다.

이러한 질문에 대한 준비로, 첫 제안이 갖고 있는 특징에 대해 한 번 살펴보자.

첫째, 첫 제안을 먼저 제시하는 자는 '닻의 효과'를 발휘한다. 즉 처음 제시된 금액과 이사기간이 앞으로 상대와 있을 협상에서 기준점으로 작용하게 된다. 따라서 낙찰자라면 먼저 낮은 금액을 제시하는 것이 좋다. 낙찰자가 제시하는 낮은 금액이란 강제집행비용보다 낮은 포장이사비 정도가 될 것이다. 역으로, 점유자라면 높은 금액을 먼저 제시하면 된다. 이사합의비용보다 단위가 훨씬 큰 보증금으로 "이사하는데 월세보증금이 필요합니다. 1000만원!"이라고 얘기한다.

둘째, 상대보다 나중에 첫 제안을 하는 것은 '1/2 즉 반반씩 양보'를 요구하기 위함이다. 타협전략의 가장 기본이다. 따라서 타협전략을 구사하려는 사람은 상대에게 먼저 금액과 기한을 제시하라고 요구하게 된다.

셋째, 그래도 대부분의 사람들이 먼저 제안하는 것보다 나중에 제안을 하려는 것은 상대로부터 거절을 당하기 싫어하는 본능이 작용되기 때문이다. 낙찰자나 점유자 모두 상대로부터 자신의 요구사항이 터무니없다는 평가를 받고 싶어 하지 않기 때문에 상대가 먼저 제시하기를 바란다.

넷째, 경우에 따라서는 상대방이 생각지도 않은 좋은 조건을 내세울 가능성도 있다. 가령 당신이 점유자에게 지급하고자 하는 금액은 200만원 정도였지만, 점유자는 돈은 필요 없고 명도를 하는데 소문만 나지 않기를 바란다고 하는 경우를 생각해볼 수 있다.

위의 네 가지를 낙찰자 입장에서 다시 해석해본다면 ① 집행비용보다 낮은 금액을 제안하면서 상대의 기선을 제압하거나, ② 빠르고 쉬운 합의를 위하여 공평한 반반씩을 요구하거나, ③ 점유자가 첫 제안을 꺼리게 될 때 그것은 본능이 작용하는 것이므로 충분히 이해를 하고, ④ 상대가 어리숙하다고 느껴진다면 의외의 결과물을 기대하면서 상대에게 먼저 얘기해 보라고 주장할 수 있다.

이런 부분을 언급하는 이유는 만일 여러분이 경매로 물건을 낙찰 받았다면 명도대상자와 낙찰자가 첫 제안을 누가 먼저 할 것인지에 대해 대단히 신경질에 가까울 정도로 상대에게 떠넘기는 상황이 아주 빈번하기 때문이다. 무조건 상대가 먼저 첫 제안을 해야 한다고만 생각한다면 서로 첫 제안 한 번 못해보고 강제집행까지 갈 수도 있다.

1. 쓸데없는 두려움을 갖지 말라

선순위의 대항력이 있으면서 배당에 참여하지 않은 진정한 세입자를 제외하고는 모든 세입자는 인도명령대상이다. 분명히 얘기하건대 인도명령대상이다. 왜? 낙찰자가 주인이기 때문이다. 주인이 세입자보고 나가라는데 나가야지 별 도리가 있는가! 세입자가 할 수 있는 것은 가능한 한 시간을 오래 끌어보거나 정말 쉽게 나가거나, 아니면 반대급부로 이사비용을 달라고 요구할 뿐이다. 결론은 점유자는 나가게 되어 있다.

현재 살고 있는 사람이 자기의 보증금을 다 받는 경우 낙찰자가 찾아가서 비워 달라고 하면 100명 중 99명은 큰 이의를 달지 않는다. 다음으로, 살고 있는 사람의 보증금이 5000만원이었는데 2000만원 밖에 배당받지 못한다면 억울하겠지만 그 2000만원이라도 건질 수 있으니 다행이다. 하지만 직접 그 돈을 찾아가려면 낙찰자의 동의, 즉 명도확인서가 있어야 한다. 누군가의 동의가 있어야 한다는 것은 그 동의권자에게 함부로 할 수 없다는 말이다. 동의를 구하는 자는 힘에 밀리게 되어 있다.

개중에는 불행하게도 자신의 보증금을 다 날리는 세입자도 있을 수 있다. 그들을 명도하기 위해 당신은 경매 응찰하기 전에 적정한 이사비용을 미리 책정해 놓는다. 여기에서 나는 '적정한'이라고 했지 '과도한'이라고는 하지 않았다. 과도하게 요구할 때는 싸울 필요 없이 강제집행하면 간단하게 처리된다. 결론은 세입자를 내쫓기가 쉬울 수도, 그렇지 않을 수도 있다는 말이다. 쉽지 않은 자는 돈이면 해결된다. 돈으로 일을 처리할 수 있는 것만큼 쉬운 비즈니스도 없다. 경매 상담 코너에서 가장 많이 나오는 질문 두 가지를 살펴보자.

Q1 남을 내쫓기가 딱하잖아요…

맞다. 하지만 실무에서 보면 가장 거짓말이다. 난 그런 사람에게 이렇게 얘기한다. "딱하면 이사비용을 넉넉하게 주시면 되잖아요." 그러면 상대는 "그럼 남는 게 없잖아요"라고 말한다. 얼마나 이율배반적인가!

여기에서도 알 수 있듯이 세입자를 위한 동정심만큼 이사합의금은 늘어난다. 좋은 게 좋은 것이라고 생각하면 이사비용을 넉넉하게 주고, 자신의 이익이 우선이면 이사비를 적게 주면 된다. 선택은 항상 당신의 몫이다.

그럼 나 같은 경매 컨설턴트는 어떻게 나올 것 같은가? 의뢰인에게 최대한의 이사비용을 책정 받은 후 일을 처리한다. 즉 나에게 걸린 세입자는 다른 사람들이 받는 이사비보다 후하게 받는다. 단 협조적이었을 경우이다. 비협조적이면 나의 경비와 시간과 일당이 소모되기 때문에 점유자가 지급받는 이사합의금은 그만큼 줄어든다.

Q2 순수하게 협조하지 않는 사람들도 있을 텐데…

맞는 말이다. 하지만 의문은 의문을 낳을 뿐이다. 지금껏 수많은 명도 협상을 진행했으면서도 나는 지금도 상대를 만나기 위해 초인종을 눌렀을 때 "누구십니까?" 하고 나오는 상대의 음성을 들으면 떨린다. 경험이 많아도 이러하거늘 초보자라면 더더욱 그럴 것이다. 따라서 통제하지 못하는 것을 애써 통제하려 하지 말자.

명도를 시작할 때 다음 네 가지 내용을 숙지하면서 마음을 편하게 갖자. ① 낙찰 받은 집은 당신의 수중에 들어오는 것은 분명하고, ② 상대와의 원만한 합의를 위해 이사합의금을 적정하게 책정한 후, ③ 당신의 수익에 크게 좌우되지 않는 범위 내에서 원만하게 합의를 하되, ④ 쓸데없는 두려움을 갖지 말자.

2. 설득하려 들지 말고 협상을 하라

초보 경매 응찰자는 경매 낙찰 후 점유자를 찾아가 설득과 이해를 시키려고 한다. 이때 점유자는 이론적인 경매지식을 모를 수도 있으나 경매의 특성상 경매개시결정 후 낙찰, 배당, 명도기일까지 1년 가까운 시간을 거치며 경매라는 용어와 친숙하게 된다.

가끔 지식은 머리로 배우는 것보다 몸과 마음으로 배울 때도 있다. 현실적인 문제에 부닥치면 몸과 마음으로 배우게 되어 있다. 그만큼 절실한 문제이기 때문이다. 가끔은 점유자가 경매응찰한 당신보다 이론적으로 더 훌륭하게 무장되어 있을 수 있다. 상대가 당신의 요구를 받아들이지 않는 것이 덜 설득되었거나 덜 이해하였다고 판단되면 당신은 더 설득하거나 더 이해시키려 할 것이다.

상대는 이미 당신의 설득을 다 받아들였고, 모두 이해하였다. 그런데 당신은 원하는 답이 나오지 않기 때문에 덜 설득되었고, 덜 이해하였다고 판단하고 했던 얘기를 또 하는 실수를 범한다. 때로는 협상으로 가기 전에 먼저 언쟁이 시작되기도 한다.

이제 설득과 협상의 미묘한 경계점을 사전을 통해 한 번 살펴보자.

설득; [명사] 상대편이 이쪽 편의 이야기를 따르도록 여러 가지로 깨우쳐 말함.

협상; [명사] 1. 어떤 목적에 부합되는 결정을 하기 위하여 여럿이 서로 의논함.

　　　2. 〈정치〉 둘 이상의 나라가 통첩(通牒), 서한(書翰) 따위의 외교 문서를 교환하여 어떤 일에 대하여 약속하는 일. 또는 그런 약식 조약. 조약과 달리 국가 원수나 국회의 비준을 필요로 하지 않으며, 주로 특정 지역에서 친화적 국제 관계를 맺을 때에 행한다.

설득 If you persuade someone to do something, you cause them to do it by giving them good reasons for doing it.

협상 If people negotiate with each other or negotiate an agreement, they talk about a problem or a situation such as a business arrangement in order to solve the problem or complete the arrangement.

두 어휘의 설명 가운데 영문에서 볼 수 있는 특이점으로 설득에는 없지만 협상에 '분쟁'이란 용어가 있다는 점이다. 그리고 설득에는 단순한 'do'가 있지만 협상에는 해결을 의미하는 'solve'나 'complete'가 있다.

단어에서 보듯 좀 더 광범위하고 구체적이지 못한 부분을 설득으로 보고, 구체적이며 꼭 해야만 하는 것을 협상으로 인식하고 있는 것이다. 따라서 협상은 구체적인 목표까지 도달해야 한다.

이를 실무로 옮겨온다면 협상을 통해 집을 비우게 하는 '명도'라는 결과를 분명히 이끌어내야 한다는 말이다. 경매는 낙찰 후 명도라는 분명한 결과를 이루어내야 하기에, 나는 여러분이 반드시 협상을 배울 필요가 있다고 본다.

3. 명분에서 이기면 실리도 얻는다

경매에서 낙찰 받은 사람은 부동산의 점유자(채무자)를 만나게 되는데, 이때 이사비용에 대해 언급하게 된다. 낙찰자가 지급하는 이사비용의 기준은 통상 강제집행비용이 된다. 즉 강제집행비용에서 약간의 플러스알파가 감안되어 점유자에게 제시되게 된다.

좀 더 대상을 확대해서 살펴본다면, 여관이나 모텔 같은 경우는 그것을 경영하는 사업자가 가진 영업권리가 이사합의금의 협상 기준점이 되며, 공장용지의 경우에는 채무자가 허가를 받으면서 들어간 전용비용 및 인허가비용이 합의금의 기준이 되기도 한다.

가령 채무자가 공장 인허가비용으로 1억원이 소요되었다고 하자. 허가만 얻은 상태에서 공장을 짓지도 못하고 경매가 진행되어 낙찰 받았을 경우, 낙찰자는 전 소유자의 인허가를 말소신청한 후 다시 인허가를 신청해야 하는데 어차피 그동안 투입된 인허가비용이 다시 소요되므로 낙찰자 입장에서는 채무자의 공장 인허가에 대한 승계를 양수받는 것이 좋다. 게다가 채무자의 인허가 신청 당시에는 가능했던 것이 사정 변경에 의해 낙찰자에게는 안 되는 사항이 있을 수도 있음을 감안한다면 그것이 훨씬 더 유리할 수 있다(ex 공장 총량제, 연접 제한).

주택의 경우에는 앞에서 밝힌 것처럼 강제집행비용이 대략적인 기준점이 된다. 따라서 낙찰자는 대략적인 강제집행비용 정도는 알고 있어야 한다. 통상 실무에서는 '전용면적 × 15만원' 정도 하면 부대비용이 포함된 가격이 된다.

하지만 점유자는 낙찰자의 입장과 기준점이 다르다. 특히 주택 점유자의 경우에는 대부분 이사합의금으로 낙찰자에게 새로 들어갈 집의 월세보증금을 요구한다. 따라서 점유자가 요구하는 이사합의금은 500만원, 1000만원처럼 낙찰자가 생각하는 명도집행비용과는 상당한 차이를 나타낸다. 경매 경험이 많지 않다면 점유자가 처음 제시하는 금액이 500만원, 1000만원 단위이므로 낙찰자는 상당히 당황스러울 수 있다.

이처럼 점유자가 요구하는 금액과 낙찰자가 제시하는 금액에서 상당한 차이를 보이는 것은 서로 기준점이 다르기 때문이다. 결국 기준점이 월세보증금이냐 명도집행비냐에 따라 금액은 현저한 차이를 나타내게 되므로, 낙찰자 입장에서는 점유자에게 명도 협상을 진행해 가면서 이사합의금의 기준점을 명확하게 제시해야 한다.

이러한 기준점에 대한 조정 없이 서로 반반씩 양보만을 요구하다보면 점유자가 제시한 어마어마한 금액이 협상의 기준점이 되므로 낙찰자가 얼마를 제시하든 명도집행비용보다 훨씬 높은 금액으로 이사합의금이 타결될 가능성이 높다.

일례로, 점유자가 500만원을 제시하였고 낙찰자가 50만원을 제시하였다고 해보자. 시간을 가지고 줄다리기 협상을 해도 그 중간선인 200만원쯤이 공평해 보이는 지점이다. 점유자의 월세보증금에 근거한 기준점이 수정되지 않으면 낙찰자가 제시하는 금액과의 간격이 상당하여 협상의 여지가 없거나 타결이 되더라도 낙찰자에게 불리한 지점에서 이루어질 확률이 높다.

결국 점유자가 500만원을 제시했다고 하더라도 협상 과정에서 설득을 통해 상대에게 이사합의금액은 명도집행비용이라는 점을 주지시켜야 한다. 이런 점을 주지시켰다면 "명도집행이 250만원 나옵니다. 집행비용보다는 적게 나와야 저도 협상하는 실익이 있으니까 합의를 150만원에 합시다"라는 정도의 대화가 오갈 수 있다.

낙찰자나 점유자의 이사합의금에 대한 금액차가 너무 커 애초에 금액의 협상을 시도하지 못하게 되거나, 바로 법 집행절차로 착수하게 되는 경우를 막기 위해서는 무엇보다 공식적인 이사비용 요구에 앞서 이사비용에 대한 지급기준에 대해서 먼저 협상하는 게 좋다. 약간의 시간이 소요되더라도 명도 협상에서 합의되는 이사비용은 지급 판단 기준점이 무엇이 되느냐에 따라 대부분 이미 결정이 나기 때문이다.

4. 선한 사람 콤플렉스를 가질 필요는 없다

경매 낙찰 후 명도 단계에서 상대에게 필요 이상으로 좋은 인상을 줄 필요는 없다. 그렇다고 양아치 건달처럼 행동하라는 얘기는 아니다. 상대에게 좋은 인상을 주기 위해서는 그에 따른 행위가 필요하게 된다. 우리가 일상생활 속에서 좋은 인상을 가진 사람들이라는 특징은 어떠할까? 아마 ① 외형상의 호감, ② 언어표현 및 언어사용기술, ③ 약속, ④ 양보, ⑤ 매너, ⑥ 진실 등에 대해 상대가 우호적으로 받아들이는 감정 정도이다. 이런 일상생활 속에서의 좋은 인상의 역할은 상대를 심리적으로 안정시키며 지속적인 만남을 기대하게 만드는 역할을 한다.

비즈니스 세계에서 좋은 인상의 목적은 신뢰의 기반 형성이며, 신뢰는 일회성 거래보다는 장기적인 관계에서 필요로 하는 요소이다. 그런데 과연 경매 명도는 점유자와 지속적인 만남을 필요로 하는가? 그리고 장기적인 관점을 고려해야 하는가? 물론 그렇지 않다. 좋은 인상을 보여주고자 하는 점은 명도 과정에는 전혀 도움이 되지 않는 낙찰자 개인 차원의 욕구이다. 매슬로의 욕구 5단계 중 4단계인 타인으로부터 인정받고 존경받고자 하는 욕구이다.

이런 욕구의 충족은 반드시 비용을 수반하게 되는데, 가령 타인으로부터 부자로 인정받고 싶다면 비싼 집과 고급 차, 값비싼 액세서리, 접대비용 등을 지불해야 한다. 즉 큰 부자로 보이고 싶은 자는 큰 낭비를 하면 되는 것이다.

마찬가지로, 명도 과정에서 좋은 인상으로 남고자 매슬로의 욕구 5단계 중 4단계가 개입되면 이에 수반되는 행동을 해야 한다. 즉 충분한 이사시간과 넉넉한 이사합의금 등을 준비해야 하며, 상대가 신뢰에 반하는 행위를 해도 어느 정도 용인해줘야 하며, 먼저 양보하는 행위까지 필요하다. 점유자에게 좋은 인상을 주려는 욕구가 명도 과정에 개입되는 순간부터 상대에게 풀어줘야 할 낙찰자의 돈보따리는 커질 수밖에 없다.

하지만 낙찰자가 상대에게 비쳐질 자신의 인상에 대해 크게 신경 쓰지 않는다면 점유자를 위해 양보해줄 것이 별로 없다. 따라서 명도 과정에서 낙찰자는 자신의 욕구는 철저히 통제하되 상대의 욕구는 최고로 표출시킬 줄 아는 심리적 전술이 필요하다. 낙찰자가 점유자의 욕구를 표출시키는 행위, 즉 점유자가 신사다운 사람, 약속을 잘 지키는 사람, 양심이 있는 사람 등으로 자신을 소개하게끔 만들어 놓아야 한다.

점유자가 그렇게 자신을 소개한다면 행동도 그렇게 해야 한다. 그렇게 행동하지 않는다면 말과 행동이 달라지는 자신의 모습을 보며 일관성이 없다고 판단하게 된다. 따라서 인간이 가진 욕구의 단계 표출은 낙찰자 자신이 필요한 것이 아니라 점유자가 표출하게 만들어야 한다.

당신이 다음 사례와 같은 상황을 마주했다면 어떻게 행동했을까? 점유자가 낙찰자에게 너무 잘해준다. 집에서 협상을 하면 커피와 과일을 내오고, 집안 구석구석을 구경시켜 주는데 낙찰자가 미안함을 가질 정도다. 처지는 딱한데 낙찰자에게는 과분할 정도로 친절하다. 그러면서 이사 합의비용에 대한 선처를 호소한다. 어찌 보면 아주 깨끗하게 승복을 한 것이다.

이런 태도에 낙찰자는 그에 따른 보답을 해주어야겠다는 부담을 가진다. 넉넉한 이사비용과 충분한 이사기간을 주었다. 어쩐지 그렇게 해야만 할 것 같았다. 그런데 나중에 알게 된 사실이지만 점유자가 고급 외제차를 몰고 다닌다. 비록 그 차에 압류 등이 되어 있을 수는 있겠으나 그런 좋은 차를 타고 다니는 점유자에 비해 낙찰자는 10년도 더 된 낡은 소형차를 타고 다닌다면 어떤 심정이 될까.

처한 속사정과는 상관없이 이런 대비되는 눈앞의 현실은 사람을 허무하게 만든다. 낙찰자는 자신의 차에 앉아 한동안 움직일 줄 몰랐다. 당연한 말이지만, 상대의 친절한 태도와 양보를 요구하는 분위기에 휘말려 필요 이상의 양보를 하면서 착하게 보일 필요는 없다.

5. 점유자의 마지막 목표는 이사합의금이다

경매 낙찰 후 만나게 되는 상대에 대해 너무 큰 부담을 가질 필요는 없다. 이 부분에 대한 부담이 크면 경매 응찰부터 소극적인 태도로 갈 수밖에 없다. 처음 경매를 하는 사람 입장에서는 채무자 혹은 점유자가 엄청 화가 나 있을 것 같고 낙찰자를 보면 원수 취급할 것 같지만, 실제 그들을 만나보면 그렇지 않다는 것을 알 수 있다. 겉으로야 어떻게 표현하든 속마음은 낙찰자인 당신과 빨리 협상을 해서 최대한 많은 이사비용을 받아 떠나고 싶어 한다.

대부분의 점유자 혹은 채무자는 경매로 날아간 자신의 모든 재산을 되돌릴 수 없다는 것쯤은 다 알고 있다. 그리고 모든 것을 잊고 새롭게 시작하고자 한다. 경매가 시작되면서 이런 마음을 가지게 되었으니, 당신이 낙찰 받아 찾아올 때쯤이면 그로부터 6개월 혹은 1년 후가 된다. 다시 말해 당신이 찾아올 그때까지 지루한 기다림을 하고 있었던 것이다.

이쯤 되면 채무자나 점유자는 이미 정신적으로 많이 지쳐 있는 상태이다. 하지만 망해서 나가는 입장이라 단돈 1만원도 아쉬운 상황이므로 마지막 남은 이사합의금에서 전투의식을 불태운다. 당연히 낙찰자 입장에서는 큰돈이 아니지만 점유자 혹은 채무자 입장에서는 한 푼이라도 더 받아내려 애쓰는 것이다.

① 이사합의금의 해석을 자신에게 유리한 쪽으로 해석하는 경우가 많다.

흔히들 이사합의금은 주지 않아도 되는 비용, 혹은 강제집행의 대안으로 줄 수 있는 비용이라고 생각한다. 과연 그럴까? 계산이란 사는 사람과 파는 사람 양측의 얘기를 들어봐야 합리적이다. 어느 일방의 계산 방식은 그에게는 맞는 말일지언정 상대의 입장에서는 그러하지 아니하다. 이사합의금 역시 마찬가지이다.

인터넷에서 떠도는 이사합의금의 적정선은 경매를 응찰할 사람들만의 금액기준이다. 따라서 그 금액을 다 준다고 해서 최선의 금액을 주는 것은 아니므로, 낙찰자가 많지 않은 이사합의금을 지급하면서 지나치게 생색내는 것은 그것을 받는 사람의 입장은 전혀 고려하지 못한 것이다.

② 적당한 이사합의금이란 당신이 가진 상식선이다.

그렇다면 어느 정도의 금액을 지급해야 적당한 이사합의금이라고 할 수 있는가? 이 물음에 대한 답은 실망스럽겠지만 '당신이 생각하는 상식선'이다. 경매를 당한 사람에게 주는 이사합의금으로 당신이 생각하는 금액이 50만원이면 50만원이고, 500만원이면 500만원이 되는 것이다.

가끔은 적게 줄수록 잘하는 협상이라고 하는데, 이것은 50만원의 상식선을 가진 사람 입장으로 보면 잘하는 협상이지만 500만원의 상식선을 가진 사람의 입장에서 보면 너무 짠 것이다. 50만원의 상식선과 500만원의 상식선, 그 어느 것도 정답일 수는 없다. 하지만 이사합의금의 목표가 50만원이 되는 사람은 경매를 하면서 상대와 빡빡한 협상을 해나갈 수밖에 없고, 매번 그 금액에서 합의를 이루어 내리라고는 누구도 장담하지 못한다.

③ 최소 이사합의금 지급을 위해서는 상대의 마지노선을 찾아내야 한다. 그 마지노선은 양보의 폭으로 알아낸다.

현업에서 일하다 보면 "이사합의금을 가장 적게 주기 위해서는 어떻게 해야 할까요?"라는 질문을 많이 받는다. 즉 산술적으로 100만원, 300만원, 500만원 등으로 딱 떨어지는 금액이 아닌 상대가 양보할 수 있는, 즉 상대가 받아들일 수 있는 최소치는 얼마일까라는 질문에 답하기 위해서는 협상의 일반논리를 이해할 필요가 있다.

그럼 상대가 가진 이사합의금에 대한 마지노선을 어떻게 알아낼 것인가? 그것은 협상 과정 중 나타나는 양보의 폭으로 감을 잡을 수밖에 없다. 가령 점유자가 처음 500만원을 요구하다 협상의 상황에 따라 수정되어 나온 금액이 350만원이라고 하자. 그리고 인도명령이 떨어진 후 집행이 가까워오면서 서로 밀고 당길 시간이 얼마 없을 때 적당한 선에서 타협을 이루게 되는데, 이때 점유자가 250만원으로 양보한 후 더 이상 물러설 수 없다고 강하게 저항하면, 이 저항을 액면 그대로 믿을 것인가 아니면 추가적인 양보의 여력이 있는 것인가에 대한 판단이 쉽지 않다.

상대가 500만원, 350만원, 250만원으로 양보해온 것이 마지노선이라고 생각한다면 이쯤에서 합의를 하게 되고, 협상의 원리를 아는 사람이라면 500만원, 350만원, 250만원으로 내려온 금액의 폭이 150만원(500 - 350 = 150), 100만원(350 - 250 = 100)의 차이로 내려왔기에 50만원에서 한 번 더 추가 DC를 요구할 수 있을 것이라 판단한다. 이것이 협상하는 사람들의 생각이다. 결국 50만원 DC를 받으려면 200만원을 타협 지점으로 생각하고 상대에게 150만원을 주장하여, 채무자의 250만원과 낙찰자의 150만원의 중간인 200만원으로 각각 50만원씩 양보하게 만드는 것이다. 이런 방법으로 상대가 더 이상 물러설 수 없는 곳까지 양보를 얻어내는 과정에서 상대의 마지노선을 알아내가는 것이다.

그럼 대부분의 채무자들은 이사비용을 처음 얼마나 요구할까? 아주 큰 아파트 등이 아닌 중소형 부동산의 경우 십중팔구는 처음 요구액이 500만원이다. 그동안 내가 만난 상당수 채무자 혹은 점유자의 첫 요구가 그랬다. 이 요구안이 시간이 지나면서 합의 가능한 금액대로 이동해오기 때문에, 초보 낙찰자 입장에서 작은 부동산을 받았는데 점유자가 500만원을 요구한다고 기절할 필요는 없다. 인도명령과 강제집행 전 협상 상황을 통해 그 금액이 내려오므로 상대가 부르는 금액인 500만원은 그저 통상적인 공식이려니 생각하는 것이 명도를 진행해 나가는데 덜 당황스러워질 것이다.

④ 이사합의금은 명도시 일시불 지급보다 계약금과 잔금 형태로 지불되는 게 좋다.

낙찰자가 이사합의금을 일시불로 한꺼번에 지불하는 게 좋을까, 아니면 나누어서 지급하는 게 좋을까? 이에 대해 대부분의 경험자들은 명도 당일 완전한 명도 상황을 지켜본 후에 지급할 것을 조언한다.

하지만 내 생각은 조금 다르다. 이사합의금을 계약금과 잔금의 형태로 지불할 것을 권한다. 초보 경매자들은 이사합의금을 약정하고 계약금을 미리 줬는데 상대가 이행을 안 한다면 계약금을 날려버리는 게 아닌가 걱정하기도 하나, 계약금 지불시 합의서면 같은 일종의 각서를 받는다면 그리 걱정하지 않아도 된다. 서로 합의한 날까지 명도하지 않을 경우 가재도구 일체의 짐을 폐기처분해도 좋다는 등의 내용으로 해서 합의각서를 꼼꼼히 작성한다면 각서 내용을 위반할 확률이 줄어든다.

그리고 점유자가 배당금을 받게 되는 경우에는 이들이 배당배제에 의해 배당수령을 못하게 되면 배당을 받을 때까지 머물겠다고 생떼를 쓰는 경우가 많다. 가령 소유자가 위장임차인을 소액임차인으로 만들어 놓아 소액우선변제금으로 명도 후에 들어갈 새로운 집의 월세보증금을 하려고 했는데, 배당기일 사나흘 전에 이해관계 있는 채권자의 배당배제신청이 들어오면 꼼짝달싹 못하는 상황이 발생하여 명도기일을 늦추어 달라는 일방적 통보를 받게 된다.

결국 이런 경우의 수까지 감안한다면 배당배제신청이 들어오기 전에 상대가 빠져 나갈 수 없는 합의각서를 만들어 번복을 하지 못하게 해야 한다.

그리고 덧붙일 것은 계약금과 잔금기일의 간격이 너무 길면 계약금 형태로 지불된 이사합의금을 공돈으로 생각하는 사람이 의외로 많으니, 계약금과 잔금의 지급 시차는 열흘 이내가 적당하겠다.

제2장
낙찰자와 점유자의 관계

낙찰자와 점유자 간에 서로 대화를 하기가 수월하지 않은 경우가 종종 있다. 서로 대화를 나누기보다 빨리 그 자리를 벗어나고 싶은 상대가 있는가 하면, 심지어 조금이라도 감정 상하는 말을 하면 길길이 날뛰는 것이 마치 이성을 잃어버린 것만 같은 사람도 있다. 자칫 잘못하다가는 여태까지 애써 끌어온 명도 과정이 무산될 것만 같다. 이럴 경우 서로 상대방에 대한 요구조건을 전달하였지만 명확성이 떨어져 나중에 분쟁이 발생하는 일이 적지 않다.

가령 이사합의금을 150만원이라고 할 때 그 상세 내역을 구분하지 않는 경우, 즉 낙찰자 입장에서는 '위로금 + 공과금'이 포함된 금액으로 지불되는 이사비이지만, 점유자 입장에서는 순수하게 위로금일 뿐 공과금은 당연히 돈 많은 낙찰자 부담으로 떠넘기는 경우가 발생한다. 이때 점유자가 완강하게 부정하면 낙찰자가 공과금을 낼 생각을 할 수도 있고, 점유자 역시 낙찰자의 태도 여하에 따라 자기 입장의 강약을 나타낼 수 있다.

경매 명도 과정에서 이런 일은 자주, 그리고 꼭 발생한다. 서로 합의했다고는 하지만 그것이 명확한 합의가 아닌 언제든지 쟁점화될 수 있는 유동적 합의인 것이다. 그렇다고 이런 합의가 명확한 합의보다 분쟁의 해결력이 떨어지는 것은 결코 아니다.

합의의 이러한 모호한 해석은 시간이 흐르면서 분명하게 되는데, 그 분명함의 해석은 힘을 가진 자가 정하게 된다. 낙찰자 입장에서는 힘의 우위에서, 즉 일정 시간이 지나 인도명령결정문이 상대방에게 도달하고 강제집행까지 신청해 놓은 상태에서 이 모호한 해석을 명확하게 주장하기 시작한다. 다시 말해 낙찰자는 그 모호함의 해석을 마지막 순간에 하고 싶어 한다. 따라서 점유자라면 그 모호함의 해석을 초기에 상대에게 분명히 밝혀달라고 해야 한다.

실무에서 보면 연체관리비에 대해서는 명도 과정에 언급하지 않는 경우가 많이 있다. 가령 아파트를 낙찰 받아 이사합의비용을 100만원으로 합의했는데, 연체된 도시가스비와 전기료의 합이 150만원이라고 할 때 연체공과금이 합의비용보다 더 많은 금액이므로 점유자는 오히려 50만원을 내놓고 나가야 한다. 이렇게 되면 합의가 무산되기에 낙찰자는 일부러 연체관리비에 대해 언급을 안 하게 되는데, 점유자라면 이 부분을 유념해야 한다.

연체관리비 문제는 단독주택이나 빌라 등과 공동주택인 아파트가 다르다. 단독주택이나 빌라 등은 도시가스나 전기료 등에 대한 요금이 개별 부과되기 때문에 낙찰 후 연체관리비 중 소유권 이전일 이후 것만 납부하면 된다. 게다가 낙찰자가 상대해야 할 곳은 한전이나 가스공사이다. 이 기관들은 전 소유자가 사용한 부분과 낙찰자의 사용 부분을 소명만 해주면 낙찰 후의 고지서를 발급해준다. 따라서 연체관리비를 점유자와 굳이 언급하지 않아도 된다. 단 낙찰 후부터 명도시점 간의 점유자가 사용한 부분은 납부를 해야 한다.

그러나 아파트의 경우는 한전이나 가스공사가 아닌 관리사무소와 상대해야 하며, 대법원 판례에서 전 소유자의 사용 부분 중 공용부분만 낙찰자가 부담하라는 판결을 내린 지 오래이지만, 일선에서는 아파트 관리사무소와 낙찰자의 한판 싸움은 꼭 거치게 되어 있다. 어떤 형태가 되었든 해결은 되지만 명도 협상시 낙찰자와 점유자 모두가 한 번 더 신경 써야 할 부분임은 분명하다.

1. 낙찰자와 점유자의 관계 정립

그렇다면 점유자와 낙찰자는 견원지간일까, 아니면 서로 윈-윈 할 수 있는 관계일까? 실무에서 이 관계를 규명하는 것이 과연 필요한가를 묻는다면 나는 당연히 필요하다고 답한다. 상대와의 관계를 어떻게 정립하느냐에 따라 전체적인 협상전략이 결정되기 때문이다.

경매 명도에서 차지하는 협상전략의 비중은 상당히 높다. 처음 상대와 만남을 가지기 전부터 전략이 수립되어 있지 않으면 상대와의 명도 협상은 그때그때 상황에 맞게 즉흥적으로 대처해나갈 수밖에 없다.

가령 상대와의 관계를 서로 윈-윈 할 수 있는 신뢰관계라고 정립한다면 낙찰자나 점유자는 자신이 가진 약점과 단점을 공개하고 그것을 보완할 수 있는 부분에 대해 서로 논의하는 등 원활한 의사소통으로 좋은 결과를 이끌어낼 필요가 있다. 그리고 상대가 의심을 가질 만한 행동을 해서도 안 된다.

하지만 낙찰자는 신뢰관계가 우선이라고 생각하는데 점유자는 자신의 이익이 우선하는 경쟁관계를 가진다면, 낙찰자는 충분한 이사기일과 합의금액에 있어 약속한 부분이 충실히 이행될 것을 믿고 상대와의 약속에 충실하게 되는데, 점유자는 낙찰자가 제공하는 모든 유리한 점은 그대로 취하면서 추가적인 요구를 해가며 자신의 실리를 위한 행위에만 몰두하게 된다. 결국 낙찰자가 점유자를 믿고 따랐던 약속이나 신뢰의 기반들이 철저하게 배반당하게 된다. 반대의 경우라면 점유자는 낙찰자를 믿고 자신이 처한 모든 곤궁한 상태를 낙찰자에게 설명하고 협조를 구하는데, 낙찰자가 이 정보들을 점유자에게 역공하는데 사용하게 됨으로써 점유자는 위험한 상황에 빠지게 된다.

그렇다면 관계 정립은 어떻게 구분하는가? 아래의 그림을 참고해 보자.

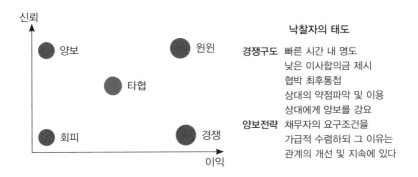

그림에서 보듯 낙찰자가 자신의 이익을 적게 하고 가급적 상대의 편의를 봐주겠다고 생각한다면 양보의 전략을 펼치게 된다. 양보전략의 핵심은 장래의 관계개선을 위해 현재의 이익을 포기하고 상대에게 양보하는

것이다. 따라서 낙찰자가 이러한 전략을 채택한다면 점유자에게 충분한 이사시간과 넉넉한 이사합의금 등이 제공되게 된다.

반면, 낙찰자가 경쟁적 전략구도를 택하게 되면 차후 명도가 완료되더라도 점유자와 다시 볼 일은 없다고 생각하고 오로지 낙찰자 자신의 최대 이익을 얻기 위한 전술적 행동이 뒤따르게 된다. 따라서 낙찰자는 자신의 최대 이익, 즉 가장 짧은 시간 내 명도 및 가장 적은 이사합의금액을 위해 약간의 거짓말을 할 수도 있고, 상대의 약점을 잡아내어 집중공략을 할 수도 있고, 상대에게 양보를 강요하는 협박을 동원할 수도 있다.

이처럼 낙찰자와 채무자 간의 관계 정립은 경매 명도에서 전술적인 영향을 미치게 되므로 협상투입 전 반드시 수립되어야 일관성 있는 전략과 다양한 전술을 통해 목표를 흔들리지 않고 유지하게 된다. 낙찰자가 협상의 원리에 입각하여 명도를 해나간다면 상대와 어떤 관계인지를 정립하는 것이 협상의 전략이 되며, 그 관계 정립에 따른 행동지침이 전술이 되는 것이다. 현장 사례를 통해 이를 좀 더 자세히 알아보자.

서울 구로구의 한 빌라를 낙찰 받은 낙찰자는 최단시간 내 명도라는 목표를 세운다. 마침 그 집에는 미혼 남녀가 살고 있었다. 이들은 부동산 중개인의 꼬임에 넘어가 이미 경매가 진행 중인 집에 월세로 들어오게 된 것이다. 이런 내막을 알 리 없는 낙찰자는 경매등기 이후에 들어온 상태라 진정한 임차인이 아니라 보고 단시간 내 명도라는 목표를 잡게 된다.

몇 번의 만남을 통해 서로 이사기간을 얘기할 순간이 온 것이다. 통상 이사기간은 한 달 정도를 주게 되거나, 보름 혹은 한 달 반 혹은 두 달까지 주기도 한다. 하지만 낙찰자는 최단시간 내 명도를 목표로 잡았다. 따라서 낙찰 후부터 명도 완료시점까지 월차임 상당 부분을 내라고 협박을 한다.

그러는 도중 상대가 그럼 얼마의 이사기간을 줄 수 있느냐는 질문을 한다. 한 달 정도까지는 기다려줄 의향이 있었다. 하지만 목표가 가장 빠른 명도였기에 낙찰자는 "일주일입니다. 그 이상은 기다리기 힘듭니다"라고 말한다.

뻔한 거짓말이다. 그렇지만 목표가 빠른 명도이므로 거짓말 여부는 상관이 없었다. 하지만 놀랍게도 상대는 낙찰자의 이 말에 이렇게 응수를 해온다.

"일주일은 너무 짧습니다. 보름은 주셔야 합니다."

한 달을 예상했었는데, 보름이라는 만족하는 답변을 얻은 낙찰자는 마무리 굳히기를 한다.

"그럼, 열흘 정도면 안 됩니까?"

이 말에 상대는 "보름은 주셔야 합니다"라고 거듭 강변한다.

"알겠습니다. 제가 보름까지는 참아드리지요."

그렇게 해서 정확히 보름 후에 명도가 완료되었다.

2. 이사합의금 요구

점유자와 명도 협상을 할 때마다 느끼는 바이지만 처음 이사비용을 언급할 때 대부분의 점유자가 요구하는 이사비용은 "이사갈 월세보증금이 없습니다"라고 한다. 즉 이사합의금에 대한 첫 요구가 월세보증금이 된다. 따라서 금액 단위가 일이백 만원이 아닌 것이다. 하지만 낙찰자의 거부로 협상이 결렬되면서 그 요구 비용은 현실적으로 합의 가능한 수준까지 떨어지는 게 보통이다.

그럼 점유자는 실제적으로 이사합의금을 자신이 이사갈 집의 월세보증금 정도는 받을 수 있다고 생각하는 것일까? 그렇지는 않을 것이다. 대부분의 명도 당하는 사람들은 일반적으로 지급되는 합의금 수준, 즉 명도집행비용이나 그보다 조금 상향된 수준일 것이라는 사실을 알고 있다. 그리고 대부분 그 정도 지점에서 타협이 이루어진다.

그렇다면 이사합의금을 월세보증금 수준의 높은 금액을 요구하는 경우와 그렇지 않았던 사람들과의 협상에서의 차이점은 무엇일까? 이 구분에 대한 합리적인 증거자료는 가지고 있지 않지만 적어도 내가 진행해 온 사건들만으로 볼 때, 인도명령결정문이 떨어지고 난 뒤 상대를 만났을 때는 대부분 현실적인 금액 수준에서 그 요구가 나오며, 심지어 첫 제안 금액 자체가 합의금액으로 귀결되는 사례가 상당했다는 사실을 알 수 있다.

점유자 혹은 명도대상자는 경매개시결정이 시작될 때부터 마지막 끝날 때까지 이해관계인으로서 법원에서 수십 통의 서류가 날아오는데, 유독 그 인도명령결정문에 심리적 압박이 강한 이유는 무엇일까? 그것을 이해하기 위하여 낙찰 시점부터 명도 시점까지의 일련의 과정을 한 번 살펴보자.

통상적으로 인도명령결정을 내릴 때 별도의 심문절차 없이 그대로 내려지는 경우라고 하면 채무자나 소유자에게 적용이 되는데 접수를 하면 바로 인용이 난다. 하지만 세입자가 점유 중인 경우라면 세입자가 배당을 받는 날 이후에 인도명령결정을 내려준다(서울서부지원은 예외).

이런 일련의 절차를 단순화해보면 '낙찰 → 잔금 → 인도명령 → 강제집행'의 순서이다. 인도명령 후의 마지막 단계는 강제집행이며, 경매 명도의 마지막 순간이다. 다시 말해 합의를 이루지 못하면 이사비용을 한 푼도 못 받고 험한 꼴 당하며 나가야 한다. 인도명령결정문이 송달되고 난 뒤는 더 이상 상대와 주고받으며 밀고 당길 시간이 별로 없다는 말이다. 결국 선택할 횟수와 시간이 아주 짧기에 자칫 상대로부터 거절을 받으면 추가적인 협상 요구가 묵살될 수도 있다. 따라서 한 푼도 못 받고 예고 없이 명도당하는 것보다는 다소 굴욕적이지만 낙찰자의 요구를 받아들일 수밖에 없는 점유자만의 합리적인 선택을 하게 된다.

명도 협상 과정의 이해를 위해 얼티메이텀 게임 이론을 인용한다.

상황 당신은 단 한 번의 제시를 해야 하며, 100만원을 당신과 상대가 각각 얼마로 나누어 가지는가에 대한 문제이며, 그 금액 제시는 당신만이 할 수 있다. 당신이 욕심내고 상대의 몫을 낮게 제시했을 때 상대가 거절하면 당신은 단 한 푼도 가지지 못한다.

Q1 당신은 상대에게 단 한 번의 제안을 할 수 있다. 만일 상대가 거부하면 당신이나 상대는 단 한 푼도 가지지 못한다. 100만원 중 상대에게 얼마를 제시할 것인가?

Q2 당신은 3번의 기회를 통해 상대에게 금액을 제시할 수 있다. 얼마씩 요구하겠는가?

대부분의 사람이 Q1에서는 하나도 못 받는 것을 두려워하여 50 : 50 정도를 제시한다. 하지만 그 기회가 3번까지 있는 Q2의 경우는 아마 당신 : 상대의 비율이 90 : 10, 그 다음은 70 : 30, 그래도 상대가 거절하면

50:50을 제시하게 된다. 아마 마지막에 60:40을 제시하면 상대가 거절할 수도 있다고 생각하기에 그렇게 하기는 어렵다.

결국 협상 과정에서 상대의 요구가 현실적인 수준으로 다가오게 하려면 협상자는 ① 마감시한을 설정하고, ② 점유자가 제안할 수 있는 기회를 한정시켜야 한다. 따라서 인도명령결정 후에는 낙찰자와 이사비용 합의금에 대해 밀고 당길 시간이 별로 없음을 점유자 스스로 알게 된다. 낙찰자로부터 거절당하는 것보다는 합리적인 수준에서 받아들이는 게 나을지도 모르기 때문에 인도명령결정 후 명도가 쉽다고 느껴지는 것이다.

하지만 이런 원리를 잘못 해석하여 낙찰자가 가진 인도명령결정문이 사형집행문처럼 강력한 힘을 가진 것으로 오해해서는 안 된다. 그 게임은 힘의 우위가 상대를 결정하는 게 아니라 상대의 선택권과 합리성이 제한되는 문제이기 때문이다.

첫 제안과 최후통첩

1. 첫 제안으로 명도 협상이 시작된다

경매에서 낙찰 받고 난 뒤 반드시 해야 할 일이 명도이다. 점유자를 상대로 명도를 처리하는 것의 대부분이 합의를 통한 방법이고, 극히 일부만이 법으로 처리되는 게 현실이다. 따라서 대부분의 명도는 합의에 의거 완료되는데, 이 합의과정 중 낙찰자와 점유자는 각자의 요구를 전달하게 된다.

낙찰자 입장에서는 처음 상대와 만나면서 첫 제안을 어떻게 제시할 것인가로 고민을 하게 된다. 쉬울 것 같지만 미리 계획되어 있지 않으면 상대에게 의외의 답과 생각지도 않은 양보를 할 수도 있다. 이때 점유자가 낙찰자인 당신에게 물어보는 것은 다음 두 가지 정도이다.

첫째, 이사합의금은 어느 정도 주나요?
둘째, 이사기간은 얼마나 주나요?

일례로, 당신이 채무자가 점유 중인 서울 광진구의 H아파트를 5억원에 낙찰 받았다고 하자. 명도를 위하여 해당 아파트를 방문했는데, 채무자가 의외로 친절하게 집 안으로 들어오라고 하더니 커피 한 잔을 대접하며 거실 한복판에 당신을 앉게 한 뒤 묻는다.

"이사비용은 얼마나 주실 수 있나요?"

이때 당신은 어떻게 반응할 것인가? 아래의 항목 중에서 하나를 골라 보자.

① 이사비용을 드릴 수 없습니다. 왜냐하면…
② 집행비용만큼 드릴 생각입니다.
③ 100만원 정도 생각하고 있습니다.
④ 포장이사비용만큼 드릴 생각입니다.
⑤ 원하는 만큼 드려야지요.
⑥ 글쎄요, 이사금액은 제가 결정할 사항이 아니라 아내와 상의를 해야 합니다.
⑦ 300만원 정도 생각하고 있습니다.
⑧ 어느 정도 드리면 됩니까?

이밖에도 여러 가지 대답이 나올 수 있을 것이다. 문제는 당신이 낙찰자라면 어떤 상황이든 결국 한 번은 당신의 요구조건을 상대에게 전달하게 된다는 점이다. 그 첫 번째 요구조건이 처음이자 마지막 요구라면 당신 스스로는 상당히 강직하다고 느낄 것이다. 하지만 상대는 당신을 어떻게 바라볼 것 같은가? 강한 상대? 그렇지는 않을 것이다. 아마 고집스럽고 앞뒤 꽉 막힌 사람이라고 생각할 수 있다.

최초 요구 즉 첫 제안이 마지막 요구라면 상대는 그것을 받아들이거나 말거나 둘 중 하나를 선택해야만 한다. 이런 분위기라면 협상의 진전은 없고, 둘은 만나기만 하면 설전을 주고받으며 서로를 답답한 사람이라고 평가하게 된다.

만일 위 내용 중 ①을 선택하였다면 분명한 의도가 있어야 한다. 상식적으로 본다면 정말 이사비를 한 푼도 안 주고 내보낼 작정이거나, 아주 적은 금액으로 합의를 볼 생각일 것이다. 상대는 당신에게 어떤 반응으로 나올 것 같은가? 쉽게 추측할 수 있는 것은 결코 호락호락하게 명도를 해주지는 않을 것이다. 상대는 해볼 테면 해보라고 하면서 최대한 시간을 끌거나, 집에 있는 가재도구를 교묘하게 망가뜨리거나, 심지어 하수구 배관에다 콘크리트를 부어 망가뜨린다거나 별의별 방법을 동원해 당신을 괴롭힐 것이다. 실무에서 이런 일이 자주 발생하고 있으며, 당신이 제시하는 '첫 제안'은 향후 상대와의 협상 방향에 영향을 미친다는 사실을 인식하기 바란다.

그리고 이사비에 이어 꼭 언급되는 것이 이사기간이다. 낙찰자 입장에서는 가장 빠른 시간 내에 명도를 희망하지만 점유자 입장에서는 최대한 넉넉한 시간을 얻어내길 원한다. 게다가 상대가 나갈 집이 없다면 필사적으로 시간을 끌 수밖에 없다. 상대는 당신에게 "이사기간을 얼마나 줄 수 있나요?"라고 물을 것이다. 이 물음에 대해 낙찰자는 사전에 충분히 답할 준비가 되어 있어야 한다.

요약하면, 당신의 목표가 가장 빠른 시간 내 가장 적은 합의금액으로 명도를 하고자 한다면 당신의 첫 제안은 가장 적은 금액과 가장 짧은 시간을 제시해야 한다. 하지만 상대와 원만한 관계에서 합의를 원한다면 통상의 이사기간과 합의금을 첫 제안으로 제시하게 된다. 목표를 어디에 두느냐에 따라 첫 제안은 달라진다.

2. 첫 제안은 피할 수 없는 과정이다

경매 명도에 있어 철저하게 준비된 사람과 그렇지 않은 사람은 시작부터 다르다. 첫 제안에 대한 기본적인 개념도 없이 상대와 이사비나 이사 기일 등을 협상한다면 그때그때 상황에 따른 협상을 할 수밖에 없게 된다. 이런 첫 제안에 대한 개념이 없지만 수십 번의 명도를 처리한 사람들을 주위에서 쉽게 만나볼 수 있다. 그들의 사례에 비추어 명도를 많이 하면 잘 할 것이라 생각하지만 명도를 많이 했다는 것과 잘 한다는 것은 분명한 차이가 있다.

금액적인 부분에서 첫 제안을 한 번 살펴보자. 당신이 낙찰자라고 가정하면, 낙찰 받은 집에 있는 점유자로부터 반드시 얼마의 이사합의금을 줄 것이냐는 질문을 받게 된다. 여기서 우리는 '누가 먼저 첫 제안을 할 것인가' 하는 문제에 맞닥뜨린다. 이때 낙찰자든 점유자든 누군가 먼저 제안을 하게 될 때는 '닻의 효과'가 발생한다는 점을 기억하기 바란다.

낙찰자가 낮은 금액으로 첫 제안을 하게 되면 보통 그 금액에서 크게 벗어나지 않는 범위 내에서 타협을 하게 된다. 즉 누군가 먼저 제시한 금액이 협상의 기준점이 되는 것이다. 가령 점유자는 이사합의금으로 500만원 정도를 생각했었는데, 낙찰자가 제시하는 금액이 50만원에서 100만원 정도라면 처음 생각했던 500만원보다는 훨씬 낮은 300만원 정도를 합리적이라 받아들일 수도 있다는 얘기다.

하지만 낙찰자가 이미 점유이전금지 가처분 및 인도명령결정문까지 받은 후 강제집행까지 신청해놓은 상태라면 협상의 시간을 길게 끌고 가는 것보다 점유자가 받아들이든 말든 최후통첩의 형식이 될 것이다.

낙찰자 입장에서 점유자에 대한 정보가 전혀 없거나 점유자가 제시한 금액에서 반반씩 양보하는 타협전략을 구사할 의도라면 점유자가 먼저 제시하게 만드는 것이 유리하다. 상대가 먼저 제시하게 함으로써 얻게 되는 장점은 무엇보다 당신이 생각한 것보다 상대가 더 적게 요구할 수도 있기 때문이다.

가령 낙찰자인 당신이 이사합의금으로 200만원을 생각했는데, 점유자가 150만원을 요구한다면 협상을 시작하기도 전에 이미 유리한 고지를 선점하게 되는 것이다. 만약 상대가 300만원을 부를 경우에는 당신이 100만원을 제시함으로써 중간인 200만원쯤에서 타협을 이루어내기가 쉬워진다.

실무에서 보면 서로 먼저 제시하라고 상대와 기 싸움까지 연출하기도 하고, 때로는 서로 제시하지 않으려고 떠넘기다가 아예 제대로 된 협상을 해보지도 못하고 강제집행으로 가는 경우도 발생한다. 그 만큼 첫 제안이 중요하다.

그렇다면 이제 '대체 어느 정도 금액을 요구할 것인가'라는 문제에 직면한다. 낙찰자는 밀고 당기는 시간을 줄이기 위해 처음부터 상대에게 후한 이사금액을 제시할 수도 있다. 이때 점유자가 곧바로 받아들인다면 빠른 시간 내 합의가 가능해지겠지만 만일 낙찰자를 착한 사람, 돈 많은 사람, 만만한 사람이라고 오해해 버리면 이사합의금은 생각보다 훨씬 높은 금액에서 합의될 가능성이 높다. 설사 처음 제시한 금액에서 바로 합의가 이루어지더라도 시간이 흐르면서 점유자는 좀 더 버텨 더 많은 금액을 받아내지 못한 부분에 대한 아쉬움을 가질 수도 있다.

하지만 낙찰자가 아주 낮은 금액에서 첫 제안을 하게 된다면, 점유자는 당신을 협상 상대로 생각하지 않고 무시함으로써 아예 협상 자체가 이루어지지 않을 수도 있다. 그런가 하면 점유자의 요구와 낙찰자의 낮은 제시금액의 간격만큼 합의 폭이 넓어 오히려 양 당사자는 충분히 양보해 가면서 협상을 원활하게 진행할 수도 있다.

만약 낙찰자가 이사비용을 하나도 지급하지 않을 작정이라면 "이사비용을 하나도 드릴 수 없습니다"라고 하는 것만으로는 협상의 결과를 이루어내기 어렵다. 이때는 상대가 점유하고 있는 부분에 대한 비용을 청구함으로써 서로 상쇄하는 것도 한 방법이 될 수 있다. 잔금납부와 동시에 상대가 무상으로 거주하고 있는 부분에 대한 월차임을 요구하면서 마지막 명도 합의시 그것을 청구하지 않는다는 조건으로 점유자에게 이사비용을 지급하지 않는 합의를 이룰 수 있다는 말이다.

3. 첫 제안의 구조

점유자가 첫 제안을 할 때는 통상 아래와 같은 구조를 가진다.

요구액 + 이유(명분)

예를 들어본다.

"이사합의금으로 500만원을 주세요. + 다른 곳에 이사 가려면 그 정도는 있
어야 보증금을 걸 수 있어요.
+ 다른 사람들도 이 정도는 받는다고
하더군요.

낙찰자는 점유자와 많은 얘기를 나누면서 요구액, 즉 위 사례의 경우
에서라면 500만원에 관여를 하지 말고 그 금액을 고수하는 이유에 관하
여 상대방과 협상을 진행해야 한다. 금액은 처음 협상단계에서는 무시하
라는 얘기다. 요구액보다는 상대가 주장한 이유나 명분이 합당하지 않는
다고 느끼게 만들면 점유자가 요구한 이사합의금은 합리성을 잃게 된다.
위 사례에서 밑줄 친 부분은 채무자 자신만의 유리한 해석이므로 낙찰자
는 이 부분에 대하여 공격을 하게 된다.

반면, 대부분의 낙찰자가 가지는 첫 제안의 구조는 아래와 같다.

"이사합의금으로 50만원 드리겠습니다. + 너무 높게 받아서 손해가 많이
났습니다.
+ 이것도 특별히 드리는 겁니다.
+ 명도집행비용으로 국가에다 돈
주는 것보다 귀하에게 드리는 것
이 낫다고 생각하여…

낙찰자 역시 '제시액 + 이유' 구조를 나타낸다. 결국 낙찰자나 점유자나
'요구(제시)액 + 이유' 구조에서 이유 부분이 이사합의금을 주고받는 명분

이다. 낙찰자의 이유 중 "명도집행비용으로 국가에다 돈 주는 것보다 귀하에게 드리는 것이 낫다고 생각하여…"의 경우에도 낙찰자는 자신에게 유리한 부분까지만 설명하고 있다.

만일 점유자가 낙찰자의 경매신청비용뿐만 아니라 낙찰 후 동산의 보관 및 처분까지 소요되는 실제적인 비용 및 정신적인 비용까지 따지고 든다면 낙찰자가 제시한 금액은 조정을 받을 수밖에 없다.

따라서 낙찰자와 점유자가 주장하는 이사합의금의 명분이 어떤 것으로 채택되느냐에 따라 그 금액도 달라지므로 서로 상대가 제시한 첫 제안에서 그 명분에 대한 채택만큼은 양보할 수 없는 것이다. 이 부분에서 상대에게 먼저 양보를 얻어낼 때 이사합의금은 자연적으로 낮아지게 된다.

"선생님이 말씀하신 이사 갈 집의 보증금은 전 주인에게 손해 발생 부분에 대한 소송으로 얻어 가시고, 제가 드릴 수 있는 것은 강제집행비용에 즈음한 금액입니다. 그것도 지금처럼 시간을 끌게 되면 그만큼 금액이 줄어듭니다. 어떻게 하시겠습니까?"

4. 첫 제안과 거절의 기회

낙찰자가 첫 제안을 제시하자마자 상대가 그대로 받아들일 경우에는 그걸 제시한 자나 제시를 받은 자 모두가 좀 더 적극적으로 의견을 나타내지 못한 자신을 불만족 상태에 이르게 만든다. 따라서 첫 제안은 상대에게 거절의 기회를 충분히 줌으로써 적어도 상대로 하여금 첫 제안을 바로 받아들임으로써 빠지는 자기 불만족을 극복할 수 있게 해줘야 한다. 이 거절의 기회를 주는 것은 상대가 정말 거절할 수 있게 하는 기회라기보다는 오히려 상대의 입장을 강화하는 역할을 해야 한다. 아래의 사례를 통해 좀 더 자세히 알아보자.

다음은 내가 경매물건의 임장조사를 준비하다가 한 눈에 봐도 총부채가 그 물건의 가치보다 적어 굳이 경매로 가지 않고 취하를 하는 게 더 실익이 있어 보이는 물건이다. 당시의 등기부 내용을 한 번 보자.

근저당 4600만원 ○○신협 2015년 7월 4일

임의경매 ○○신협 2017년 5월 13일

다세대 물건이었으며, 매매 시세는 8000만원 정도 하는 작은 빌라였다. 이렇게 시세보다 채무액이 적은 경우는 낙찰을 받더라도 채무자는 잔금납부기한 전까지 채무를 변제시키고 경매절차를 종결시킬 수 있다. 혹은 누군가 낙찰을 받았더라도 낙찰금액보다 몇 백 만원이라도 얹어줄 테니 팔지 않겠느냐며 채무자에게 접근해 직접 거래하기도 한다. 이처럼 경매를 받으려고 애쓰는 것보다 차라리 경매가 시작되기 전에 채무자를 찾아가 급매로 팔라고 제안하게 되는 경우가 있는데, 이런 과정을 실무상 '취하작업'이라고 부른다.

필자 역시 취하작업을 위해 해당 빌라를 방문, 현관에 도착해 호수를 확인한다. 효성빌라 101호! 문을 두드린다.

"계십니까?"

아무런 인기척이 없다. 다시 한 번 문을 두드린다.

"누구세요?"

60대의 노인이 문을 열고 나온다.

"경매건 때문에 왔습니다. 괜찮으시다면 경매가 아닌 현매로 넘기는 것은 어떨까요?"

나는 반응을 기다리며 상대를 응시한다.

"들어오세요."

들어오라는 것은 흥정을 하자는 얘기가 아닌가. 작은 빌라인데다 구석구석에 짐들이 꽉 들어차 있어 집은 실제면적보다 작아보였다.

"그래, 얼마에 사시겠습니까?"

경매 취하를 하려고 문을 두드렸는데, 상대가 매수할 금액을 물어보니 갑자기 얼마를 얘기해야 할지 바로 답이 나오지 않는다. 조금 생각할 시간을 벌기 위해 상대의 질문에 바로 답을 하지 않고 말을 돌려 물어본다.

"그 전에 한 가지만 여쭈어보겠습니다. 집이 노후화되어 사시는데 불편한 점은 없나요?"

노인은 친절하게 이런 저런 얘기를 하고 있지만, 그것들이 머릿속에 들어오지는 않는다. 지금 내 머릿속은 상대가 물어온 매수가격에 대해 얼마로 답할 것인가 하는 생각뿐이다.

여기서 한 가지 언급할 것은 첫 제안 가격을 상대가 먼저 제시할 수도 있고, 내 쪽에서 제시할 수도 있다는 점이다. 각각의 장단점을 알아보자.

먼저, 상대로 하여금 제시하게 하는 것은 상대가 제시한 금액에서 DC를 해나갈 요량이며, 주로 반반씩 양보하는 기법이 적용된다. 즉 상대가 "8000만원을 받고 싶소"라고 한다면 이쪽에서는 "그래도 경매로 넘기는 것보다는 급매 수준에서 넘겨주시죠. 6000만원 정도로요"라고 말하고, 적당히 흥정을 하면 7000만원선에서 합의될 확률이 높다. 혹은 5000만원 정도를 제시하면 6500만원 정도선에서 합의될 수도 있다.

만약 시세가 8000만원 정도인데 경매를 당하고 있는 매도자가 9000만원을 제시한다면 더 이상 협상을 진행할 필요 없이 일어서면 된다. 즉 상대의 반응에 따라 선택을 하는 것이다.

또한 상대가 "6000만원을 받고 싶소"라고 할 수도 있다. 당신은 7000만원 정도면 취하로 사들일 생각이었는데, 당신이 원하는 금액보다 상대가 더 좋은 조건을 제시하니 이때는 못 이기는 척 계약하면 된다.

이처럼 첫 제안에서 상대에게 먼저 금액을 요구하라고 하는 가장 큰 이유는 ① 상대가 제시한 금액과 당신이 제시할 금액의 차이를 최대한 벌려 그 중간선에서 합의를 보기 위함이고, ② 당신이 원하는 요구조건보다 더 나은 조건이 상대로부터 먼저 제시될 수도 있다는 점 때문이다.

하지만 반대로 당신 쪽에서 먼저 제시해야 할 때도 있다. 이때는 '닻의 효과'를 활용해야 한다는 점을 기억하기 바란다. 즉 물건의 가치는 누군가의 입에서 나온 최초 금액이 기준점이 된다. 가령 1만원 하는 수박을 팔면서 당신이 13,000원이라고 불러놓으면 상대가 3,000원의 DC를 요구하더라도 당신이 원하는 금액 1만원은 유지되는 것이다.

또 하나는 당신이 높은 금액을 제시함으로써 상대가 그 물건의 가치를 높게 평가하도록 만들어야 한다. 가령 수박 1만원짜리를 5000원이라고 부르면 사람들은 왠지 맛이 없는 수박이라고 생각하겠지만, 2만원이라고 하면 그만큼 좋은 수박일 것이라고 생각한다.

이런 원리 때문에 '상대가 묻는 가격에 어떻게 답할까'는 간단하면서도 협상의 흐름 전체를 좌우할 수도 있을 만큼 중요하다.

다시 앞의 취하작업으로 돌아와, 나는 상대가 먼저 제시하게 하여 DC를 해나가는 것보다 닻의 효과를 보기로 결정한다.

"5000만원 정도면 합당하다고 보는데, 어떻게 보십니까?"

이 말을 하고 난 뒤 나는 상대가 버럭 화를 낼 줄 알았다. 시세의 60% 아닌가! 그런데 의외로 상대는 순순히 받아들였다.

"그럼, 그렇게 합시다."

사실 5000만원을 제시했음에도 내 마음속에는 6000만원까지는 지급할 용의가 있었다. 그런데 상대가 바로 계약을 하자는 것이다.

결국 이 상황은 어떤 상황일 것이라고 상상이 되는가? 여러분들이 생각하는 것처럼 나는 왜 좀 더 금액을 낮게 부르지 않았나를 후회하고 있다.

하지만 이 물건이 경매로 간다면 이 지역의 평균 낙찰 통계자료를 보면 거의 시세에 육박하여 낙찰이 되는 지역이다. 심지어 시세보다 높게 낙찰이 되기도 한다. 당시의 시대적 분위기는 빌라를 사두기만 하면 가격이 오르던 시기이다.

그렇다면 아주 만족을 해야 하는데 잠시 나는 내 첫 제안 금액을 후회하고 있다. 순간 내가 첫 제안의 함정에 걸려들었다는 것을 알았으며, 이 함정에서 벗어나기 위한 다음 조치를 생각한다.

"그런데 말입니다. 저는 괜찮은 것 같은데 제 아내가 마음에 들어 할지 몰라 확인을 해봐야겠습니다. 다시 돌아오겠습니다. 괜찮겠지요?"

상대의 동의하에 그 집을 나와 잠시 진행상황을 정리해본다. 이대로 계약한다면 나는 만족하는 금액대로 얻을 테지만 다소 위험이 있더라도 추가적인 DC를 시도할 생각이다. 그것은 첫 제안의 함정에서 벗어나기 위해 필요한 조치라 생각했다. 그리고 나중에 혹시라도 있을지 모를 후유증을 생각해서라도 지금 자신이 첫 제안의 함정에 걸린 사실조차 모르는 상대를 첫 제안의 함정에 걸려들지 않게 만들어줘야 한다.

아마 그는 계약을 하고 난 뒤에야 비로소 자신이 좀 더 높게 불렀더라도 내가 샀을 것이라 생각하게 될 것이다. 이렇게 첫 제안한 금액에 바로 합의가 되면 잔금까지 가기 전에 반드시 탈이 난다. 산 사람은 더 싸게 살 수 있었는데도 불구하고 멍청하게 너무 높게 불렀다고 생각하게 되고, 판 사람은 더 높게 불렀어도 계약이 되었을 것이라는 안 좋은 생각을 버리지 못한다. 그러다가 뭔가 계약을 파기할 수 있는 꼬투리라도 있으면 그것을 빌미로 계약을 무효화하려 든다. 이렇게 계약의 무효라는 방법을 통해서 첫 제안을 받아들인 자신의 경솔함을 만회하려고 한다. 따라서 상대가 그런 첫 제안의 함정에 걸리지 않도록 도와줘야 한다. 이 계약이 단 한 번 제시한 금액으로 쉽게 합의를 한 것이 아니라 어렵게 합의되었다는 모양새를 심어줘야 한다. 그러기 위해서는 다소 얼마가 되었든 재협상을 이어가야 한다. 사람은 어렵게 합의에 도출되어야 결과물에 가치를 두게 둔다. 낮은 금액에 샀다고 결코 만족하지 않는다.

그렇게 정리를 마친 나는 다시 상대의 집으로 들어갔다.

"어르신, 접니다. 아내와 상의 결과 아까 그 금액에서 등기비 정도만 빼주면 바로 계약을 하라고 하네요. 내일 바로 잔금을 다 드릴까요?"

상대는 등기비를 빼주는 대신 잔금을 바로 다음날 부로 해달라는 것이다.

이와 같이 첫 제안을 상대가 바로 받아들여 좀 더 낮게 부를 것을 아쉬워한 나는 등기비 명목으로 추가 DC를 요구하여 첫 제안의 함정에서 벗어났다. 즉 이제 이 금액이면 절대 만족하는 것이다.

문제는 상대이다. 상대 역시 지금 경매라는 급박한 상황 때문에 시세보다 아주 낮은 금액에 급매로 넘기게 되는데, 시세보다 월등히 싼 금액에 판 것에 대해 금방 후회하거나 매매에 문제가 있었다고 주위 사람들이 분쟁을 부추길 수도 있다. 따라서 이런 상황이 발생되지 않게 거절의 기회를 주는 것이다.

① A : 시세보다 아주 싸게 팔게 되는 것인데 괜찮겠습니까?

　 B : 어쩔 수 없지.

② A : 혹시 이 금액에 팔았다고 가족들에게 문책 당하지 않겠습니까? 그럴 여지가 있다면 지금 이 계약을 없었던 것으로 하셔도 됩니다.

　 B : 아니오. 가족들은 가장인 나의 의견에 모두 따를 것이오. 걱정할 바 아니오.

③ A : 그렇군요. 혹시 집을 팔고난 후에 금방 집값이 오르면 속상하지 않겠습니까?

　 B : 그건 당신 복 아니겠소?

　 A : 감사합니다.

A는 B에게 세 번의 거절 기회를 주었다. 하지만 B는 이 물건을 팔기 위해 이미 마음의 결정을 한 상태이기 때문에 거절할 기회를 주어도 오히려 자기 입장을 강화하는 역할을 한다. 형식상 거절의 기회를 제공한 것이지만 실제로는 ①을 통해 바로 상대의 입장 강화를, ②를 통해 혹시 가족 중 누군가가 이 거래에 문제를 제기할시 사전에 잠재우고, ③을 통해 집값이 오르고 말고를 떠나 시세보다 싼 가격에 팔아 이미 시세와 차이가 발생하지만 그에 따른 후회를 사전에 잠재우게 된다.

이런 거절의 기회를 제공하지 않고 시세보다 아주 싸게 구입하게 되면 매도자는 자신이 처한 급박한 상황 때문에 급매로 처분하게 된 것에 심한 자괴감과 상대의 기회주의자적 태도에 상당한 반감을 가지게 된다.

결국 거절의 기회를 제공하는 것은 거래 후 상대가 가지는 후회를 반감시키는 것과 동시에 상대의 자기 입장을 강화하는 역할을 하게 된다. 똑같은 일을 하고서도 나중에 문제가 발생하는 여부는 이런 협상전략을 고려했는가 아닌가에 의해 판가름이 난다.

그럼 거절의 기회는 언제 제공해야 하는가? 처음 만날 때, 아니면 계약 후에? 그것이 아니라 상대의 욕구가 최고조에 올랐을 때 사용해야 그 효과를 발휘할 수 있다. 위 사례의 경우라면 계약서에 서명하기 바로 전이다.

중개업 실무를 하다보면 고객과 가장 많은 문제가 발생하는 것이 중개수수료에 관한 분쟁이다. 대부분의 중개업무 종사자들은 일단 계약서에 도장을 찍게 되면 최소한 법정수수료는 보장이 되므로, 중개수수료에 관해 분쟁이 생길 것을 예측하면서도 계약서에 도장을 찍기 전에는 계약 당사자와 문제되는 행동을 자제한다.

하지만 진행 중인 계약이 무산될까봐 중개업자들이 걱정하고 있는 것과 마찬가지로 계약 당사자들 역시 그 거래가 깨질까봐 걱정하고 있는 것도 사실이다. 따라서 나는 계약서에 도장을 찍기 전에 중개수수료나 기타 문제가 발생될 여지가 있는 부분에 대해 계약 당사자들에게 언급을 해야 한다고 생각한다.

"계약서에 서명하기 전에 확인하고 넘어갈 일이 있습니다. 본 물건을 중개함에 있어서 중개수수료는 법정요율이 0.2~0.9% 상호 협약이 원칙인데, 이 건에 대하여 많은 노력을 한 결과 0.9%는 받아야 한다고 생각되어 계약 전 미리 확인하겠습니다. 이의 있으신가요? 이의 있으면 지금 말씀하십시오."

수수료 분쟁 문제는 계약 직전에 정확하게 언급하지 않으면 수수료를 지급하는 매도자나 매수인 입장에서는 0.2%를 생각하고, 중개사는 0.9%를 생각하게 된다. 똑같은 일을 두고 서로 상반된 생각을 하고 있는 것이다. 하지만 계약 무산으로 중개업자가 잃는 수수료보다는 계약 당사자가 잃는 금액이 훨씬 크기 때문에 중개업자의 요구가 가장 잘 먹히는 타이밍이다. 다시 말해 이 시기를 놓치고 나면 이미 계약은 끝난 상태이므로 계약 당사자들은 중개업자의 노고의 가치를 인정해주려 하지 않는다.

서비스의 가치는 이렇게 이용이 되고 나면 급격히 떨어진다. 결국 계약 직전에 거절의 기회를 제공하는 것은 정말 거절을 하라는 의미보다 후에 일어날 문제에 대해 사전에 미리 차단하는 목적을 가진다. 첫 제안과 거절의 문제는 상호 유기적인 형태로 작용하는 시스템이다.

5. 최후통첩

최후통첩의 경고는 강제성만 덜할 뿐이지 거역할 수 없다는 점에 있어서는 절대권력을 가진 군주의 명령과 같다고 할 수 있겠다.

1) 최후통첩의 구조

명도 협상을 해나가다 보면 대부분의 낙찰자는 점유자에게 최후통첩을 하게 된다. 통상적인 경우는 '① 언제까지 ② 명도하지 않으면 ③ 강제집행을 하겠다'의 형식이다. 만일 은행이 대출금을 상환하지 않는 채무자에게라면 '① 언제까지 ② 대출금을 상환하지 않으면 ③ 경매를 신청하겠다'일 것이고, 사채업자가 최후통첩을 한다면 '① 언제까지 ② 원금과 이자를 갚지 않으면 ③ 가만두지 않겠다'의 형식이 될 것이다.

이를 세부적으로 본다면 ①은 데드라인을 말하는 것이고, ②는 최후통첩자의 요구사항을, ③은 그 처벌권을 행사한다가 실체이다. 최후통첩은 분명 이 세 가지가 동시에 정확하게 구사되어야 한다. 그렇지 않고 '① 가능한 한 빨리 ② 비워주시면 ③ 고맙겠습니다. 안 그러면 저도 가만히 있지 못합니다'와 같은 형태가 된다면 분명 상대가 받아들이는 압박 강도가 다를 것이다. 문장의 내용을 보면 비슷해 보이지만 최후통첩을 구사하는 협상의 영역에서 볼 때 그 의미를 전달함에 있어 하늘과 땅만큼 차이를 가진다. 즉 첫 문장에 데드라인의 명확성과 마지막 문장에 처벌성이 빠져 있다.

그리고 처벌권은 최후통첩을 구사하는 자가 상대보다 힘이 있다고 생각하는 사람과 그렇지 않은 사람의 둘로 나누어서 살펴볼 수 있는데, 전자는 상대에게 처벌할 수 있음을 강하게 주지시키는 반면 후자는 상대에게 명도를 부탁하는 형식을 가진다. 당신은 어떤 유형에 속하는가?

2) 데드라인

협상에서 데드라인의 설정은 빼놓지 않고 등장한다. 하지만 한국적 정서에서는 그것이 익숙하지는 않은 게 사실이다. 우리는 '가능한 한'이라거나 '되는 대로' 등의 두루뭉술한 언어에 익숙해 있다. 현실에서도 세금이나 공과금 납부통지서가 거의 한 달 전에 도착하지만 은행이 번잡한 것을 알면서도 습관적으로 마지막 날이 돼서야 납부한다. 그래서인지 최후통첩에서 언급한 것처럼 '언제까지'라는 명확성으로 다른 사람과 약속을 하게 되면 너무 빡빡한 스타일이라는 인상을 가지게 된다.

하지만 데드라인의 설정은 사람의 행동을 재촉하는 역할을 한다. 실제로 낙찰자가 명도대상자에게 이사기간을 한 달 이내로 준다면 상대는 일찍 나갈 수 있는 상황에 놓이더라도 그 한 달의 마지막 날을 채우고 나가거나 아니면 하루 이틀을 넘기는 경우가 많다. 결국 낙찰자는 데드라인을 구체적으로 명시하고 또한 가급적 짧게 설정함으로써 상대의 행동을 조절해야 한다.

(1) 데드라인의 어김

데드라인이 상대의 행동을 촉구하는 역할을 하기도 하지만, 만일 상대가 어기게 되면 어떻게 해야 할까를 미리 생각해둬야 한다. 고의적이든 천재지변에 의하든 상대가 데드라인을 어길 수 있는 상황이 발생될 수가 있다. 이때 어떻게 대처할 것인가는 사람마다 다른 가치관을 가지고 있으므로 한마디로 딱 잘라 말할 수는 없다. 하지만 분명한 것은 이 부분에 대하여 당신만의 명도 철학을 세워둬야 한다는 점이다.

일례로, 당신이 빌라를 낙찰 받고 점유자에게 언제까지 비우지 않으면 강제 집행하겠다고 하면서 데드라인을 설정하였는데, 상대가 어기게 되면 새로운 데드라인을 설정해줄 것인가 아니면 바로 처벌권을 행사할 것인가와 같은 경우이다.

(2) 징벌권

징벌권은 보상과 처벌이라는 상대적인 관계에 있다. 다음 페이지의 최후통첩 문장구조에서, 원하는 사항을 들어주면 보상을 주고, 만일 그렇지 않으면 처벌을 하게 된다. 그리고 ③은 바로 보상과 징벌이란 힘을 사용하는 방법과도 통하는 의미이다.

이때 보상과 징벌권을 가진 당신에게 힘이 있다고 상대가 생각해야 효과가 있다. 보여지는 힘과 실제의 힘 중에서 보여지는 힘이 중요하다는 것과 그 힘을 당신이 가지고 있다고 상대가 믿어야 한다는 점이 중요하다. 이런 이유 때문에 상대를 처음 만날 때부터 협상이 끝날 때까지 힘의 조절과 힘의 인식까지를 고려하면서 접촉해야 한다.

낙찰자가 명도대상자에게 보상과 처벌을 어떻게 내리는지 문장구조로 알아보자.

① 일찍 명도해주면(요구사항) + ② 이사비용을 챙겨드리고(보상) + 만일 그렇지 않으면 + ③ 월차임과 소송비용까지 청구할 것이다(징벌).

다른 문장을 한 번 보자.

배당기일까지 명도해주면(요구사항) + 명도확인서와 인감증명서를 교부해드리고(보상) + 만일 그렇지 않으면 + 바로 강제집행에 들어갑니다(징벌).

예시 문장처럼 보상과 처벌은 조건과 그에 따른 결과의 형식으로 자동적으로 붙어 다니게 된다. 즉 […해주면 …해줄 수 있고, 만일 그러하지 않는다면 …하겠다]가 하나의 문장으로 사용되어야 한다.

3) 효과적인 최후통첩

최후통첩을 협상 막바지에 사용하지 않고 처음부터 사용하는 경우를 자주 보게 된다. 이것은 협상에서 말하는 최후통첩이라기보다 협박과 경고 수준이다. 초반에 이렇게 최후통첩을 사용하는 부류들은 협상을 제대로 이해하지 못하거나, 협상 마인드보다는 힘의 사용에 익숙해져 있는 사람들이다. 그것도 법(민사집행법 및 민사소송법)은 합법적인 범위 내에서 폭력의 정당성처럼 간주된다는 인식을 가진 사람 말이다. 따라서 협상을 하러 간다기보다 법 집행자의 명령을 대신 전하러 가는 사람처럼 진달하게 되니 강압적이 될 수밖에 없고, 상대 입장에서는 다소 굴욕적인 상태에서 협상을 하게 된다.

또한 실전의 경험이 적어 명도에 부담을 가지게 된 초보자들은 그 부담을 상대에게 보여주지 않으려고 하다 보니 생각지도 않게 상대를 초반에 기선제압할 겸 처음부터 최후통첩을 사용하게 된다. 처음 만난 자리에서부터 언제까지 안 나가면 강제집행하겠다는 말을 하지 않으면 직성이 풀리지 않는 사람들이다.

그럼 효과적인 최후통첩은 어떤 것인가?

첫째, 상대와 함께하는 시간이 필요하다. 처음부터 자신의 의사를 상대에게 전하며 강요할 것이 아니라 제안과 역제안 등 일련의 협상 과정을 거친 후에 더 이상의 협상이 진전되지 못하거나 교착상태에 빠지면서 차라리 협상에서 발을 빼는 것이 더 실리적이라고 생각할 때 사용되게 된다.

간혹 그렇게 불편하게 하는 것보다 속전속결이 낫지 않느냐고 반문하는 사람들이 있지만 그것은 상대의 반격 혹은 복수 등을 불러와 더 큰 어려움에 직면할 수 있다. 당장은 상대의 요구조건에 어쩔 수 없이 합의하지만 나중에 합의사항의 번복을 주장하고, 오히려 불법적인 면을 들추어내며 반격을 할 수도 있다는 말이다. 즉 협상에서의 합의는 누구나 할 수 있지만 그 합의가 번복되지 않게끔 만드는 기술이 필요하다.

둘째, 신뢰 있는 모습을 보여줄 필요가 있다. 자신이 낙찰자이고 강제 집행 권한이 있는 사람이라고 생각하지 말자는 얘기다. 힘이 있거나 칼을 가지고 있다고 생각하면 사람의 본성은 휘두르고 싶은 습성을 가진다. 당신이 힘이 있는데 상대와 지루한 협상을 하겠는가? 상대의 얘기는 들으려 하지 않고 당신의 얘기만 전하게 된다.

이때 상대가 당신의 요구를 수용한다면 다행이지만, 그렇지 않고 대항할 경우를 생각해야 한다. 명도를 당하고 다른 곳으로 이사 갈 집이 있는 사람이라면 잃을 것이 있으니 강압적인 최후통첩에 굴복할 수도 있지만, 정말 오갈 데가 없는 사람들은 오기 혹은 독기밖에 남지 않아 당신이 사용하는 최후통첩은 아무 의미가 없고 오히려 제대로 싸움 한판 붙자는 식으로 해석을 할 가능성이 높다.

따라서 힘을 사용하는 자는 그 힘의 사용에만 집중할 것이 아니라 그 힘에 당하는 상대의 심정을 헤아리며 사용해야 한다. 다시 말해, 신뢰 있는 모습으로 협상이 진전되고, 당신이 최후통첩을 구사할 수밖에 없다는 것을 상대도 인정해야 그 최후통첩은 협상 합의 후의 반격이라는 또 다른 협상에 직면하지 않을 수 있다.

4) 최후통첩 빗겨나기

명도 협상을 하다보면 최후통첩을 행사해야 할 경우도 있지만 오히려

역으로 상대에게 행사 당할 경우도 있다. 가령 점유자가 낙찰자를 상대로 "밀린 공과금을 대납해주지 않으면 더 이상의 협상은 않겠다"면서 협상 채널을 단절할 수 있다. 이처럼 상대가 당신에게 도 아니면 모를 선택하라고 강요할 경우 어떻게 할 것인가?

이때 당신은 상대가 제시하는 최후통첩에 조건을 붙여 변형시켜야 한다. 밀린 공과금을 하나도 내지 않겠다는 점유자의 경우에는 공용부분만 부담하는 조건으로 추가 협상을 요청하거나, 지금 당장이 아닌 추후 대납 예정이라든가 아니면 확답은 주지 않고 대납할 수 없었던 핑계를 만들어 상대의 최후통첩을 무디어지게 만들어야 한다.

최후통첩의 의미는 비유하자면 결사항전을 표시하고 전투할 날만 기다리는 병사들의 모습을 닮았다. 그런데 출정 나가려고 칼을 갈다가 포기하고, 다시 출정 나가려고 하다가 연기되고… 이런 행위들이 반복되면 전투의식은 떨어지게 된다. 결국 상대의 최후통첩을 거절하지 않고 변형을 주면서 그 힘을 약화시키는 것이다. 필자가 경험한 사례를 한 번 보자.

채무자가 낙찰 받은 집을 되사기 위해 낙찰자와 필요 이상의 협상기간을 가진 적이 있었다. 하지만 채무자에게 도움을 주기로 했던 친척들이 자금을 지원해주지 못한다는 최종통보를 해오면서, 채무자는 낙찰자에게 해당 주택을 명도해줘야 했다. 그런데 채무자는 낙찰자를 상대로 교묘하게 최후통첩 즉 명도기일을 무력화시켜 나갔다.

가령 5월 1일에 명도해주기로 약속해놓고서는 4월 말일 밤늦게 전화를 하여 5월 1일 오후 5시가 되어야 명도가 가능하다는 양해를 구해온다. 낙찰자 입장에서는 어차피 5월 1일 비우는 일이니 뭐라 항변하기가 어려웠다. 그렇게 1차적인 최후통첩을 무력화시킨 다음, 그는 핸드폰을 꺼놓고 일체의 통화가 되지 않게 잠적한다. 즉 애초부터 잠적했으면 바로 강제집행을 신청할 수도 있었지만, 명도는 해주되 오후에 해준다는 약속을 해 그때까지 기다리게 함으로써 낙찰자가 구사한 최후통첩을 1차적으로 무디게 만든 경우이다.

그런가 하면 낙찰된 집을 되사겠다고 하면서 계약금을 준비할 시간이 필요하다며 시간을 번다. 그리고 약속한 날에 계약금 1000만원을 준비해야 하는데, 계약 전날 전화를 하여 계약금을 400만원밖에 준비하지 못했고 나머지 600만원은 내일 준비되니 약속 날짜를 하루 연기 요청한다. 낙찰자 입장에서는 강제집행 등의 번거로움에 처하는 것보다는 그래도 하루 더 기다려주는 게 나을 수 있다고 생각할 수 있으므로 상대의 요청을 받아줄 수밖에 없다.

이런 방법들이 자주 사용되면서 낙찰자가 채무자를 상대로 한 최후통첩은 전혀 약발이 먹히지 않고, 채무자를 상대로 받아낸 약속들은 의미가 없게 된다. 결국 채무자를 상대로 한 약속의 기일들은 아무런 보상을 받지 못하고 허비되는 것이다. 채무자가 낙찰자의 최후통첩을 빗겨 나가는 전형적인 예이다. 명도기일을 한 달이나 보름을 달라고 하거나, 계약금을 100만원밖에 준비하지 못했다고 했다면 아예 기대를 하지 않고 최후통첩을 실행하였을 것이지만, 낙찰자는 결과적으로 아까운 시간만 허비한 것이다.

명도는 경험이 아니라 기술이다

1. 기대치와 명도관계

경매 낙찰과 명도 경험이 많은 사람과 그렇지 않은 사람의 이사비용 합의금액에는 어떤 차이가 있을까? 이 부분은 협상의 영역 중 기대치 혹은 목표와 연관성이 있다. 우리는 여기서 협상의 영역에서 다루는 문제가 경매 낙찰 후 명도 과정에 어떤 연관성이 있는지 살펴보기로 한다.

다만 본 사례는 이사합의금이 가장 낮게 지불되었을 때와 높게 지불되었을 때의 금액이 협상의 결과 혹은 성과물이라고 보는 시각으로만 접근한다. 다시 말해 금액만이 협상의 성패를 좌우하는 가치판단 기준은 아니지만 경매 초보자들에게는 그것이 성패를 좌우하는 기준점으로 자주 제시되기 때문에 금액적인 부분에서만 살펴보기로 한다.

"욕심이 많아 이익의 극대화를 이루려는 기대치가 높은 경매 초보자와 많은 경매 낙찰과 명도를 경험한 경매업자 가운데 누가 이사비용 합의에 있어 금액을 더 적게 줄 수 있다고 생각하는가?"

① 기대치가 높은 경매 초보자

② 경매와 명도 경험이 많은 경매업자

결론부터 얘기하면 이 둘 가운데 경매 초보자가 더 나은 합의결과물을 얻을 확률이 높다. 이 말에 이견을 달 사람이 많겠지만, 현장에서 보면 경험과 실력을 갖춘 베테랑보다 초보 낙찰자가 더 나은 합의결과물을 이루는 경우가 많다. 비록 이 초보 낙찰자가 욕심이 많고 호전적이며 자기 이익의 극대화를 위한 기대치가 높은 사람이라는 전제조건을 달았지만 의외의 결과다.

그 이유는 기대치가 높은 사람은 양보에 인색하기 때문이다. 기대치는 양보와 비례를 이룬다. 처음으로 한 번 낙찰을 받은 초보 낙찰자는 경매 경험이 풍부한 경매업자보다 많은 긴장을 하며, 상대에게 빈틈을 주지 않기 위한 자기관리에 꽤 신경을 쓴다. 따라서 양보에 대해 자연스럽게 인색할 수밖에 없다. 하지만 이런 경험이 늘어가면 자연스레 긴장감이 완화된다. 이사합의금이라는 액수 자체가 전체 부동산 판매가격에 대해 차지하는 비율이 낮음을 스스로 느끼기 때문이다.

주변에 경매로 낙찰 받은 사람 중 욕심이 많거나 양보에 인색하거나 계산 관념이 강한 사람이 지급한 이사합의금을 보면 생각보다 저렴하게 지급되었음을 알 수 있다.

결국 경매 명도에 있어 경험의 유무보다 기대치가 일정한 합의를 이루는데 많은 영향을 미친다. 하지만 이를 가지고 '기대치가 높은 경매 초보자가 오히려 협상력이 높다'라고 판단할 수는 없다. 협상에 대한 만족도는 돈만이 아니기 때문이다.

아래 두 부류의 사람들은 어떤 결과가 나올까?

① 경험이 적고 유한 성격에 양보심이 있는 경매 초보자

② 경매와 명도 경험이 많은 경매업자

이들 사이에서는 당연히 ①이 이사합의금이라는 결과물에 있어 더 나쁜 실적을 보인다. 그 이유는 이들이 양보와 요구의 기술 중 요구보다 양보에 치중하는 경향을 보이기 때문이다. 경험자는 필요 없는 부분에서의 양보를 하지 않을 수도 있으나, 초보자는 경험의 미숙 탓에 전략적으로 양보를 하는 기술이 미약하다.

그렇다면 다음 두 부류의 사람들은 어떤 결과가 나올까?

① 기대치가 높은 경매 초보자

② 기대치가 높고 경매와 명도 경험이 많은 경매업자

이 둘 간의 실적에서는 큰 차이가 발생하지 않는다. 기대치의 한계 부분에서 타협이 이루어지므로 결국 누가 기대치가 큰가의 문제만 남는다. 경험의 유무보다 서로가 가진 기대치의 크기가 협상 결과물에 영향을 미치는 것이다.

위의 사례에서 살펴본 바와 같이, 협상의 영역에서 다루는 기대치 혹은 목표는 실제 협상에서 중요한 영향을 끼친다는 사실을 알 수 있다. 다시 말해, 개인이 가진 기대치 목표가 전체 협상을 좌우한다고 볼 수 있다. 초보자라서 이사합의금액이 올라가거나 경험자라서 낮거나 하는 부분은 별 중요한 근거가 되지 못한다.

1) 높은 기대치 VS 비현실적인 기대치

그렇다면 높은 기대치를 가지고 있으면 좋은 성과를 얻을 수 있을까? 물론이다. 하지만 기대치가 현실을 넘어서면 또 다른 문제를 만날 수 있다.

다음 사례를 한 번 보자. 채무자가 거주하고 있고, 그가 허위로 전입시킨 소액임차인이 한 명 있을 때 누가 봐도 현 임차인은 명백히 허위임을 알 수 있다. 따라서 이사합의금 대상에서 제외시켜 50만원으로 이사 합의를 하려 했지만 실패하고, 결국 집행으로 가거나 혹은 가까스로 합의금액 200만원에 타결이 되었을 때 기대치인 50만원과 실제 합의금인 200만원 간에는 많은 차이가 나타난다.

또 다른 예로, 한 아파트 입찰 당시 연체 관리비가 750만원 정도였다. 통상의 이사합의금액 중 연체 공과금에서 전유와 공용부분을 1/2로 봤을 때 공용부분인 380만원 정도는 부담해야 한다. 거기에다 별도의 이사합의금액을 추가해야 할 확률은 높다. 따라서 최상의 결과는 공용부분 380만원만 부담하는 것이고, 그것이 아니라면 채무자와 집행비용에 즈음하는 선에서 합의를 이끈다 하더라도 이사합의금액은 750만원에 육박한다. 이런 경우에 통상의 이사비용인 200만원 정도의 기대치로 접근하면 채무자와 합의가 이루어지기는커녕 교착상태에 직면하게 되는데, 이것이 장기화되면 연체 관리비용은 기하급수적으로 늘어나고, 합의까지는 더 멀어진다.

이처럼 기대치가 현실적이지 못한 상황은 운이 좋으면 큰 성과물을 안겨다줄 수 있겠지만, 대부분은 상대와 장기적인 싸움으로 들어가는 교착상태를 피할 수 없게 된다.

2. 요구의 기술

1) 조금씩 전체를 차지하라

우리는 첫 제안을 아주 강하게 요구할 수도 있고, 그 반대로 할 수도 있다. 여기서 첫 제안을 강하게 요구할 때는 닻의 효과를 기대하기 때문이다. 즉 처음 제시된 금액과 이사기일이 협상의 기준점이 되는 경우다. 이사금액과 이사시기를 가지고 상대와 협상을 이어가는 다음 사례를 한 번 보자.

> 낙찰자 : 이사비용은 어느 정도 생각하고 계십니까?
>
> 점유자 : 그쪽부터 먼저 말씀하시죠.
>
> 낙찰자 : 받고 싶은 사람이 먼저 얘기해야 하는 것 아니겠습니까?
>
> 점유자 : 누가 이사비용 받고 싶다고 했습니까? 그쪽이 먼저 얘기를 꺼냈으니 먼저 말하는 것이 당연하지 않습니까?
>
> 낙찰자 : 좋습니다. 말씀 드리지요.
>
> 점유자 : ?
>
> 낙찰자 : 경매로 집을 날린 만큼 심정은 충분히 이해갑니다. 사실 이사비용 지급은 생각지도 않았으나 도의상 그건 아니라고 보고 50만원 정도 지급해 드리지요. 만족하시지요?

점유자는 낙찰자에게 이사비용으로 500만원 정도를 요구할 생각이었다. 하지만 낙찰자가 제시한 금액과 너무 차이가 커서 아예 대답을 안 하거나 500만원에서 수정된 금액을 제시하게 될 가능성이 높아진다. 즉 점유자 입장에서는 이제 300만원도 잘 받을 수 있을까라고 생각하는 것이다. 낙찰자가 제시한 50만원이란 금액이 협상의 기준점 역할을 하기 때문이다. 첫 제안을 강하게 요구하면서 닻의 효과를 기대한 경우이다.

한편, 아주 작은 것을 요구하면서 상대가 거절하지 못하게 하거나 상대의 견고한 방어선을 허물기도 한다. 이때는 한꺼번에 다 얻어내려 하지 말고 조금씩 전체를 차지하라. 가령 점유자에게 이사기간을 묻는 과정에서 점유자가 아무리 빨라도 한 달이라고 못박으면서 한 달 이내는 도저히 불가능하다고 강하게 버티는 경우에 낙찰자는 열흘, 일주일이 아니라 단 하루만이라도 앞당겨줄 수 없느냐고 제안을 해야 한다. 물론 이런 제안을 할 때는 상대가 움직일 수밖에 없는 명분도 함께 줘야 효과가 크다.

> 낙찰자 : 그런데 말입니다. 이사기간을 단 하루만 앞당겨줄 수 없나요?
>
> 점유자 : 안 된다고 했는데 왜 자꾸 이러십니까?
>
> 낙찰자 : 그렇게 말씀하신 것을 기억은 합니다만, 단 하루만이라도 이사 기일을 앞당겨주시면 제가 살고 있는 집에서 바로 나올 수가 있어서 그럽니다. 만일 그렇지 못하다면 제가 입을 손해가 이만저만이 아니거든요.

이렇게 단 하루만이라도 앞당겨 달라는 요구에 점유자가 거부를 하면? 적어도 점유자는 낙찰자에게 협조를 해주지 못한 미안함 하나는 분명히 가질 것이다. 이 부담은 훗날 낙찰자에게 이사비용 지원을 받을 때 부담으로 작용하게 된다. 결국 점유자는 낙찰자에게 빚을 지게 된다.

반대로, 점유자가 낙찰자의 요구에 응하여 단 하루라도 앞당겨준다면?

점유자는 전에는 분명히 한 달 이내는 불가능하다고 했지만 이제 그 방어선이 무너진 것이다. 단 하루를 양보해 주었지만 이미 방어선은 무너진 상태이므로 점유자는 그 무너진 방어선에 이유를 제공해야 한다. 지금껏 한 달 이내는 안 된다고 했다가 입장을 바꾸었으니 그 입장 변화에 대해 설명해야 한다. 가령 점유자는 이렇게 나올 수 있는 것이다.

"당신이 하도 그렇게 요구하니 하는 수 없이 내가 양보를…"

이런 상황에서 낙찰자는 다시 상대의 방어선을 흔들어야 한다.

> 낙찰자 : 아참, 제가 말씀을 안 드렸는데 만일 열흘을 앞당겨줄 수 있다면 이사비용을 200만원까지 드릴 수 있습니다. 지금 바로 답변을 주지 않으셔도 됩니다. 충분히 생각하신 후 연락을 주십시오.

2) 상대를 편안하게 해주는 이유

필자가 경매 실전을 배우고 싶어 하는 사람들에게 기회를 주기 위해 명도 과정을 함께 한 적이 있다. 사전에 무리한 요구를 하지 말 것을 코치해 놓아도 대부분의 실험자들이 전사적인 태도로 변한다. 협박과 낙찰자가 가지는 권위적인 힘을 사용하고 싶은 본능을 주체할 수 없는 것이다. 목사처럼 명도하지 못하고 검사처럼 명도하는 것이 작금의 명도 실상이다. 지엔비 그룹 김길태의 〈탐정처럼 분석하고, 목사처럼 협상하고, 검사처럼 다퉈라〉는 경매 책이 있다. 이 표현이 명도의 핵심으로, 필자는 그 간결함에 그저 감탄할 뿐이다.

만일 낙찰자가 스스로 생각하여 법을 잘 아는 사람이라고 생각한다면 명도 과정 중 십중팔구는 법의 논리로 상대를 압박하면서 명도를 진행하게 된다. 어찌 생각하면 당연한 논리처럼 보인다. 하지만 협상가의 입장에서 볼 때 법은 칼과 같다. 한 번 빼내든 칼은 휘두르고 싶은 인간의 본능과 합쳐지면서 필요 이상의 힘을 발산한다. 이 주체할 수 없는 힘을 상대에게 자주 보여주는 것이다. 겁을 먹고 대항하지 말라는 위협이고, 협박이다.

낙찰자는 점유자를 법으로 위협하고, 점유자는 자신만의 방법으로 낙찰자를 위협한다. 이때 여러분은 상대에게 고분고분할 것인가, 아니면 방어적 태세를 취할 것인가? 한 번이라도 싸움을 해본 사람이라면 절대 상대가 자신의 성을 견고하게 쌓게 해서는 안 된다는 것을 안다. 경매 낙찰자가 점유자를 대하는 강압적이고 또 법을 운운하는 명도 과정은 상대의 경계 벽만 쌓아올릴 뿐이다. 현실은 그 벽을 허무는 자와 지키려는 자의 팽팽한 싸움의 연속이다.

명도가 전투과정이라면 상대를 안심시키고, 상대가 경계의 벽을 쌓지 않게 접근하는 것이 필요하다. 사람은 누구나 가장 믿을 만하다고 생각할 때 타인에게 자신이 가진 욕구를 표현하게 된다. 전투는 상대의 이런 욕구를 포착해내고, 그것을 대상으로 협상을 해나가야 한다. 따라서 욕구가 표출되기 전까지 움직여서는 안 되며, 흥정을 해서도 안 된다. 이 욕구를 파악하는 것이 상대의 약점 공략이며, 상대가 당신을 경계하지 않아도 되는 사람이라고 생각할 때 이 약점은 표출된다. 이런 이유로 점유자와의 협상은 부드럽게 시작하여야 하며, 목사가 설교하듯이 명도를 진행해 나가야 한다.

3. 팀별 협상과 패키지 협상

1) 팀별 협상

한미 FTA나 기업 M&A, 노사협상 등을 보면 1:1 협상이 아니라 팀별 협상의 형태를 띤다. 이런 팀별 협상의 특징을 알아보기 위해 이들 가운데 하나인 노사협상을 들여다보면, 사측과 노조 측이 동수로 다수가 협상에 참여하지만 양측 모두 책임자급 한두 명이 주요 발언권을 쥐고 협상에 임한다는 사실을 알 수 있다. 그리고 교섭안건 중 사전에 계획되지 않은 안건은 의제로 삼지 않고, 개인적 돌발 발언도 쉽게 용납되지 않는다.

이러한 원리가 경매 명도 협상에서도 분명히 적용된다. 경매로 물건을 낙찰 받았을 초기 시절에는 경매공부를 같이한 스터디클럽의 회원과 함께 명도를 협상하러 가는 경우가 많다. 처음에는 명도의 심리적 부담이 따르던 것이 동행하는 사람이 두세 명만 되어도 부담감이 상당히 감소하기 때문에 충분히 있을 수 있는 일이다.

이때 초보 낙찰자들은 점유자를 만나러 갈 때 여러 명이 가기 때문에 상대를 "기" 싸움에서 이겼다고 생각할 수도 있으나, 상대는 오히려 헤어지고 난 뒤 "화"가 나면서 억울한 마음의 반발이 일어나는 경우가 많다. 강압적인 분위기에서 상대의 기를 누르는 것은 협상의 패턴 중 공갈 협박에 가까울 수 있다. 그것은 사용하는 자에게는 짜릿한 기분을 줄 수 있으나 상대의 반격과 굴욕이 기다리고 있음을 명심해야 한다.

만일 낙찰 후 명도 협상을 하러 갈 때 부득이하게 혼자 가야 하는 상황이 아니라면 팀별 협상에 대한 기본적인 이해를 하고 가기를 권한다. 협상의 영역에서 다루는 팀별 협상을 명도 과정에 한 번 접목해 보자.

① 주요 발언권자는 누구로 할 것인가? 낙찰자가 될 수도 있고, 그가 도움을 요청한 경험자가 될 수도 있다. 실무에서는 팀원 중 연장자가 나서서 발언하는 경우가 많은데, 통일되지 못한 조직은 팀원 간이나 상대에게 강한 암시를 주지 못한다. 따라서 상대를 만나기 전에 주요 발언권자를 선정하는 것이 좋다.

필자가 경험한 최악의 사례를 소개하면, 광진구의 빌라를 명도하면서 낙찰자, 낙찰자와 동업으로 투자한 중개사, 경험 많은 경매 컨설턴트의 세 명이 한 명의 점유자를 상대로 했던 협상이 그것이다. 낙찰자는 자신의 재산권이 연관되어 있고 처음 낙찰 받은 물건이라 기대가 많아 얘기를 많이 하게 되고, 중개사는 업무의 특성상 부동산 일에 전문가이다 보니 점유자를 설득하기 위해 말이 많아지고, 컨설턴트는 자신만이 경매 경험이 있다고 생각하여 대화를 주도하려다 보니 경쟁적으로 말이 많아져, 결국에는 서로가 말을 끊는 바람에 아주 형편없는 협상이 되고 말았다.

② 발언권한을 가지지 못한 나머지 사람들은 어떤 행동을 해야 하는가? 듣기만 할 것인가, 분위기만 조장할 것인가? 선한 역, 악한 역을 맡는 전술을 사용할 것인가? 주요 발언권자가 실언을 하였을 경우 어떻게 대처할 것인가 등을 사전에 조율해야 한다.

③ 실무에서 가장 많이 나타나는 실패 사례는 팀원 중 부동산이나 협상 혹은 상업적인 흥정에 자신이 있는 자가 꼭 개입을 한다는 점이다. 자신감에 찬 나머지 말이 많아지고, 또 말이 많아진 만큼 실수가 나오게 된다.

④ 주요 발언권을 가진 사람은 가급적 다음 협상에서도 상대를 마주할 시간이 있어야 한다. 오늘은 본보기를 위해 A가 나서고, 다음은 그가 바빠서 B가 나서고, 마지막엔 낙찰자인 C가 나서는 불규칙한 주요 발언권자가 되

지 않기 위해 사전에 이를 조율해야 한다.

이런 팀별 협상이 명도 과정에 적용이 되면 상대가 느끼는 낙찰자의 힘은 배가되며, 쓸데없는 무리수를 두지 않을 확률은 높아진다. 머리 숫자가 많은 것은 조직의 힘을 보여주기 위함이지 단결력이 떨어지는 오합지졸을 보여주기 위함이 아니다.

2) 패키지 협상

일반적으로 필요 욕구가 동일하다면 쟁점의 수가 많을수록 다툴 여지역시 많아진다. 가령 낙찰자나 점유자가 서로 이사합의금을 적게 주는 것과 많이 받는 것이 최고의 목표라고 생각하면 누가 자기의 주장을 쟁취하는가에만 관심이 흐른다. 모든 사람들의 목표가 똑같을 것이라는 가정은 분쟁의 시작이다.

실제로 경매 낙찰 후 시작되는 명도는 법률적인 지식이나 경매절차 지식들은 별로 중요하지 않다. 다시 말해 낙찰 후부터는 협상, 설득, 인간관계학 등이 더 필요해지는 시기이다. 낙찰자는 명도 협상이 시작되면 쟁점들을 구분 혹은 분리시킬 필요가 있다. 한 가지 쟁점을 여러 다른 사안들과 연결시키면서 그 쟁점의 중요성을 희석시켜 주어야 한다. 이렇게 쟁점이 완화되면 각 당사자에게 쟁점이 그렇게 크게 중요한 것이 아니라는 생각이 들면서 양보하기가 수월해진다.

가령 점유자는 이사합의금으로 200만원을 요구하는데 낙찰자는 100만원을 주고 싶을 경우를 예로 들어보자. 선택지는 다음 네 가지, 즉 ① 점유자가 요구한 200만원을 다 주거나, ② 낙찰자가 제시하는 100만원을 받거나, ③ 100만원과 200만원 사이에서 타협을 이루거나, ④ 서로 상대의 제안을 거절하는 것이다.

이렇게 이사합의금 한 가지로 쟁점이 좁혀지면, 초보 협상자는 이것 하나만 합의되면 모든 합의가 끝난다는 위험탈출 의식이 작용하기 때문에 스트레스가 가중된다. 따라서 점유자와 낙찰자 모두 팽팽하게 대립 구도를 가진다.

문제는 쟁점이 이사합의금의 '많이 받고 적게 주고'에 초점이 맞추어지다 보니 원하는 금액을 상대에게 양보 받지 못한 쪽은 자존심에도 금이 갈 수 있다는 점이다. 상담 사례를 보면 의외로 이 자존심 때문에 화를 키우는 경우를 자주 목격하게 된다. 다시 말해 낙찰자가 점유자의 자존심을 건드려가며 승리를 이끌게 되면 점유자는 어떤 식으로든 반격을 해올 수가 있다.

이런 문제를 해결하기 위해 윈-윈 협상은 아니더라도 분배에 만족감을 주기 위해 주로 사용되어지는 것이 패키지 협상이다. 사실 경매 낙찰자는 이사합의금 외에도, 완전한 명도가 이루어질 때까지 점유를 할 수 없으므로 부담해야 하는 비용, 즉 자기 자본이 묶이거나 경락잔금 대출이자 등의 비용이 발생하게 된다. 그것들은 점유자가 빨리 비워준다면 지출되지 않아도 될 비용인 것이다.

몇 년 전 필자가 컨설팅하여 빌라를 경매로 낙찰 받았는데 경락잔금 대출이 2억5000만원이라 월 이자만 해도 180만원이다(지금은 이자가 많이 싸졌다). 한 달 이자가 웬만한 빌라의 이사합의금 수준이다. 따라서 만에 하나 점유자와 협상이 지연되거나 명도집행까지 간다면 그 비용은 금세 1000만원에 육박하게 된다.

이럴 경우 일반적인 이사합의금보다 시간이 더 중요하게 작동한다. 결국 돈이라는 문제를 이사합의금과 시간이란 두 가지 쟁점으로 구분해서 협상을 진행하면 어느 한 쪽은 양보를 하기 쉬워지니 그만큼 분쟁 가능성은 급격히 떨어진다. 공평한 협상을 위해 하나씩 양보하는 모양새로 만들어 가는 것이다.

다른 쟁점을 추가할 수도 있겠다. 내가 경험한 사례 가운데 상당한 액수의 보증금을 날리게 된 억울한 임차인에게 임대인을 상대로 손해배상을 청구할 수 있는 방법과 조언을 해주기로 하면서 해결한 케이스가 있다. 임차인이 억울하게 날린 보증금이 수천만원에 달해 얼마의 이사합의금 협상과는 비교할 수 없는 정도였으니, 점유자는 낙찰자의 그러한 제시가 매력적일 수밖에 없었다. 낙찰자는 점유자로부터 한 가지를 양보 받는 대신 소송상으로 소유자에게 날린 보증금을 회수하는 방법을 조언해주는 것이다.

다른 사례 하나. 채무자가 위장임차인을 집어넣어 소액임대차 보증금 1200만원 혹은 1600만원을 회수하려 하고 있다. 이사합의금보다 훨씬 큰 금액이다. 명도 과정 중 낙찰자가 알게 된 채무자의 가상임차인과의 관계에 대한 묵인의 조건으로 명도합의서를 미리 받는 경우였다. 즉 상대의 약점을 묵인해주면서 반대급부로 다른 양보 한 가지를 얻어오는 경우다.

또 다른 사례 하나. 점유자가 아이의 학군 및 기타 여러 사유에 의거 현재의 집에서 전출을 하면 안 되는 사정이 있었고, 낙찰자는 굳이 그 집에 입주하지 않아도 되는 경우였다. 이럴 경우 아래와 같이 점유자에게 전세를 주면서 다른 안건에서 양보를 요구할 수 있다.

낙찰자 : 말씀하신 이사합의금으로 200만원은 어렵겠습니다. 100만원으로 합시다.

점유자 : 좋습니다. 그렇다면 이사기간을 처음 얘기한 것보다 한 달만 더 주십시오.

낙찰자 : 세 달을 달라는 얘기군요? 그건 좀 무리입니다. 그럼 두 달 보름을 드릴 테니 두 달 이내 명도시 200만원 드린다고 한 부분에서 70만원을 공제하여 130만원 드리죠.

점유자 : 15일 연장하는데 70만원의 공제는 너무 과합니다. 차라리 두 달 이내에 가기로 한 것을 한 달 이내로 이사할 테니 합의금을 올려주세요.

낙찰자 : 좋습니다. 한 달 이내로 이사하시면 300만원의 합의금을 드리겠습니다.

점유자 : 그렇다면 그 조건을 받아들일 테니, 이 집 전세 놓을 것이면 저희한테 주시죠.

낙찰자 : 좋습니다. 그렇게 해드릴 테니, 그러면 지난 번 얘기하신 정원의 나무와 조경석은 저희한테 무상으로 양도하셔야 합니다.

점유자 : 그냥 드리기엔 그렇고, 지난 번 요구한 2000만원에서 많이 양보하여 500만원만 받을 테니 그 금액으로 쳐 주십시오. 아마 나무와 조경을 새로 하려면 수천만원이 넘게 나올 겁니다.

낙찰자 : 그건 너무 무리입니다. 300만원 해드리고, 더 달라고 하면 뽑아가라고 할 겁니다. 대신 지난 번 말씀하신 문제의 손해배상에 대하여 제가 도와드리도록 하지요.

4. 힘이 있다고 믿는 것

아름다움과 힘은 보는 사람의 마음에 달려 있다고 한다. 남의 눈에는 아무것도 아닐지라도 내 눈에는 최고로 보이면 흔히 "꽂혔다"라고 표현한다. 이처럼 힘을 바라보는 시각도 자신의 내적인 상태에 따라 해석이 달라진다. 필자의 경우 명도에서 가장 두려운 상대는 노약자나 장애인이다. 하지만 경매 초보자들은 노약자보다는 법망을 요리조리 빠져나가는 꾼일 경우에 더 어려움을 호소한다.

상대에 대한 힘을 너무 크게 보면 협상 초반부터 상대에게 기가 눌려 제대로 된 협상을 해보지도 못한 채 적당한 선에서 타협을 시도하거나 처음부터 양보의 크기나 양이 많아질 수 있다. 가령 당신이 낙찰 받은 집에 가보니 그 집에 있는 사람들이 유명 외제차를 타고 다닌다면 이사비용을 제시하게 되더라도 단순한 포장이사비 이상을 제시할 확률이 높다. 주변의 경매 경험담을 들어봐도 점유자가 외형적으로 큰 부자로 보이거나 성질이 아주 고약하여 명도 도중 싸움이 벌어질 것 같은 사람에게는 양보되는 이사합의금이 대체로 높았다.

이와 달리 상대를 과소평가하게 되면 무엇보다 상대에 대한 정보파악이 약해지고, 사전 정보지식 없이 바로 대면 협상에서 담판을 시도하게 되며, 명도 스타일도 일방적인 명령 통보나 강제집행 운운하며 위협전략을 구사하게 된다. 상대 점유자의 입장에 대한 고려보다는 낙찰자 자신의 강압적인 방법으로 가게 된다.

이제 협상을 다룬 책에는 어김없이 등장하는 힘의 원리 중 주관적인 힘, 즉 상대적인 힘에 대해 알아보자. 이런 힘의 크기는 절대 같을 수 없고, 측정도 불가능하다. 그래서 더 매력이 있기도 하다.

이런 힘의 상대적인 요소가 각 당사자에게 파국으로 가는 장을 열기도 하는데, 그 이유는 각자가 가진 힘이 상대보다 우월하다고 스스로 판단하기 때문이다. 즉 힘의 대치 상황이 장기간 이루어지다가 대결 국면으로 치닫는 과정에서 위험의 정도가 보통의 상식보다 클 때를 말하는데 벼랑 끝 전술, 혹은 치킨게임이라는 용어로 사용된다. 나는 나름대로 이 상황을 외줄타기라고 표현하나 모두 같은 의미이다.

협상에서 주관적인 힘의 대치 상황을 돌파해가는 이런 과정을 경매 명도에서도 찾아볼 수 있다.

상황1 낙찰자와 점유자, 양측이 적정한 합의점을 찾지 못하고 있고 더 이상의 추가적인 접촉도 하지 않는다. 낙찰자는 이렇게 시간을 끌면 단 한 푼의 이사비도 줄 수 없다고 으름장을 놓고, 점유자는 해볼 테면 해보라고 대치국면을 유지한다.

상황2 위 상황1에서 팽팽한 힘의 균형을 깨뜨리는 외부적인 힘이 가해진다. 즉 외줄을 타기 시작하게 된다. 서로 합의 의사가 있고, 그것이 더 실익이 크지만 낙찰자와 점유자의 기 싸움 혹은 자존심 게임이 극에 달해 결국 낙찰자가 강제집행신청을 하게 된다.

상황3 위 상황2에서 강제집행 절차로 더 이상의 추가적인 접촉을 하지 않을 때는 최후통첩 혹은 협상 결렬로 이해하면 된다. 하지만 외줄타기(벼랑 끝 전술)는 강제집행을 신청한 후 집행 전까지 협상을 계속해가는 것이다. 즉 이 상황은 협상의 타결 유무와 상관없이 강제집행신청 절차가 시간이 지나면서 양 당사자를 압박한다. 이 부분부터 양 당사자는 외줄에 올라선 것이다.

상황4 외줄에 올라섰지만 아직 낙찰자는 타협의 실익이 있는 만큼 가지고 있는 모든 타협안을 내놓을 것이며, 점유자는 모든 것을 잃거나 타협안을 받아들이거나 가운데 하나를 선택하게 된다. 선택이 필연적으로 발생할 수밖에 없다. 결국 강제집행이라는 시간적인 주사위가 이미 던져졌기 때문에 선택을 하게 만드는 전술인 것이다.

부연 설명 벼랑 끝 전술 혹은 외줄타기에서는 선택을 미루었을 때 누가 손해에 대한 두려움을 더 가지는가의 게임이다. 위 전술은 기본적으로는 두 눈을 부릅뜬 상태에서 서로 "누가 이기나 해보자"라는 심정으로 서로를 향해 돌진하는 차량 충돌과 같다. 하지만 이때 양 당사자가 감정이 상하거나 자존심의 문제로 확대되면 충돌이 일어날 수도 있다. 벼랑 끝 전술 혹은 외줄타기의 최악의 시나리오다. 이러한 최악을 맞이하기 위한 의도는 아니기 때문에 이 전술을 사용할 때는 감정적인 싸움을 벌인 후 시행해서는 안 된다.

명도 과정에 이 전술이 변형적으로 사용된 사례를 하나 보자.

벼랑 끝 전술 혹은 외줄타기에서 차량을 서로 상대방에게 향하는 것으로 묘사했을 때, 어느 한 편이 전방을 응시하지 않고 다른 곳을 보면서 전진했을 때는 전방을 응시한 상대가 먼저 핸들을 꺾게 되어 있다. 이런 원리가 적용된 사례가 낙찰 후에 일체의 명도 협상을 하지 않으면서 잔금납부를 하고 바로 인도명령 및 강제집행을 신청하는 것이다(즉 의도적으로 상대를 보지 않는 것이다).

이처럼 점유자는 통상적으로 이사비용에 대한 협상을 해올 것이라 예측하고 있지만 낙찰자가 전혀 그런 예비행동 없이 바로 집행을 해오는 단계까지 올 때는 타협의 미련이 남아있는 점유자가 먼저 협상을 제시해올 수 있다(먼저 위험을 직시한 자가 타협안을 내놓는다). 이때 낙찰자는 모르는 척하며 타협 협상장에 올라감으로써 빠른 해결과 유리한 고지를 선점할 수 있으나, 이 전술의 최고 단점인 서로 막가는 협상의 위험이 잔재해 있다는 점은 유념하기 바란다.

5. 제3자를 통한 핑계

대로변에서 장사를 해본 사람들은 알 것이다. 시도 때도 없이 각양각색의 사람들이 찾아와 기부요구 행위를 하고, 무슨 단체를 앞세워 어려운 사람들을 돕겠다거나 신흥 종교를 알리기도 하고, 심지어는 멀쩡한 사람이 금방 갚겠다며 돈을 차용해 달라하기도 한다.

모두를 상대해 주기에는 이런 사람들의 행위가 너무 상습적이고 반복적이다. 딱 잘라 거절을 해도 상대는 집요하게 달라붙거나 나가면서 인상을 쓰기도 한다. 결국 이유 없이 타인과 얼굴을 붉히는 상황에 놓여진다.

이런 딱딱한 거절로 인한 상대와의 불편한 관계를 가지지 않기 위한 한 방편으로 다른 사람의 핑계를 댈 수 있다.

"사장님이 외부에 나가셨습니다. 30분 있으면 오시니 그때 다시 오시면 드리(기부행위)라고 할 게요."

이렇게 제3자를 통하여 핑계를 대는 것은 거절의 의사는 분명히 전하면서 상대와의 불필요한 감정싸움에는 휘말리지 않기 위해서이다. 상대는 30분을 기다릴 수 있는 입장이 아니다. 결국 그냥 돌아가지만 이쪽에서 던진 내용은 30분 있으면 주겠다는 것이고, 상대는 30분까지 기다리면서 받기에는 너무 적은 기부금이다. 그리고 나중에 온다고 받을 수 있는 것도 아니다.

6. 선한 역 악한 역

필자가 경험한 사례로, 경매로 집을 잃은 채무자가 다시 그 집을 사기로 하여 세 달 가까운 시간을 협상에 소모한다. 어차피 투자 목적이었기에 낙찰자는 적극 협상에 임했고, 잔금 납부 후 얼마 안 된 시점에 매매가에 대한 대략적인 언급이 있었다.

그러나 시간이 흐르고 최종 매매가를 확정지을 시점에 채무자가 자신의 형편이 넉넉하지 못하니 낙찰자의 마진을 최대한으로 낮추어 달라는 요구를 한다. 채무자 입장에서는 당연히 요구할 수 있겠지만, 세 달이 흐르는 동안 진행된 협상 막판에 낙찰자가 취득할 몫의 2/3를 포기하라는 것은 받아들일 수 없는 것이었다.

결국 의뢰인(낙찰자)과 함께한 호프집에서 필자는 맥주 컵을 테이블 위에 강하게 내려치고는 두 번 다시 상대하지 않을 것이라면서 먼저 일어선다. 의뢰인과 상대(채무자)는 필자를 놀란 표정으로 쳐다본다. 필자는 뒤도 돌아보지 않고 곧장 호프집을 나선다.

여기서 의뢰인은 필자가 왜 그런 행동을 했는지 눈치를 챈다. 즉 상대가 제시한 금액이 터무니없다며 필자가 불 같이 화를 내고 협상 장소를 박차고 나가면 홀로 남겨진 자신(낙찰자)이 당황해 하는 상대를 상대하기가 쉬워진다는 것을 알고 있었던 것이다.

한 시간쯤 지난 후, 필자는 의뢰인에게 전화를 건다.

"어떻게 됐습니까?"

전화기 너머 들려온 목소리는 예상한 바 대로였다.

"임소장님이 그렇게 난리치고 간 뒤 상대는 잠시 당황해하더니 우리가 원하는 수준까지 합의를 해주기로 했습니다."

7. 협상 장소의 선택

비즈니스 협상에서는 협상의 장소 선택 기준으로 자신에게 익숙한 곳에서 협상하기를 권유한다. 취득할 정보나 활용할 사람들이 바로 옆에 있어 상대보다는 유리하게 상황을 이용할 수 있기 때문이다.

하지만 명도 협상은 장소 선택에 있어 일반 비즈니스 협상과는 약간 다른 특징을 가진다. 명도 협상에서는 낙찰 받은 집 안에서 할 것인가, 밖에서 할 것인가로 크게 양분해서 생각해볼 수 있다. 일단 낙찰된 집 안에서 명도대상자를 만나게 되면 당사자는 물론 식구들에게 이미 이 집은 더 이상 자신들의 소유가 아니라 낙찰자의 집이라는 것을 알릴 수 있다는 장점이 있다. 그리고 식구들이 모두 모여 있기 때문에 주요 결정권자가 누구인지, 의사소통 체계는 어떻게 이루어지는지 파악할 수 있다.

실무에서 보면 점유자나 그 가족들 가운데 일부는 자신들의 집이 경매되었다는 현실을 받아들이지 못하는 경우가 많다. 식구 중 누군가가 현실을 받아들이지 못하면 명도는 더딜 수밖에 없다. 그래서 처음부터 모든 식구에게 다 알릴 필요가 있다. 그 방법의 하나가 낙찰 받은 집에 들어가서 협상을 하는 것이다.

하지만 그와는 반대로, 상대 점유자의 식구 숫자가 많은 관계로 분위기에 압도당하여 생각지도 않은 양보안이 나올 수도 있다는 점은 유의해야 한다.

8. 선례를 남기지 않는다

아파트나 빌라의 경우는 명도대상자가 한두 명인 경우가 대부분이다. 하지만 다가구의 경우는 기본이 5명이며, 그 이상인 경우가 허다하다. 명도대상자가 많아진다는 것은 그만큼 이사합의금으로 지불될 비용이 높아질 수 있다는 것이다.

명도대상자 중 선순위 임차인이면서 자신의 임대차 보증금을 다 받는 사람이라 할지라도 실무에서는 낙찰자에게 이사비용을 뜯어내려는 생떼가 자주 목격된다. 왜 그런가 하면 주변에서 누군가 이사합의금으로 얼마를 받았다더라 하는 막연한 소문에 더해 진실과 다른 얘기들이 잘못 전해지면서 나타난 결과이다.

운이 좋아서 혹은 명도대상자가 협상력이 뛰어나 낙찰자를 상대로 이사합의금을 받아가는 경우도 있으나, 전액 배당을 다 받는 임차인에게는 대체로 별도의 이사비가 오고 가지 않는다. 이유야 어찌 되었건 임차인 쪽에서는 타인은 받았는데 자신은 이사합의금을 하나도 받지 못하고 나간다는 것에 상대적 박탈감을 가진다. 이런 이유로 다가구를 명도할 때 선례를 남기는 것은 다른 임차인들에게도 상당한 심리적 영향을 끼친다.

관악구 신림동의 지하 1층, 지상 3층에 7가구가 거주하는 다가구를 명도하면서의 일이다. 2명은 해당사항이 없지만 나머지 5명은 전부 자신들의 임대차보증금을 다 받는 임차인들이다. 모두 무리없이 다 배당이 되고 명도가 되는가 싶더니 배당기일 3일 전에 임차인 중 한 사람이 전화를 걸어온다.

새로 들어갈 집을 찾기 위해 부동산을 방문하였는데 자신이 전셋집을 구하게 된 상황을 자연스럽게 얘기하던 도중 공인중개사로부터 왜 이사합의금을 하나도 못 받았느냐는 얘기를 들은 것이다. 즉 임대차 보증금을 다 회수하더라도 관례상 소정의 이사비가 지급된다는 공인중개사의 얘기가 있었던 것이다.

> 임차인 : 그런데 이사비용은 주실 거지요?
>
> 임소장 : 마침 전화 잘하셨습니다. 저도 그것 때문에 고민하고 있었는데, 잔금납부 후부터는 그 집이 제 소유였기 때문에 월세를 받아야 했거든요. 이 말을 꺼내기가 참 어려웠는데 마침 잘되었습니다.
>
> 임차인 : 아니 그게 말이 됩니까?
>
> 임소장 : 말이 되는지 안 되는지 물어보십시오. 지금 옆에 법무사나 공인중개사 있나요? 물어보고 전화주세요.

어떻게 되었다고 보는가? 이 임차인이 첫 번째로 이사비용을 요구한 사람이었지만 혹 떼려다 혹을 붙이기만 하였다. 이런 단호한 의지는 남아 있는 다른 임차인들에게 알게 모르게 전해진다. 임차인의 수가 많은 물건의 경우에는 단 한 사람도 예외를 주지 않는 것이 중요하다.

9. 마지막 순간까지 방심하지 말라

다가구주택이나 근린시설을 낙찰 받게 되면 그 규모만큼이나 다양한 사람들이 점유하고 있다. 하지만 열 명 중 두어 명만이 어려운 상대이며, 나머지는 그리 어렵지 않게 명도가 이루어진다. 이때 고민이 되는 것이 쉬운 사람부터 먼저 명도할 것인가, 아니면 어려운 사람부터 명도할 것인가를 생각하게 된다.

현장에서 보면 가장 까다로운 사람 하나만 처리하면 나머지는 기가 꺾여 명도가 쉬울 것이라고 생각하는 사람들이 의외로 많다. 즉 기선제압이 싸움의 승패를 좌우하는 것으로 생각하는 것이다. 하지만 필자의 생각은 그 반대로 움직이는 것이 유리하다고 본다. 그것은 아래와 같은 이유 때문이다.

첫째, 처음부터 어려운 사람을 상대하다보면 이사합의금이나 명도에 대한 잡음이 높을 수 있다. 이런 깔끔하게 처리되지 못한 명도가 남아있는 사람들에게 선례를 남기게 된다. 즉 누구는 이사기간과 이사합의금을 얼마 받았다더라 하는 타인과의 비교를 내세워 그와 동등한 대우를 요구할 가능성이 높아진다.

둘째, 명도에 대한 자신감과 전투력은 처음 작은 승부에서 성공이 이어지면서 쌓일 수 있으므로 낙찰자의 심리적인 컨트롤 측면에서도 쉬운 명도부터 시작하는 것이 좋다.

셋째, 명도대상자가 많은 만큼 명도가 장기적으로 흐를 경우 명도대상자들을 하나씩 분리시켜 퇴거시키면서 자기편 사람을 하나씩 심어둠으로써 남은 명도대상자들을 심리적으로 압박해가는 장점이 있다.

넷째, 마지막으로 남은 사람이 시간을 끌더라도 나머지 명도가 이루어진 부분에 대해서는 임대차를 놓으며 활용할 수 있기 때문에 시간의 압박에서 부담을 덜 수 있다.

10. 마지막 순간에 요구사항을 추가하라

협상의 시작을 강한 첫 제안으로 하였다면 마지막은 끈질김으로 마무리하는 것이 좋다. 즉 초반에는 상대의 기선을 제압하고, 마지막은 상대가 다소 질릴 수 있는 끈질김으로 일을 처리해야 한다. 실무의 협상은 영화에서 보는 것처럼 달콤하지 못한 이유가 아마 마지막 순간까지 이어지는 이런 끈질김 때문이 아닌가 싶다.

처음부터 시원시원하게 모든 항목에 대하여 합의를 해나가면 서로 편하겠지만, 낙찰자나 점유자가 가지고 있는 생각이 처음부터 모두 오픈되지는 않는다. 이사합의금을 얘기하면서 연체관리비에 대해서는 가장 마지막에 언급해 서로에게 미룬다거나 하면 힘이 없는 자가 떠안게 되어 있다. 서로 신뢰를 할 수 없는 관계이므로 자신들이 가진 약점이나 지키지 못할 약속을 협상 막판에 슬그머니 테이블 위로 올려놓는 경우가 허다하다.

가령 명도기일을 분명히 못박아두었지만 하루만 더 하루만 더 하면서 딜레이를 요구하거나, 그대로 두고 가야 하는 부착물을 자신이 설치한 것이라며 떼어가거나, 허접한 쓰레기들을 자신이 오기 전부터 있었던 것이라며 방치하는 행위 등 헤아릴 수 없이 많다. 이런 사소한 것들은 합의 초기에 명확하게 구분되지 못하고 마지막 명도기일에 한꺼번에 처리되는 경우가 많다.

그렇다면 이런 것들을 몰라서 처음부터 합의를 하지 않은 것일까? 아마 그렇지는 않을 것이다. 낙찰자나 점유자 모두 자신에게 유리하게 해석하고 있었기 때문이다. 즉 합의를 이끌어온 긴 시간 동안 작은 것 하나둘 때문에 협상 전체를 파기하기야 하겠는가 하는 믿음에서 출발한다. 모두를 잃는 것보다 작은 것 하나를 포기하겠지 하는 마음을 낙찰자나 점유자가 모두 가진다면 명도 당일에 다툼 발생은 어찌 보면 당연하다.

낙찰자 입장을 들여다보면 마지막 명도 단계에 이르기까지 소비된 시간과 비용, 그리고 그에 비례하여 지출된 경락잔금 대출이자, 특히 명도가 가지는 스트레스를 마감하고자 하는 압박이 높을 수밖에 없다.

한편, 명도대상자는 낙찰자에게 명도이행각서 한 장쯤은 이미 써주었을 것이고, 새로 들어갈 집에 계약금을 걸어 놓았거나 아이들 전학 문제 등 새로운 시작을 위한 준비들이 되어 있는 상태에서 크지 않은 사항 때문에 모든 것을 원점으로 돌리고 싶어 하지 않는다.

이런 이유들 때문에 자신에게는 중요하지 않지만 상대에게는 중요한 사소한 요구항목들이 협상 막판에 교환된다는 점을 유념하기 바란다.

제2부

명도 협상의
실제

성북구 다가구 명도
- 너무 위험한 짓을 하는 것 같아요

서울 성북구의 다가구를 낙찰 받아 명도한 경우로, 의뢰인은 베이비부머 세대이다. 이 물건을 낙찰 받은 이유는 안정적인 월세가 나올 것 같아서였다. 사례를 읽어보면 알 수 있겠지만 다가구라고 해서 명도에 특별히 어려움이 있는 것은 아니다. 늘 그렇지만 한두 명만이 골치를 썩인다.

한편 의뢰인은 낙찰 받은 다가구를 수리해서 다시 전세를 놓을 예정이었다. 따라서 명도할 세대만 남아있는 상태에서 수리를 해가고 있는 상황이다. 문제의 상대가 점유하는 공간은 2층이며, 이 2층 방 3개 중에서 한 칸에 채무자 사위의 짐까지 보관중이다.

#1

잔금납부 후 한 달. 다가구 임차인 7명 중 6명을 어렵지 않게 내보내고 마지막 1명이 남았으니 이제 다 끝나가는 상황이다. 앞선 6명 모두 거의 이사비 지불 없이 처리중이니 성과가 예상 밖으로 좋은 편이다.

이제 남은 한 명! 그가 이번 명도 협상의 상대가 된다. 입찰 들어가기 전에 들은 정보로는 이 점유자가 누구든 낙찰받기만 하면 가만히 있지 않겠다고 벼르고 있으며, 호락호락 당하지 않겠다면서 휘발유 통을 준비해 기다리겠다고 했단다.

장한몽은 그런 사람들을 한두 번 본 게 아니기 때문에 당시에는 크게 개의치 않았다. 하지만 낙찰을 받고 이제 마지막 이 한 명을 상대하기 위해 탐문을 하게 되는데, 뜻밖의 얘기를 듣게 된다.

첫째, 그는 세입자가 아니다. 이 집을 수년 전에 사려고 했다가 소유자와 불미스런 일이 발생하여 계약금만 지불된 상태에서, 잔금을 치르지 않고 주인은 쫓아낸 후 집을 장악했다 한다. 증언에 의하면 4~5년 혹은 7년 전부터 점유했다. 왜 그가 일찍 점유했는데도 임차인으로서 권리신고를 못했는지 오늘에야 알았다. 따라서 상대는 인도명령 대상자이다.

둘째, 이런 상황이 벌어진 후 주인은 갑자기 부도를 겪으며 도망 다니고 있고, 그가 집주인 행세를 한다. 그동안 관리비는 물론 집안 관리 등 일체의 일에 관여를 하며 임차인들에게 간섭한 것이다. 흔히 말하는 '또라이' 태도를 취하니 임차인들은 모두 그를 피해 다녔고, 지금도 그러하다는 것이다.

셋째, 술만 마시면 옥탑이나 옆집으로 월장을 하여 깽판을 놓는단다. 옥탑이나 옆집에 남자가 살고 있지 않아 여인왕국의 대왕 행세를 했다. 이런 술주정에 아무도 제어하지 못했던 것이고, 다른 임차인들은 학을 뗐다고 한다.

넷째, 옥탑에 사는 사람이 강아지를 키웠는데 시끄럽다며 남의 애완용 강아지를 몸보신했단다. 그것도 모자라 동네에 떠도는 유기견을 집으로 데려와 집안에서 집단사육하며 한 마리씩 잡아먹는단다. 밥보다 개를 더 좋아하는 양반이다.

다섯째, 마눌님이 있었는데 날마다 소주를 입에 달고 다니는 이 인간이 일단 소주만 들어가면 칼질을 하며 난동을 부려 도망갔다고 한다.

여하튼 정상적이지 못하고 불똥이 어디로 튈지 모를 인간과의 한판 승부가 시작되었다. 그동안 상대가 점유하는 방 3칸 중 1칸을 점유하다가 임차권 등기를 하고 나간 임차인에게 명도확인서를 써주면서 문제의 인간이 거주하는 집 내부를 잠깐 볼 수 있었다. 상대는 집 고치는 일과 관련된 일을 하는 사람인지 페인트와 연장들이 현관 입구 한편에 보인다.

그리고 상대와 가장 가까운 방에 거주한 임차인은 색다른 정보를 하나 알려주었는데, 그것은 상대가 계단을 1주일에 한 번씩 락스로 닦으며 물청소할 정도로 유난히 깔끔하다는 것이다. 내가 의아스러운 표정을 보이니, 제보자는 보여지는 그와 실제의 그는 전혀 다른 야누스적 사람이라며 조심하는 것이 낫다고 위로해준다. 더더욱 그의 정체를 가늠하기 어렵다.

10월 28일부로 인도명령이 신청되었다. 잔금납부하면서 인도명령이 신청되어야 하는데 실수가 나왔다. 법무사와 대출 브로커에게 일 진행이 늦어진 데 대한 추궁을 해보지만 인도명령을 신청하지 않은 잘못을 서로에게 떠넘길 뿐이다. 그렇게 잔금이 납부된 지 한참이나 지나서야 인도명령이 신청되었다.

다음날, 그를 만나기 위해 낙찰받은 다가구를 방문했다. 저녁 9시까지 기다렸는데 상대를 만나보지 못했다. 상대가 이상한 짓을 하는 것은 크게 겁나지 않는데 정작 두려운 것은 송달이 제대로 안 되는 것이다. 매번 갈 때마다 만나지 못하여 어제는 현관문에 연락처를 남기고 왔다. 그것을 보았는지 오늘 상대가 전화를 해왔다.

> 나점유 : 여보세요?
>
> 장한몽 : 네, 말씀하세요. 누구십니까?
>
> 나점유 : 성북구입니다. 집주인이십니까?
>
> 장한몽 : 네, 이사또씨 맞으신가요?
>
> 나점유 : 아니오. 이사또씨는 채무자의 사위이고, 난 나점유입니다.

이름을 잘못 알고 있었다. 전입도 하지 않고 살았던 것 같다. 지난 경매 사건에서 세대열람에 이 이름은 전혀 나오지 않았다. 다른 세대원한테 이 사람이 이사또냐고 물었더니 다 그렇게 알고 있었는데, 실제로는 모두 잘못 알고 있었던 것이다. 즉 이웃의 주민들이 알고 있는 이사또는 채무자의 사위이고, 이 양반은 나점유이다.

> 나점유 : 그래, 하고 싶은 얘기가 뭐요?
>
> 장한몽 : ❶ 언제 비워주시겠습니까?

빨간펜 study

❶ 일단 요구한다. 오답이든 진답이든 답을 얻게 된다. 그리고 상대의 질문에 에둘러 표현할 수도 있으나 단도직입적으로 주장하고픈 얘기를 바로 꺼낸다. 명도 협상에서 이 표현을 하지 못해 먼 길을 돌아올 수도 있고, 또 수없이 많은 시간을 가진 후에 첫 요구를 할 수도 있다.

나점유 : 뭐라고? 비우라고? 지금 당신이 그걸 나한테 할 얘기요? 내가 이 집에 들어와서, 이 집을 사기로 하고 보증금을 내준 것이며 공사비하며 계약금까지 도합하면 4500만원이 들어간 집이오. 당신 같으면 나가겠소?

장한몽 : …

나점유 : ❷ <u>그리고 새 집을 찾으려면 최하 세 달은 필요하오. 그러니 일단 세 달 전에 나가라는 얘기는 하지 마시오.</u>

장한몽 : …

나점유 : ❸ <u>그리고 채무자인 김순녀와 그 사위놈 이사또를 오늘 중앙지검에 고발하고 오는 길이오. 이것들이 나한테 줄 공사비를 준다고 하다가 못해 주더니 그럼 이 집을 가져가라는 거야. 그리고 임차인들 보증금 빼주어야 하니 그 보증금을 빼주고 이 집을 가져가라고 하더니⋯ 결국 이것들이 사기를 치고 내 돈을 다 해먹어?</u>

장한몽 : …

나점유 : 이보시오! 듣고 있소?

장한몽 : 네, 듣고 있습니다.

빨간펜 study

❷ 다행이다. 일단 요구했더니 최하 세 달은 달라는 요구가 들어온 것이다. 세 달 그 까짓 거 줄 수도 있다. 이로써 상대와 나는 최소한 첫 제안을 한 상태이다. 하지만 본격적인 협상은 아직 시작도 안 했다.

❸ 의도치 않게 상대에게서 많은 정보를 취득하게 된다. 그래서 착한 사람으로

인식되기보다는 상대를 불편하게 하는 협상을 해야 한다. 그것을 해소하기 위해 상대는 말을 많이 하게 되어 있다. 분명한 것은 말이 많으면 그만큼 빈틈도 많다는 사실이다.

장한몽은 상대의 얘기를 듣고 있지만, 말뜻을 잘 알아듣지 못하고 있다.

나점유 : 세 달을 주겠다는 것이오, 안 주겠다는 것이오? 지금 당장 얘기 해보시오.

장한몽 : …

나점유 : 여보시오?

장한몽 : 네, 듣고 있습니다.

안 나가겠다는 것도 아닌데 상대의 표현 자체에 문제가 있나, 아니면 내가 이상한 것인가? 장한몽은 잠시 어리둥절해 있다.

나점유 : 무슨 말이 있어야 할 것 아니오?

장한몽 : ❹ 내가 조만간 입장을 전해드리지요.

빨간펜 study

❹ 일단 상대에게서 정보를 얻어가는 중인데, 전체적인 맥이 안 잡혀 있다면? 그럴 때는 선뜻 대답하지 말고 협상을 중단한다. 장한몽은 상대를 파악하는 선에서 오늘 협상을 마무리하려 한다.

장한몽은 일단 대화를 중단해야겠다고 마음을 먹는다. 어디서부터 문제인지 상황 파악이 안 되고 있다.

나점유 : 만나고 싶으면 미리 전화하시오. 요즘은 일이 없어 산에 올라가는 날이 많으니…

장한몽 : 알겠습니다. 조만간 전화드리고 찾아뵙지요.

사실 상대와의 대화 내용은 이것보다 더 길지만, 이동 중에 받은 전화라 잘 메모리가 되지를 않았다. 다만 상대의 세 달 이사기간에 확답을 주지는 않았다. 아직 이사합의금이나 이런 얘기가 하나도 안 나온 상태에서 이사기간 세 달을 바로 줄 수는 없는 노릇이다.

그런데 곰곰 생각하니 일이 잘못되면 꼬이겠다는 생각이 들었다. 상대가 전입은 안 해놓고 몇 년을 살고 있는데, 현재 인도명령은 전혀 다른 사람 앞으로 들어간 상태이다. 즉 살고 있지 않는 채무자의 사위 이사또로 신청한 것이다.

그런데도 상대에 대한 인적 정보를 파악할 수가 없다. 각종 공과금은 전 채무자 명의로 납부되고 있었고, 우편물들은 그가 매일 규칙적으로 수거해 가므로 제3자가 먼저 우편물을 받을 경우는 거의 없었다. 수년을 같이 살던 주민들 역시 그가 임차인인지 주인인지 정확한 구분을 못한다.

임차인 신분이면서 주인 행세를 하고, 입에 술만 들어가면 동네의 애완견이 소리 소문 없이 한 마리씩 죽어나가는 데다 시퍼란 칼이 허공을 가르기 때문에 함께 술 한 잔 하는 사람이 없다. 심지어 아내마저 집을 나가버렸으니 그는 혼자 소주를 마시는 것이다. 그런 위인이 이번 명도의 주인공이다.

사실 명도를 하다보면 사전에 다 조사를 하고 나가는 게 일반적이지만, 이런 경우처럼 현장을 가봐야 아는 것들이 꼭 있다. 어쨌든 원활한 명도를 위해서는 더 신경을 쓸 수밖에 없다. 일단 초기단계다 보니 정보 취득에 열중하고 있다.

2

상대를 찾아갈 때마다 만나지 못하고 있다. 안 되겠다 싶어 전화를 걸어 약속을 잡으려 하니 오후 5시 이후에나 시간이 가능하다는 것이다. 장한몽은 자신의 스케줄과 맞지를 않아 다음에 통화하기로 하고 전화를 끊었다.

그리고 며칠이 지나 다시 통화를 한다.

장한몽 : 낼 만납시다. 몇 시가 좋으십니까?

나점유 : 저녁시간이면 상관없소.

장한몽 : 장소는 어디로 할까요?

나점유 : 어디든 상관없소. 집으로 합시다.

장한몽 : ❺ 집 말고 다른 곳으로 합시다.

나점유 : 그럼 어디가 좋겠소?

장한몽 : 사무실은 어디입니까?(이 질문은 상대의 직업을 알기 위해서 던진 질문이다. 하지만 여의치 않았다)

나점유 : 광화문이오.

장한몽 : 좋습니다. 낼 6시 광화문역에서 봅시다.

빨간펜 study ✏

❺ 굳이 '집 말고'라고 얘기를 했다. 집이란 곳에서 협상을 시작하면 상대가 거
주하는 곳을 알 수 있는 장점도 있지만, 장한몽은 이미 집 내부를 본 상태였
다. 그리고 설득할 다른 사람이 있는 것도 아니었다. 무엇보다 가장 공평한
장소에서 협상을 주도하고 싶었다.

다음날 약속시간보다 먼저 도착해 기다리다가 5시 50분에 상대에게 전
화를 건다.

장한몽 : 접니다. 광화문역입니다. 어디서 만날까요?

나점유 : 난 집에 이미 왔는데…

장한몽 : …

나점유 : 일이 일찍 끝나 기다리기도 뭣해서… 집으로 오시지?

장한몽 : 좋습니다. 그리 가겠습니다.

뭔가? 벌써부터 수작인가? 아닐 것이다. 아니어야 한다. 장한몽은 불
안감을 떨쳐버리려 강하게 부정해본다.

함께 만나기로 했던 의뢰인은 6시에 시간 맞춰 도착했다. 장한몽은 오
늘 만날 상대가 워낙 요주의 인물이라 자신이 놓치는 부분을 옆에서 감
지해줄 것과, 필요 이상 감정적 흐름으로 이어질 만남을 옆에서 컨트롤해
달라는 이유로 의뢰인에게 합류를 요청했었다.

의뢰인과 함께 택시를 타고 목적지에 닿는다. 2층 계단을 올라가며 상대에게 전화를 건다. 여러 번 신호가 울려도 안 받는다. 광화문에서 만나자고 해놓고 집에 있다고 하지를 않나, 집에 오니 전화를 안 받고… 상대가 골탕 먹이려 하는 것 같아 화가 치민다.

하지만 다시 한 번 전화를 걸었더니 곧바로 받는다.

나점유 : 여보세요?

장한몽 : 집주인입니다. 현관문 앞에 있습니다.

잠시 후 상대가 나와서 문을 열어준다. 그리고 악수를 위해 손을 내민다. 그것은 반가워서 내미는 악수라기보다 기선제압을 위한 악수이다. 상대가 방으로 안내하기 전에 장한몽이 먼저 앞을 향해 방 쪽으로 간다. ❻ 이미 내 집인데 상대 뒤를 졸졸 따라갈 필요가 없는 것이다.

빨간펜 study 🖊

❻ 점유자가 반드시 낙찰자인 당신에게 묻는 것이 있다. '어떻게 오셨어요?'라고 하면 당신은 아마 '낙찰자입니다'라거나 '집주인입니다'라고 답할 것이다. 낙찰자가 되었든 집주인이 되었든 간에 그렇게 말하면서 당신의 행동도 그에 맞추어져 간다는 사실이다. 즉 위에서 낙찰자라고 한 사람은 이제부터 하나씩 협상을 해나가겠다는 의사의 표시이며, 집주인이라고 한 사람이라면 명도에 대한 부분은 이미 끝났고 이사비만 결정이 안 되었다는 뜻으로 이해를 하면 된다. 위 대화에서 장한몽이 이미 내 집인 양 앞장서서 들어갔다는 표현은 그가 집주인이라고 소개를 마친 것이라고 이해하면 된다.

방 안을 들어서는 순간 고소한 냄새가 코를 자극한다. 상대는 프라이 팬에 삼겹살을 굽다가 나온 것이다. 아직 주방에서는 삼겹살 익는 소리가 요란하게 들려오고 있다. 장한몽과 의뢰인은 먼저 거실 중간에 앉는다. 상대는 삼겹살을 구워야 하는 때문인지 서서 얘기한다. 나이는 50대 후반, 많으면 60대처럼 보인다. 하지만 몸이 젊은 사람만큼 좋고, 관리가 잘 된 사람이다. 나중에 들은 바에 의하면 그는 합기도장 관장 출신이라고 한다. 지금도 하루 서너 시간씩 운동을 하며 단련을 하니 웬만한 젊은 사람보다 몸이 좋다. 그리고 방 안 구석구석에 운동기구가 놓여 있었다.

우리는 앉아 있고, 그는 서 있는 상태에서의 대화라 불편하다. 그는 자신이 왜 이곳을 점유해 있는지 그 사연을 얘기했고, 주인 없는 집을 관리하면서 상당히 고생한 자신의 처지를 얘기했고, 이곳에 건축공사 대금으로 들어오려다가 못 들어왔고, 아직까지 그 공사대금을 못 받아 지금까지 점유 중이며, 이쪽으로 이사해오고 난 뒤 가정불화가 잦아 결국 가정이 파탄난 점 등에 대한 얘기를 주저리주저리 이어갔다.

❼ <u>상대는 채무자에게 속은 자신도 피해자라고 하면서 마치 미친 사람의 눈빛을 하고 장한몽의 눈을 째려본다.</u> 그것은 분노의 표시가 아니라 상대를 겁주기 위한 행동이다. 장한몽은 평정심을 찾기 위해 무던히 노력한다. 애초부터 상대는 미친개라고 알고 있었던 터라 같은 미친개가 될 수는 없었다. 그렇다고 미친개에게 겁을 먹은 듯이 꼬리를 보여주면 바로 물린다. 미친개가 으르렁거릴 때는 적어도 '임마, 상대를 잘못 골랐어. 난 미친개가 아니야!' 하는 심정으로 상대를 대해야 한다.

장한몽은 아주 침착하게 감정 컨트롤이 잘 되고 있었다. 상대의 감정을 자극하지 않으면서 질문을 하고, 그리고 자신의 얘기는 별로 하지 않고 상대의 얘기만 듣는다. 대화는 95:5의 비율로 상대가 말을 많이 하고, 이쪽은 질문과 맞장구로 이어간다.

대화의 마지막 부분에서 상대는 어차피 현재 자신이 입고 있는 피해는 전 소유주 때문에 벌어진 일이니 낙찰자와는 악한 감정을 가지고 싶지 않다는 심정을 드러냈다. 따라서 이번 연도 내에 자진명도해줄 것이니 걱정 말라는 것이다. 그러나 그의 태도와, 오늘 내일도 아닌 이번 연도 내라는 말 때문인지 장한몽은 그 말을 신뢰하지는 않는다.

빨간펜 study

❼ 죄의식 주기라는 표현이 맞을 것이다. 경매로 낙찰 받은 집을 방문하면 등장하는 게 이런 죄의식 주기의 방법으로 나오는 점유자들이다. 낙찰을 받은 당신이 왜 점유자에게 죄의식을 주는 위치에 있느냐를 생각하면 가당치도 않다. 차라리 법원이 죄의식의 상대방이고, 채권자가 그러할 것이다. 그런데 의외로 이런 경향은 실무에서 자주 등장한다. 나는 아니라고 백 날 얘기해봐야 소용이 없다.

일례로, 서울 ○○구의 한 근린주택을 명도하는 과정에서 채무자는 낙찰자에게 저주를 퍼부으며 옥상에서 뛰어내리겠다는 협박으로 집행관의 강제집행을 물리치는 것을 본 적이 있다. 그때 채무자의 발언을 요약해보면, 왜 이런 건물을 낙찰 받아서 자신을 풍비박산 만드느냐고 하는데… 아니, 낙찰자가 무슨 잘못을 했는지 도무지 이해가 되지 않는다.

상대는 장한몽의 얼굴을 응시하며 나지막한 목소리로 묻는다.

나점유 : 이사비는 주실 거죠?

장한몽 : …

나점유 : 원래 이사비 정도는 줘야 하는 게 아닌가요?

장한몽 : ❽ 드리지요.

빨간펜 study ✎

❽ 명도협상에서는 초기에 합의를 이루는 것이 좋다고 했는데, 그 말을 이어간

다면 위의 대화에서

장한몽 : 드리지요.

나점유 : 그래, 얼마 주시겠습니까?

라고 하면서 대화를 이어가야 한다. 하지만 어찌되었건 대화는 이쯤에서 끝

난다.

서로 이사비가 어느 정도인지 액수를 묻지도 않고, 답변하지도 않는다. 지금 단계에서 묻지 않아도 된다. 시간이 흐르면 이 액수를 서로 상대에게 얘기하기 전에 서로 취할 수 있는 최대의 페를 가진 자가 상대의 요구를 거절할 수 있다. 즉 상대가 최종금액을 얘기하기 전 내가 강제집행에 대한 모든 절차를 완료한 뒤라면, 상대가 요구하는 이사비가 터무니없으면 협상을 거절하고 강제집행으로 몰아가면 된다.

한편 옆에 앉아 있던 의뢰인은 시종일관 무거운 침묵을 유지하고 있었다. 상대의 태도가 거만하고 예의가 없어 누구 하나 감정을 컨트롤하지 못하면 바로 싸움이 일어날 상황이었다. 따라서 말을 많이 아끼고 있었던 것이다.

세 사람 모두 상대에게 경고를 하는 발언 등을 한 것도 없는데 극도의 경계심을 풀지 못하고 있다. 일단 오늘은 이 정도에서 맛보기 형식으로 상대를 접한 후 다음 만남부터 공식적인 협상을 이어갈 생각으로 장한몽은 자리를 파할 생각을 하고 있었다.

> 장한몽 : ❾ 밖에 일행들이 기다리고 있습니다. 이만 일어나야겠습니다.
>
> 나점유 : 그러지 말고 소주나 한잔 하고 가시지요.
>
> 장한몽 : …?

빨간펜 study ✒

❾ 협상에서 오가는 말이 꼭 진짜일 필요는 없다. 그냥 빠져나가는 길이면 된다. 즉 적당한 핑계거리를 대고 있다.

그가 술을 먹으면 제정신이 아니고 칼부림이 난다는 소문을 익히 들었다. 지금 삼겹살을 굽는 상태에서 대화가 이루어지다보니 가까이에 놓인 부엌칼이 보인다. 갑자기 등줄기에 식은땀이 배어나오는 것을 느낀다. 집 밖에서 칼부림 난다면 정당방위를 주장하면 되겠지만, 괜히 잘못하여 상대의 집안에서 칼부림이 난다면 왠지 불리한 상황으로 흐를 것 같다. 그 짧은 순간 별의별 생각을 다하게 된다. 특히 1층 임차인들이 해준 말이 기억난다.

"절대 그 사람과 술만 함께 마시지 않으면 됩니다. 뒷감당이 안 됩니다."

한 잔의 술을 거절할 것인가, 한 잔만이라도 받아줘야 할 것인가? 장한몽은 지금 결정을 못 내리고 있다. 아마 다른 사람이 그런 제의를 했으면 100% 그 자리에서 수용했을 것이다. 술로 문제를 해결하는 것이 그의 전형적인 업무 스타일이었다. 그러나 상대도 상대 나름이지, 이 위인과의 술자리는 피해야 했다.

장한몽 : 나중에 광화문에서 한잔 하시죠.

그렇게 인사를 나누고, 다시 만날 것을 기약하며 일어선다. 집 밖으로 나와 의뢰인과 상대에 대한 각자의 분석과 앞으로의 진행 방향 등을 논의한 후 헤어진다. 정말 평범하지 않은 상대, 그래도 안심인 것은 상대가 대화를 거부하지 않는다는 점이다.

#3

상대와 몇 번의 통화를 나누며 다시 만나기로 약속했다. 약속장소와 시간은 광화문역 1번 출구. 오후 4시.
그런데 오후 2시경 상대에게서 전화가 걸려온다.

나점유 : 납니다.
장한몽 : 네, 알고 있습니다. 말씀하세요.
나점유 : 들어갈 집에 사정이 생겨 보름을 연기해야겠습니다.
장한몽 : …
나점유 : 이미 계약을 해두었는데 나갈 사람이 보름을 연기해서…
장한몽 : ❿ 만나서 얘기하시죠.

❿ 문제 해결을 위해서는 언제든 상대를 만나야 하니 이 일도 꽤나 피곤한 일이
다. 아직 구체적인 약속 하나 정해진 게 없지만 명도협상은 늘 만나고, 약속
하는 이런 식의 반복적인 일이다. 그래서 협상은 지루한 싸움의 연속이라고
하지 않는가!

오후 4시. 광화문역 근처의 카페에서 그를 만난다. 바바리코트에 목도
리를 둘렀다. 중년의 신사복 차림이 집에서 볼 때와는 다른 모습이다. 뭐
하는 사람일까? 그가 먼저 말문을 연다.

나점유 : ⓫ 글쎄, 근처에 사놓은 상가건물이 있는데 임차인들이 임대차
만기 전이라고 안 나간다고 하더군. 그래서 난 따로 15일 정도
있으면 그곳에 사는 사람들이 나가겠다는 빌라를 계약했소. 15
일 정도이니 늦어도 20일까지밖에 안 되니 연기해주셨으면 좋
겠소. 나도 공짜로 있고 싶지는 않소. 그에 상응하는 비용을 주
겠소. 한 달에 20만원 정도….

장한몽 : 글쎄요. 어쩔 수 없는 상황이라면 서로 이해는 해야겠지요. 그
런데 말입니다. 그 전에 먼저 한 가지만 얘기하죠. 공사 인부들
공사하는데 협조 좀 부탁합니다.

나점유 : ⓬ 당연히 해드려야지요. 지난번 공사 때도 같이 보았는데 나도
그쪽 출신 아닙니까. 도와 드려야지요. 그저께 수도가 동파되어
온 집안에 물이 흘러 난리 났을 때도 내가 도와주곤 했소.

장한몽 : 그러셨군요. 그런데 문제의 사위들은 현재 어디 있습니까?

남점유 : 그 양반들?

장한몽 : 네, 그 사람들!

남점유 : 현재 감옥에 가 있어요. 사기혐의로 각각 4년씩 복역 중이거든.

장한몽 : 그럼 그 장모는?

나점유 : 그걸 내가 어떻게 알아!

장한몽 : 그렇군요.

나점유 : 그런데 미리 말하지만 집안에 있는 채무자의 사위 짐은 내가 어떻게 할 수 없소. 그것은 내 짐이 아니거든.

빨간펜 study ✒

❶❶ 상대의 말을 못 믿겠다. 자기가 사놓은 상가건물이 있다는 사실도 못 믿겠고, 빌라를 계약한 것도 못 믿겠다. 그러니 보름을 더 연기해 달라는 말도 믿을 수 없다. 그렇다보니 상대가 제안하는 20만원도 귀에 들어오지 않는다.

❶❷ 공사 인부들이 하는 얘기와는 다른 내용이다. 다른 층은 이미 명도가 되어 인테리어 공사 중인데, 이 양반이 매일 내려와 딴지를 걸어 작업에 속도를 못 내고 있다고 한다.

지난번에도 한 차례 언급했었다. 채무자 사위의 짐을 보관할 곳이 없어 자신이 맡아주고 있다는 것이다. 사실 명도를 하는데 보관중인 채무자의 사위 짐을 치우지 않으면 명도했다고 볼 수도 없다. 그래서 다시 한 번 요청해본다.

장한몽 : ❶❸ <u>치워주셨으면 좋겠는데요.</u>

나점유 : 안됩니다. 내 짐이 아니니… 그 양반들 보통 찰거머리가 아니라서… 나야 이쪽 계통이라 이렇게 버텨가지만 그 놈들은 보통이 아니야! 치가 떨릴 정도이거든.

상대가 뱀의 눈빛을 하고 입가에는 미소를 지으며 장한몽을 응시한다. 상대는 무슨 의도로 그렇게 뚫어지게 보는 것일까? 직접적으로 말은 안 하고 있지만 그는 분명히 무언의 협박을 하고 있는 것이다. 대체 채무자의 사위가 어떤 인물이기에 이 양반도 겁을 먹고 있는 것일까? 이 집안에 있는 남자들은 모두 사기꾼 같은 느낌만 가질 뿐이다. 그렇다고 지금 상대가 얘기하고 있는 채무자의 사위에게 겁먹는 모습을 보여줄 수 없는 상황이다. 어디까지가 진실인지 아직은 믿지 못하겠다.

장한몽 : ⓮ 어쩔 수 없지요. 말로 해서 못 알아들으면 알아서 처리하지요.

빨간펜 study

⓭ 아직 못 믿고 있다. 상대와 채무자의 사위가 짜고 치는 고스톱의 모양새 같다고 느껴졌다. 단순히 생각해봐도 그렇게 싫은 사이인데 방 한가운데 짐이 보관되어 있다는 사실을 받아들이기 힘들었다. 하지만 심증은 있는데 물증은 없는 상황이다.

⓮ 사실 이것은 뻥이다. 상대가 제3의 인물인 채무자의 사위를 들어 몸값을 높게 부르기 위한 수작이라고 생각한 장한몽은 아예 무시한다는 투다. 하지만 말로는 이렇게 허풍을 쳐놓고 어떻게 해야 할지 아직 대책이 없는 상황이다.

말은 이렇게 하면서도, 실제로는 앞에 있는 상대가 들으라고 한 소리이다. 즉 허튼 수를 쓰면 가만두지 않겠다는 경고의 표시이다.

> **나점유** : 조심하는 게 좋을 거요. 그 양반도 당신처럼 십여 년 전부터 경매와 건축일을 하던 놈이라… 그리고 나처럼 건축업자들한테 사기쳐먹은 놈이라 미리 조심하라고 알려주는 바입니다.

그러면서 자신의 과거사를 얘기한다. 전직 합기도체육관 관장 출신이며, 건설업으로 한때는 잘 나갔었다고 광화문의 이름만 대면 아는 건물을 얘기하며 확인해 보라고 한다. 그 건물의 명의자가 자기였다고. 한 번의 부도로 모든 게 무너져 이제 아는 사람 만날까 겁이 나서 피해 다닌다는 것이다.

어디까지 믿어야 하는지 알 수 없다. 그리고 알고 싶지도 않았다. 그저 들어주는 시늉만 한다. 그가 말한 과거의 자신 건물이라던 것은 광화문 인근의 유명한 빌딩이다. 그것이 자기의 것이었다는데, 정말인지 아닌지 알 수는 없었다.

> **장한몽** : 다시 한 번 요약해봅시다. 첫째, 이사기일을 12월 31일에서 1월 15일, 늦어도 20일까지로 한다. 둘째, 공사에 협조한다. 셋째, 아직 결론을 내리지 못한 이사합의금입니다. ❶❺ 과거에 그렇게 잘 나가던 분이라 이사비를 꺼내기가 부담스럽군요. 그렇게 큰 돈을 만지던 분이라 이사비를 안 드리고 충분한 예의만 갖추고 싶군요.

이미 상대 자신이 수백억 하던 건물의 옛 주인이었다고 하니 어떤 반응이 나올지 그를 주시한다. 사실 경매를 하다보면 말을 많이 하는 경우를 보게 되는데 말이 많으면 실수도 많아진다. 상대를 좀 더 지켜보자.

나점유 : 과거사 일이지 않습니까? 이제는 그렇지 못하지요.

장한몽 : 얼마 생각하고 계십니까?

나점유 : 그쪽이 얘기해 보세요.

장한몽 : ❶❻ 180만원 생각하고 있습니다.

사실 의뢰인에게서 그에 대한 명도합의비용으로 500만원을 약속받았었다. 상황이 여의치 않으면 650만원까지가 마지노선이었다. 7세대를 명도하면서 전체 명도비를 1000만원 정도 생각했었는데, 한 집에만 200만원을 지급했고 나머지는 한 푼도 지급되지 않고 명도를 했으니 아직 명도비용에는 충분히 여유가 있었다. 그렇다고 돈자랑을 할 수는 없지 않은가?

나점유 : ❶❼ 말도 안 됩니다. 최하 300만원은 주셔야 됩니다.

빨간펜 study

❶❺ 자기가 한때 잘나가던 사람이었다고 소개하면 그렇게 대우를 해주면 된다. 위에서 장한몽이 한 얘기는 반 진심이었다. 말을 많이 한 사람은 나중에 꼭 그렇게 되돌려 받는다.

❶❻ 닻의 효과를 염두에 둔 발언이다. 즉 현재 상황을 잘 모르는 상태에서 누가

먼저 첫 제안을 해야 할지를 다투는데 상대가 장한몽에게 말하라고 하니 닻의 효과를 사용하였다. 이제 상대와의 협상력은 장한몽이 제시한 첫 제안 가격에서 움직이게 된다.

⓱ 닻의 효과가 발휘된다. 즉 의도하지 않게 상대가 낚싯바늘을 물어버린 것이다.

바로 이거다. 상대에게서 얼마의 첫 제안이 나올 줄 모르는 상황이므로 가급적 낮게 부른 것이 장차 협상에서 유리한 고지를 가진다. 사실 500만원까지는 충분히 생각했었는데, 상대가 이렇게 나오자 갑자기 긴장이 풀린다. 그러나 내색하지 않는다.

장한몽 : 제게는 생각치도 않은 금액입니다.
나점유 : 요즘 물가도 많이 오르고, 또 주변 사람들 얘기 들어보면 기본 300만원이라고 하더군요. 내가 사놓은 건물의 임차인들에게 나가라고 주는 이사비도 300만원이 넘습니다. 나도 그렇게 주고 내 건물에 들어갈 겁니다.
장한몽 : 그 전에 다시 한 번 물어봅시다. 채무자 사위 짐까지 같이 치워주시죠.
나점유 : 안 된다고 했지 않습니까? 그 놈들 보통 놈이 아니라서… 그럴려면 최소한 500만원은 받아야 합니다.
장한몽 : ⓲ 그 양반 연락처 좀 주십시오. 말귀를 못 알아들으면 알아서 처리할 테니…
나점유 : 여기 있소. 전화번호 010-2345-○○○○
장한몽 : 어차피 공사 때문에 집으로 가는 길이니 택시 타고 가면서 차

안에서 못다한 얘기들 합시다.

⓲ 그때까지 장한몽은 상대와 채무자 사위의 관계를 알 수가 없었다. 그래서 그
는 다시 한 번 상대에게 말하고 있지만, 이어지는 대화를 보면 여전히 감을
잡지 못하고 있다.

택시에 타서는 갑자기 명도에 대한 얘기는 어디론가 사라져 버리고, 과
거사 얘기와 집안 얘기들이 오고간다. 사실 상대에 대해 아는 정보가 너
무 없어 많은 대화가 필요했었다. 그런데 아쉽게도 20분 만에 집에 도착
한다.

현장에는 인테리어 업자들이 추운 날씨에도 공사 중이다. 상대의 집
안에는 그저께 한파로 수도배관이 터져 물이 떨어지고 있고, 그것을 받
아놓으려고 양동이를 몇 개나 받쳐두고 있다. 그에 더해 집안 이곳저곳을
보여주려는 것을 사양했다. 그리고 4일 후 다시 만나기로 약속했다.

그동안 서로에 대한 요구사항에 대해 의사는 전해졌지만 확실하게 못
박지는 않았다. 모든 결정이 신중에 의한 결정이라는 믿음을 보여 주기
위해서이다. 그래서 협상은 멋있는 게임이 아니라 지독하게도 지루한 게
임이다.

약속한 4일 후, 밖이 아닌 집에서 만나 다시 이야기를 이어간다. 지금
장한몽의 입장은 상대가 모든 짐을 해결해주기를 희망한다. 어제 의뢰인
과 나눈 대화에서도 약간의 추가비용이 소요되더라도 그가 채무자 사위
의 짐까지 해결해주기를 바라고 있다.

그러나 상대는 한사코 거절한다. 그의 말을 빌리자면 그들은 세상 누구도 접근해서는 안 되며, 건설업을 하면서 거칠게 굴러먹고 합기도장 관장까지 한 자신이지만 채무자의 사위는 정말 치가 떨릴 정도로 악랄한 존재라는 것이다.

자꾸 이런 얘기를 하니 장한몽 역시 심적으로 부담을 가지게 된다. 싸우는 것보다는 피할 수 있으면 좋겠다. 그래서 그에게 판돈을 최대한 높이면서 마지막 제안을 해보기로 한다.

장한몽 : ❶❾ 좋습니다. 그러면 내가 500만원을 드릴 테니 나머지 짐까지 치워주시오.

나점유 : 안 돼요. 아무리 생각해도 너무 위험합니다.

장한몽 : 지난번 만남에서 500만원이면 된다면서요?

나점유 : 생각해보니 내가 너무 위험한 짓을 하는 것 같아요. 안되겠습니다.

빨간펜 study

❶❾ 장한몽이 양보하는 패턴을 한 번 보자. 상대가 제시한 금액에서 이번에 사위의 짐까지 치워주는 금액까지 흐름을 보면 300만원>200만원이다. 그렇다면 나점유가 한 번 더 양보를 요구한다면 얼마까지 양보가 가능할까? 100만원이다. 사실 이 100만원까지가 최종적인 데드라인에 포함되어 있었다. 상대가 이런 양보의 패턴에 한 번이라도 관심을 가졌다면 300만원 >200만원 >100만원의 형식을 가진다. 그렇게 되면 나점유와 장한몽 모두 협상에 최선을 다한 모습을 보여주는 것이다.

전혀 예상외다. 이사비 판돈을 올려주면 문제의 채무자 사위의 짐까지 치워줄 줄 알았는데, 아니다. 이 양반도 정말 채무자 사위를 두려워하는 것일까? 작은 방 한편에 가지런히 정리되어 있다는 채무자 사위의 짐. 사기꾼 같은 상대도 두렵다고 하는 그들은 도대체 어떤 위인들일까?

그 방에는 채무자의 사위와 그의 형 짐이 보관되어 있다. 한 명은 구속되어 있고, 다른 한 명은 수배중이라고 한다. 장한몽이 별로 상대하고 싶지 않는 상대조차도 두려워하는 채무자 사위 형제! 도대체 그들은 누구인가? 문제의 방 한 쪽 벽에는 형제의 이런 액자가 걸려 있었다.

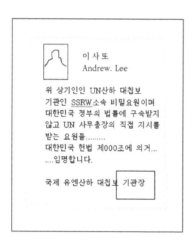
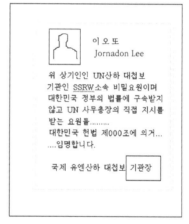

#4

그가 채무자 사위의 짐을 치우는 것을 거부하는 바람에 결국 약속대로 이사합의금은 300만원으로 하고, 이사기일은 지금부터 한 달 이내로 합의했다. 그러면서도 고민을 한 부분은 채무자 사위의 짐을 함께 처리하지 않으면 상대와 합의를 하지 말아야 하는 것 아닌가 하는 점이었다. 그래서 이쪽에서 튕기듯 사위의 짐이 안 나가면 안 된다고 했더니 '남의 것'을 자신이 어떻게 치울 수 있느냐는 것이다.

둘 간에는 분명히 연락을 하고, 잘 아는 사이인 것 같은데 한사코 치우는 것을 거부하며 겁만 잔뜩 주고 있다. 사실 웬만히 친하지 않고서야 자기가 사는 집 방 한 칸에 다른 사람의 짐을 보관할 수 있겠는가. 둘이 짜고 치는 게 맞다면 지금 상대는 장한몽이 제시한, 즉 두 사람의 짐을 함께 치워주는 조건으로 500만원을 제시했으니 받아들일 법도 했지만 그러질 않고 있다. 어디까지가 둘 간의 관계일까? 알 수가 없다.

한편 시간이 지나 약속한 한 달이 거의 임박해온다. 상대에게 확인전화를 건다.

장한몽 : 다음 주가 약속한 기일입니다.
나점유 : 그런데 말입니다. 제가 들어갈 집에 약간의 문제가 있어서 그러는데 일주일만 봐주실 수 있겠소?

일주일 정도야 기다려줄 수 있었다. 이미 상당한 시간이 흐른 상태이기 때문에 이제 일주일은 대수롭지도 않았다. 그렇게 5일이 흐른 후 다시 전화를 건다.

장한몽 : 약속한 기일이 다 지났군요.
나점유 : 그게 참…

상대가 말문을 흐린다.

장한몽 : 다른 얘기 하지 마십시오. 더 이상 들어줄 자신은 없습니다.
나점유 : 알겠소. 약속했으니 비워 드려야지.

드디어 약속기일. 현장을 방문하는데 이미 상당한 양의 이삿짐이 옮겨지고 있었다. 이제 지긋지긋한 일도 다 처리되는 상황이다. 상대가 자신의 짐을 다 옮기고 난 뒤 남아있는 두 형제의 짐은 쓰레기만 남은 수준일 것이다.

상대와는 큰 다툼 없이 쉽게 마무리가 되었다. 그가 정말 술만 먹으면 이상한 짓을 하던 사람인지 난 믿기지 않았다. 그러나 이미 먼저 간 임차인들은 모두 그가 제정신이 아닌 사람이었다고 했다.

이제 채무자의 사위와 그의 형 짐만 남아있다. 방 한 칸에 남아있는 그들의 짐! 제법 깨끗한 양복도 있고, 잘 정돈된 옷들이 나를 쳐다보고 있다. 그 짐은 그렇게 며칠 동안 그 자리에 있었다.

그리고 사나흘 후 그 짐은 어디론가 다 사라져 버렸다. 미스터리로 남는다. 그 짐은 분명 그 형제들이 가져간 것은 아니다. 내가 치운 것도 아니다. 누가 가져간 것일까? 그러나 난 그 물건들이 어떻게 증발되었는지 알고 있다. 나만 알고 있다.

정릉동 단독주택 명도
- 내가 죽었다 깨어나도 합의하나 봐라

이 건은 서울의 재개발지역에 있는 단독 구옥 명도 사례다. 경매 낙찰을 받은 후 수리해서 부동산에 내놓으면 곧바로 팔릴 것으로 판단해 입찰한 물건이었다. 특이한 점은 권리분석상 압류가 많았다는 점이다. 서울시, 파주시, 용인시, 근로복지공단 등 여러 건의 압류가 있었으나 말소기준권리는 국민은행이었으므로 이번 낙찰로 모두 소멸되는 상태였다.

#1

진정수가 임장할 당시 집안은 말끔히 비워져 있었고, 대문도 열려 있었다. 인기척이라고는 없었다. 단지 이상하다면 도배와 장판이 새로 되어 있다는 점이었다. 혹시 누군가 살고 있을까 싶어 입찰 전에 한전과 수도사업소 등에 연락해 연체된 공과금을 확인해봤지만, 들은 대답은 수십 개월 전부터 한 번도 사용하지 않았다는 것이다.

오랫동안 사람이 살지 않았으므로 난방 및 수도배관 등이 이미 동파되었음은 자명한 사실이다. 결국 이 추운 겨울을 벗어나기 위해서는 전기장판에 의한 난방 외에는 현실적으로 방법이 없던 상황이었다. 하지만 한전에 문의한 결과 수십 개월째 전기를 사용한 적이 없고, 계량기는 떼어진 지 오래다. 그런데 도배장판이 새로 되어 있다. 어떻게 해석할 것인가?

하지만 진정수는 더 이상 신경을 쓰지 않았다. 아무도 살고 있지 않고, 전입된 사람도 없으므로 별도의 명도비는 나갈 필요가 없다고 생각했다. 그리고 비어 있는 집이므로 잔금납부 후 바로 입주를 할 수도 있지 않을까. 이런 요인 때문에 입찰 당일 마음이 좀 더 가벼워진 진정수는 감정가 2억2천만원에 나온 물건이 시세 3억3천만원 정도 하기에 2억4천만원에 응찰을 결정한다.

입찰 당시의 집행관 현황조사서

기타	- 본건 현황조사 명령에 의하여 4차례 현장 방문을 실시하였던바, 폐문 부재하였고 경매사건 현황조사 협조 안내문을 투입하였는데도 연락이 없어 점유자 면담을 할 수 없어 임대차 관계 조사 불능함. - 관할동사무소로부터 주민등록전입자는 발견치 못함

개찰 결과 진정수 말고 다른 한 명이 응찰을 들어왔다. 하지만 명도에 대한 부담감을 가지지 않은 진정수가 신건에 2천만원을 더 쓰면서 낙찰을 받게 된 것이다. 그리고 일주일이 지나 낙찰 허가가 떨어졌다. 이제 낙찰 받은 단독 구옥은 진정수 자신의 집이라 생각했다. 현재 아무도 살고 있지 않고, 오랫동안 수도와 전기를 사용하지 않은 집이니 달리 변수가 있을 리 없었다.

다음날 진정수는 자신의 집이 된 구옥을 다시 한 번 자세히 둘러볼 겸, 혹시 주변의 불량청소년들이 장기간 폐문부재로 아무도 살고 있지 않은 집이란 것을 알고 아지트로 사용할까 염려되어 관리 차원에서 현장을 방문하게 된다.

그런데 집에 들어가려 하니 대문이 잠겨 있다. 지난번 입장 조사 때에는 문이 열려 있어 안을 다 둘러볼 수 있었는데, 대문이 잠겨 있다니 어떻게 된 영문인지 알 수 없었다. 크게 소리 내어 불러도 인기척이 없기에 옆집의 양해를 구하고 담을 넘어 낙찰 받은 구옥의 마당으로 들어갔다.

지난번 임장조사 왔을 때와는 다른 몇 가지가 금방 눈에 들어온다. 현관 입구에 남녀의 낡은 구두가 한 켤레씩 놓여 있고, 입구 쪽의 작은방에는 짐이 가득 채워진 상태에서 못질이 되어 있고, 메모가 적힌 A4 용지가 붙어 있다.

(이몽룡 010-1234-○○○○. 안에 있는 짐의 소유자입니다)

진정수는 뭔가 잘못되지는 않았는지 두려운 마음에 머리가 공허해졌다. 다시 정신을 차리고 꼼꼼히 살펴보니 안방에는 구식 TV와 걸레인지 이불인지 가늠하기 어려울 정도로 지저분한 이불이 보이고, 화장실에는 오래된 세탁기와 바케쓰 하나가 눈에 들어왔다.

오랫동안 아무도 살지 않았고, 이 한겨울 엄동설한에 전기와 수도도 사용할 수 없는 집에 가지런히 놓인 낡은 신발과 이불, TV, 세탁기는 무엇 하나 정상적인 사람의 짐이 아니었다. 누군가 이사비를 뜯어내려고 들어온 사람의 짓이 분명했다. 적어도 그렇게 심증을 굳혔다.

입구 작은방에 붙여진 A4 용지의 연락처를 핸드폰에 입력시킨 후 전화를 걸어본다. 뚜~ 뚜~ 몇 번의 신호음이 울리고, 누군가 받는다.

진정수 : 정릉동 단독주택입니다. 여기 선생님 연락처가 적혀 있어 전화를 드립니다.

이몽룡 : 아, 그러시군요.

진정수 : 그런데 이 짐들은 다 무엇입니까?

이몽룡 : 네, 보시는 대로 다 제 짐입니다.

진정수 : 아니, 지난번에 내가 왔을 때는 없던 짐들인데…

이몽룡 : 아니에요. 있었어요.

진정수 : 아닙니다. 없었어요. 제가 똑바로 보았는데…

이몽룡 : 잘못 보셨겠지요. 있었습니다.

진정수 : 그렇다고 칩시다. 그런데 짐이 왜 그 방에 있는 겁니까?

이몽룡 : 주인한테 임대차보증금을 아직 다 받지 못해 그 방 한편에 몰아 놓고 있는 겁니다.

진정수 : 임차인이라면 법원에 권리신고를 하시지 왜 안 하셨습니까?

이몽룡 : 아, 제가 전입을 할 수 없는 상태라…

진정수 : 어쨌든 짐을 빼시오!

이몽룡 : 제 보증금은요?

진정수 : 그것을 내가 어떻게 알겠소.

이몽룡 : 그래요? 그럼 저하고 통화 나눌 필요가 없겠네요.

진정수 : 좋은 말로 할 때 짐 빼시오!

이몽룡 : 그렇게 막말할 거요? 난 주인한테 보증금 받기 전에는 못 빼겠소!

진정수 : 그게 얼마요?

이몽룡 : 아까 당신은 상관없다고 안 했습니까? 말해 봐야 필요도 없는
　　　　 것 아닙니까?

진정수 : 어차피 내가 알게 되는 금액입니다. 얼마요?

이몽룡 : 500만원입니다.

두 사람은 그렇게 첫 전화통화를 끝낸다. 진정수로서는 생각지도 못했던 일이다. 그래서 더 당혹스럽다. 폐문부재이며 공실이라 명도에는 문제가 없을 것이라 생각했지만 정반대의 꼴이다.

❶ 진정수는 일단 상대가 누구인지를 알기 위해 정보수집 활동에 착수한다. 일단 낙찰자로서 법원에 가서 경매사건에 대한 서류를 열람 및 복사를 한다.(**참고 서식 1** ― 재판기록 열람·복사/출력·복제 신청서) 그리고 주변에 대한 탐문조사를 하는데 바로 이웃에 사는 사람들은 누군가 이사 들어오거나 나가지도 않았고, 출입하는 사람을 본 적이 없다는 것이다. 모두 아무도 안 살고 있을 것이라는 얘기뿐이다. 효과 있는 정보가 나오지 않는다.

가까운 슈퍼마켓을 방문했는데 예상 외로 제법 많은 정보가 나온다. 내용을 요약해보면 채무자는 경기도 용인에서 사우나 사업으로 큰돈을 벌다가 주변에 대형 경쟁업소가 들어와 경쟁력에서 밀려나는 바람에 사우나와 이 집이 함께 경매로 넘어가게 되었으며, 아는 지인들에게 끌어다 쓴 빚이 너무 많아 도망 다니고 있고, 그 일로 인하여 남편과 이혼한 여자라는 것이다. 그리고 집에는 채무자의 직원이었던 사람들이 가끔 오갔는데, 최근에는 아무도 온 것 같지 않다는 것이다.

상대 점유자의 소문은 일체 들을 수 없고, 채무자의 내용만 들을 수 있었다. 하지만 공통된 내용은 누군가 출입을 한 적은 없어 보인다는 것이다. 결국 진정수는 상대가 경매로 넘어간 빈 집을 상대로 이사비를 뜯어내는 전문 경매 브로커라고 단정하고, 상대를 대면하기 위하여 만나자는 전화를 건다.

전화 목소리로 보아 상대는 40대로 생각된다. 약속 날짜를 잡고, 지하철 왕십리역에서 만나자고 했다. 40대 후반의 진정수 역시 운동으로 다져진 몸이라 적당히 인상만 써도 웬만한 남자들이 피해가는 얼굴이다. 진정수는 적당히 겁을 좀 주면서 그냥 나가라고 할 작정이었다. 그것이 안 된다면 포장이사비 정도만 지급할 작정이었다.

빨간펜 study

❶ **정보수집** – 정보는 상대를 대면하면서 얻는 정보와 상대를 대면하지 않고 얻는 정보의 두 가지로 구분된다. 경매 낙찰자는 낙찰이 되면서 그 사건에서 이해관계인이 된다. 따라서 관련 서류를 열람할 수 있는 권리가 부여된다. 담당 경매계를 방문하여 사건기록을 열람하면 그 물건이 경매 진행된 사연이 현재까지의 문서들로 편철되어 있다. 여기에서 가장 많은 정보를 얻게 되며, 그 다음은 주변인들을 탐문하여 정보를 얻게 된다. 이렇게 모인 정보들이 명도 협상을 계획하고 전략을 수립하는데 기초자료가 된다.

하지만 상대를 만나지 않고 접하는 이런 정보들은 기초자료 정도로만 사용되므로 결정적인 것은 역시 상대와의 만남에서 대화를 통해 얻게 된다. 물론 여기서 충분한 정보활동을 한 사람은 상대와의 대면협상에서 의심 가는 부분이나 상대의 숨어 있는 욕구를 알아내기 위한 방법을 찾게 되지만, 정보활동이 부실하면 오로지 상대에게서 나오는 이야기만이 정보가 된다. 결국 정보활동은 상대를 만나기 전에 모든 정황을 분석하고 해석한 후에 마지막으로 상대를 만나면서 그것을 확인해가는 절차이다.

#2

진정수는 왕십리역 10번 출구에서 상대를 기다리고 있다. 약속시간 10분이 지났는데도 상대로 보이는 남자는 나타나지 않는다. 그렇게 얼마의 시간이 더 흐르고, 계단으로 한 남자가 올라온다. 다리를 조금 절면서 검은 오버코트와 중절모를 쓴 50대의 덩치 좋은 사내다. 서로 이름과 전화 목소리만 알고 있는 상태에서 오늘 처음 만나는 사이이지만 상대임을 느낌으로 알 수 있었다.

"혹시 이몽룡씨?"

상대는 그렇다는 것이다. 근처의 커피숍으로 함께 이동한다. 자리에 앉아 상대는 중절모와 목도리를 푼다. 풍채가 좋다. 게다가 목소리가 걸걸한 게 전화 목소리와는 전혀 다른 느낌이다.

이몽룡 : 그래, 날 보자고 한 이유가 뭡니까?

진정수 : 임차인이라면 권리신고를 하시지, 왜 안 하시고 저한테 이러십니까?

이몽룡 : 아, 그게 전입신고를 할 형편이 못 되어서요.

진정수 : 그럼 들어와서 사셨단 말입니까?

이몽룡 : 거기 있는 가재도구 못 보셨나요? 살았으니까 살았다고 하지요.

진정수 : 제가 알아본 바로는 수십 개월째 전기와 수도가 한 번도 사용한 적이 없던 걸로 나오던데요.

이몽룡 : 여름까지 틈틈이 그 집에서 살다가 세수 같은 것은 공장에서 하고, 잠깐 쉴 때마다 그 집에서 자다가 왔지요. 그래서 주위 다른 사람들은 내가 왔다갔는지도 모를 겁니다.

진정수 : 그럼 지난 겨울에도 있었나요? 냉난방 모두가 안 되던데…

이몽룡 : 아닙니다. 이번 봄부터 들어왔으니 지난 겨울은 저하고 상관이 없지요.

진정수 : 소문을 듣자하니 주인분이 사우나 부도로 채권자들을 피해 다니느라 이곳에는 얼씬도 안 한다던데, 어떻게 들어오게 된 겁니까?

이몽룡 : 예전부터 주인아줌마를 잘 알고 지냈지요. 그래서 방 하나에 싸게 임차해 들어온 겁니다.

진정수 : 방 하나라? 그럼 세탁기와 큰방의 짐들은 누구 것인가요?

이몽룡 : 다 제 짐입니다. 그건 그렇고 얼마에 받았어요?

진정수 : 2억4천만원에 받았습니다.

이몽룡 : ❷ 아, 잘 받았군요. 아주 싸게 받으셨네!

진정수 : ❸ 아닙니다. 줄 것 다 주고 받은 것이지요.

이몽룡 : 아녜요, 아주 싸게 받았어요. 돈 버셨네요.

빨간펜 study

❷-❸ **의도가 담겨 있는 말** – 이사비 협상을 하러 가면 꼭 이런 대화가 오간다. 점유자가 낙찰자에게 잘 받았다고 주장하는 이유는 낙찰자가 돈을 벌었으니 이사비를 많이 달라는 뜻이며, 낙찰자는 높게 받아서 남는 게 하나

도 없으니 이사비는 못 챙겨 주겠다는 것이다. 경매 낙찰 후 명도를 하다보면 열 건 중 다섯 건은 이런 반응이 나오고, 가끔은 정반대의 반응도 나온다. "시세보다 왜 그렇게 높게 받으셨어요?"라고 하는 사람들이다. 대부분 이들은 자신이 응찰했거나, 이사비를 요구하는 사람들은 아니다. 이처럼 주고받는 대화 한 마디에도 전하려는 의도가 담겨 있다.

㉠ **뻔한 질문** – 경매 낙찰 후 점유자를 만나 대화를 시도하다보면 몇 가지 상습적인 대화들이 있다. 가령 언제 들어올 것인지, 혹은 매매를 할 것인지 임대차를 놓을 것인지 등의 질문들이다. 여지없이 이런 질문이 들어온다는 것으로 이해하고 상대를 만나기 전에 미리 예상 답안을 만들어 놓는 것이 대화를 하기에 편하다.

낙찰자와 점유자의 대화에서 ❷의 질문은 상대는 낙찰자가 싸게 받았다고 느껴져야 그 금액만큼 이사비가 후하게 나오는 것이므로 그런 느낌을 전달하는 것이다. 마찬가지로 낙찰자는 시세보다 높게 받아서 남는 게 없고 이사비까지 챙겨줄 여력은 안 된다는 느낌을 전하고 있다. 서로 이사비를 주고받는 것에 대하여 금액은 얘기하지 않고 입장만 전하고 있다.

㉡ **정보의 취득** – 정보는 사선 정보와 대면 정보, 그리고 사후 정보의 세 가지로 나뉘게 된다. 사전 정보는 입찰 전 나타날 수 있는 모든 위험에 대한 조사활동을 말하는 것으로, 이 사전 정보활동이 얼마나 충실한가에 따라 실전의 협상과 마무리가 쉽게 흐를 수 있다.

사전과 사후가 혼자 할 수 있는 정보활동이라면, 대면 정보는 상대를 만나 대화가 오가면서 얻게 되거나 확인하는 과정을 거치게 된다. 따라서 질문의 기술이 필요하다. 사후 정보는 협상을 진행해가면서 추가적으로 필요하거나 협상에 난항이 되는 부분에 대한 돌파구를 찾기 위해 행하여지는 활동이다.

위의 사례에서 낙찰자 진정수는 사전 정보활동에 소홀했기 때문에 사후 정보활동량이 그만큼 많아지게 되는 것이다.

진정수 : 그건 그렇고, 언제 비워주실 겁니까?

이몽룡 : 나야 주인한테 돈을 받아야 나가지 어떻게 나갑니까? 선생 같으면 나가겠소?

진정수 : 그건 전 주인하고 얘기해야지, 낙찰자한테 얘기하면 어떡합니까?

이몽룡 : 그걸 내가 어떻게 아나요. 난 그런 건 관심 없고, 내 돈 받아야 나갑니다.

진정수 : 정말 그렇게 할 작정입니까?

이몽룡 : 이상한 사람 다 보겠구만! 내 돈 다 받아야 나가지, 어떻게 그냥 나가?

두 사람은 아무런 소득을 얻지 못하고 헤어진다. 여기서 진정수는 상대가 진정한 임차인인지 아닌지에 대해 심증만 있고 물증은 없는 상태이다. 그가 볼 때 상대는 이사비를 뜯으러 들어온 경매 브로커임이 확실한데 아직 물증을 찾지 못하고 있다.

경매를 하다보면 이런 일이 다반사다. 특히 선순위 임차인으로 서류상 전입되어 있는데 정황상으로는 진정한 임차인이 아닐 것 같은 특수물건들이 비일비재하다. 경매에 조금 경력이 쌓이다보면 자신감이 붙은 사람들은 자신의 감만 믿고 들어가기도 한다. 거기서 진짜처럼 행동하는 가짜 위장 임차인을 잡아내서 자신의 실력을 높이기도 하지만, 물증도 없이 낙찰 받았다가 보증금을 날리거나, 잔금을 납부한 후 명도소송을 하면서 상대가 위장 임차인이란 것을 밝히기 위해 소송에 착수하는데 대부분 소요되는 시간과 비용이 너무 많아 이기고도 남는 것은 별로 없게 된다. 흔히 말하는 전투에서 이기고 전쟁에서 지는 싸움을 하게 되는 것이다.

그런데 여기서 진정수는 상대 임차인이 진짜인지 위장 임차인인지의 구별 실익이 없다. 진짜이든 가짜이든 배당신청도 하지 않았고, 명도 대상일 뿐이다. 단지 상대가 진짜 임차인인지 아닌지의 구별 실익은 진정한 임차인인데 선의의 피해자라면 약간의 보상위로금 형태의 이사합의금 정도에서 타협을 할 생각이고, 위장 임차인이며 경매 브로커라면 한판 싸움의 형태를 설정하는 기준이 될 뿐이다.

한편, 상대를 만나고 돌아온 진정수는 전입신고를 해놓지 않은 점유자를 어떻게 처리할 것인가에 대한 정보를 얻기 위해 인터넷을 검색하고, 경매 카페에 질의도 올려본다. 진정수가 놀란 것은 이런 사례가 상당하다는 것이며, 그 처리가 쉽지는 않다는 것이다. 그리고 이에 대한 명쾌한 답이 있는 것도 아니었다.

다만 전체적으로 일관된 얘기가 채무자 즉 전 소유자를 상대로 인도명령을 신청해 집행문을 부여받은 후 강제집행을 신청하고, 강제집행 당시 상대가 집행당사자가 아니라고 진술하면 집행은 불능에 빠지고 그 불능에 대한 조서를 작성하게 되는데, 그 조서에 상대의 인적사항이 기재되니 그 서류를 기초로 집행문을 채무자에서 지금 살고 있는 상대로 승계집행문 부여 신청서를 작성하여 재신청하라는 조언이다.

대부분의 낙찰자가 얻게 되는 정보가 이 정도일 것이다. 이런 정보에 기초하여 상대와 협상을 하거나 집행절차로 가게 된다. 하지만 실무에서는 진정수가 얻은 정보와는 다르게 흐르는 경우가 대부분이다. 즉 똑같은 정보가 주어지더라도 그 해결 방식은 제각각이라는 말이다. 그것이 실무의 경매다.

❹ 결국 진정수는 상대가 선의의 임차인이 아니라 경매가 대중화되면서 나타나는 부패의 한 축인 경매 브로커라고 생각하고, 명도 과정의 적법성 여부를 떠나 수단 방법을 가리지 않고 자신의 목적을 이루려 마음먹는다. 이때 진정수가 생각한 것은 잔금납부를 한 후 전 주인인 채무자를 인도명령 신청하고, 인도명령결정문이 채무자에게 도달이 되면 강제집행을 신청할 것이다. 그리고 강제집행 사나흘 전에 상대가 붙여놓은 A4용지를 떼어버리는 것이다.

집행을 하는 사람들이야 그 짐이 누구의 짐인지 어떻게 알겠는가? 공권력의 힘으로 일을 처리한 후 야기될지도 모를, 전입신고도 하지 않은 상대의 항변이 받아들여질지 또 설사 받아들여진다 해도 100% 받아들여지기는 어려울 것이라 생각한다.

이렇게 가닥을 잡고 나니 자신이 해야 할 일은 간단해진다. 이제 어떻게 명도할 것이냐 만이 진정수에게 남아있는 숙제였다. 그는 강제집행 절차는 그대로 진행하고, 그와 별개로 상대와의 협상을 계속 진행해나갈 생각이다. 그리고 진정수는 잔금을 납부했다.

빨간펜 study

❹ **협상에서의 관계 정립** − 진정수는 지금 상대와 우호적인 입장에서 협상을 하려고 한다면 그에 따른 행동을 해야 한다. 자신이 생각하고 있는 불합리한 점을 상대에게 숨김없이 정보를 풀어 놓고 질문하며 상대로부터 나오는

진술에 귀 기울여야 한다. 반면 상대와의 관계는 관심이 없다면 자신의 목적을 이루기 위한 방법대로 계획을 수립해나가면 된다. 상대와의 관계 정립을 어떻게 설정하느냐에 따라 행동 계획이 결정된다.

일례로, 당신이 상대와 협상을 진행하면서 서로 호의적인 관계개선까지 생각하며 당신의 약점을 노출하고, 구체적인 계획도 흘려주면서 상대의 요구사항에 대해 어느 정도 양보를 해주고 있다고 하자. 이 모든 것은 장차 상대와 좋은 관계로 남길 원하는 이유 때문이다.

그런데 상대는 이번 한 번의 협상에서 철저하게 자신의 이익을 얻기 위해 거짓말을 반복하며 당신을 곤궁에 빠뜨려 최대의 이익을 취하려 한다. 말로는 "우리의 돈독한 관계를 위하여…"라고 하면서 당신의 뒤통수를 치려고 노리고 있다면 언제나 당하는 것은 당신이다.

둘 간의 관계가 친선 상황인지 전쟁 상황인지 분명히 알고 있어야 한다. 지금 이 명도가 원-윈 협상을 해야 하는 자리인지, 자신의 최대 이익을 위한 투쟁전략을 사용해야 하는지를 분명히 해야 한다.

마찬가지로, 위 상황을 보면 진정수는 상대와의 관계는 고려치 않는다. 이 건을 명도하고 나면 두 번 다시 만날 일이 없다 생각한다. 지금 당장 최대 이익을 얻으면 되는 것이지 평판이나 자존심 등은 이 명도에서 그에게 아무 의미가 없다.

3

진정수는 잔금 납부 후 몇 번의 송달을 통해 전 주인을 상대로 강제집행을 위한 송달증명원과 집행문을 부여받았다. 이제 상대와 협상이 용이

치 않으면 바로 강제집행을 신청할 수 있는 것이다.

그렇게 ❺ 법 절차대로 진행하면서도 상대와 빈번한 만남으로 이사합의금은 처음의 500만원에서 150만원으로 내려와 있는 상태이다. 하지만 그 사이 잔금납부를 한 지 70여 일이나 훌쩍 지나가버린 것이다.

인도명령결정이 났지만 경락받은 집이 폐문부재이므로 그 인도명령결정문을 채무자가 송달받을 수 없는 위치에 있다보니 시간이 많이 소요된 것이다. 만일 채무자가 인도명령결정문의 송달을 받을 수 있는 용이한 위치에 있었다면 두 달 이상의 시간은 걸리지 않았을 것이다.

빨간펜 study 🖋

❺ 경매의 법 절차

① 잔금납부 — ② 인도명령 신청 — ③ 인도명령 결정 — ④ 송달 — ⑤ 송달증명원 및 집행문 부여 신청 — ⑥ 강제집행신청 — ⑦ 집행관 계고 — ⑧ 집행관 최후통첩기간 — ⑨ 집행비 예납 — ⑩ 기일 지정 — ⑪ 집행

- ①~② : 잔금납부를 하고 바로 인도명령을 신청한다. 실무에서는 경락잔금대출을 받을 경우 대출기관에서 동시에 해결해주는 편인데, 의무사항이 아닌 서비스 사항이므로 낙찰자가 잔금대출을 신청하여 소유권 이전등기를 할 경우 인도명령신청을 해달라고 부탁하면 된다. 스스로 공부해보고자 하는 사람은 절차가 그다지 어렵지 않으니 자신이 혼자 할 수도 있다. 하지만 유치권이나 선순위 위장임차인처럼 인도명령이 인용되지 않아 정식 소송으로 가는 경우를 생각한다면 인도명령신청 이유는 아주 정확하게 전문가의 도움을 받아 하는 것이 좋다. 인도명령이 바로 인용이

되면 소송비용과 시간이 상당히 절약되기 때문이다.

- ②~③ : 인도명령을 신청한 후 결정은 채무자가 소유자일 경우는 빠른 시간 내 나오는 게 대부분이지만 임차인 같은 점유자가 있을 때는 각 법원 경매계마다 처리하는 기준이 다르므로 일률적으로 말하기는 어렵고, 통상 배당기일 즈음하여 결정이 내려진다.

- ③~④ : 문제는 이 부분인데, 인도명령 결정은 나오는데 상대에게 송달이 돼야 한다. 낙찰자 자신에게야 결정문이 바로 송달이 되지만, 인도명령의 상대방에게는 송달이 바로 될지 안 될지 장담할 수 없다. 보통의 가정이고 집에 가족구성원들이 항상 거주하고 있다면 상대가 결정문을 송달받을 수 있으나, 집에 거주하고 있지 않다면 혹은 고의적으로 받지 않는다면 송달이 불능에 빠진다. 처음 경매를 하다보면 여기서부터 경매의 번거롭고 까다로운 법 절차와의 싸움을 경험하게 되는데, 이 단계에서만 1년을 넘기는 사례도 발생하며, 몇 달은 기본으로 갈 수도 있다. 초보자 입장에서 가장 당황스럽고 경매에 발을 담근 것을 후회하기도 하는 부분이다.

- ④~⑤ : 운이 좋거나 우여곡절 끝에 송달의 효력을 가지게 되면 상대에게 송달이 되었다는 증명원과 집행문을 담당 경매계에 신청하여 부여받게 된다.

- ⑤~⑥ : 담당 경매계에서 받은 송달증명원과 집행문을 가지고 집행관사무실로 이동한다. 이제 경매계에서 할 일은 끝났고, 지금부터 접해야 하는 곳은 집행관사무실이다. 그곳에 강제집행신청서를 작성하여 경매계에서 받은 송달증명원과 집행문을 함께 제출한다. 그러고 나면 집행관사무실 직원이 집행비용의 예납, 즉 강제집행비용 전체를 납부할 것인지 강제

집행 전 단계인 집행관 계고비용까지만 낼 것인지를 묻는다. 집행관 계고에서 협상을 마무리할 자신이 있으면 집행관 계고비용만 입금하고, 아예 강제집행을 할 생각이면 비용 전체를 납부하겠다고 하면 된다. 담당 직원에게 고지서를 수령한 후 입금을 하면 집행관사무실에서 집행관 계고 날짜를 알려준다.

- ⑥∼⑦ : 강제집행신청서를 작성하고 출장비를 입금하면 집행관의 일정에 맞추어 날짜를 지정하게 되는데 빠르게는 사나흘이 되기도 하지만, 업무의 많고 적음에 따라 통상 보름 정도까지 걸린다. 즉 신청서를 접수하고 보름 이내에 집행관이 계고를 나가게 된다. 이때 낙찰자는 법원 직원과 동행할 수 있고, 법원 직원이 업무를 마친 후 돌아갈 때 낙찰자는 현재의 점유자와 그 자리에서 명도 협상에 대한 담판을 시도하면 된다. 이때가 낙찰자의 힘이 가장 강하고, 점유자가 가장 기가 죽어 있을 순간이다.

- ⑦∼⑧ : 집행관이 계고나간 후 언제까지(약 보름 이내) 집을 명도하라는 최후통첩을 하게 되고, 그 기간 내까지 안 나가게 되면 낙찰자는 집행관사무실로 전화하여 강제집행 날짜를 잡아달라고 요청하면 된다. 실무에서는 대부분 이 기간 내에 명도 합의를 이루게 된다.

- ⑧∼⑨ : 낙찰자가 집행 날짜를 전화로 신청하면 집행비용을 납부하라는 연락을 받게 된다(강제집행신청시 이미 납입한 경우는 바로 날짜를 지정받는다). 수취인 ○○법원 집행관 계좌에 강제집행비용을 입금하게 되는데, 강제집행에 소요되는 용역직원들의 인건비와 기타 부대비용이다.

- ⑨∼⑩ : 집행비용이 전액 예납되고 나면 집행관 일정에 맞추어 강제집행 기일을 지정해준다. 그리고 그 날짜에 집행하게 되는데, 경험 많은 경매

업자들은 이 단계에서 막후 협상을 벌이기도 한다.

진정수는 현재 경매 절차의 ④~⑤~⑥ 위치에 있다. 즉 ④ 상대에게 송달이 되었고(공시송달), ⑤ 송달증명원과 집행문을 부여받아 옷 속에 숨겨두었고, ⑥ 강제집행신청서는 작성하지 않은 상태이다. 아직 ⑥부터 ⑪까지의 긴 시간이 남아 있으므로 ⑪ 집행 단계까지 가기에는 부담스러워 상대와 타협을 하려는 것이다.

우여곡절 끝에 진정수와 상대는 경락받은 주택에서 오후 2시에 만나기로 약속을 한다. 진정수는 강제집행 전단계인 송달증명원과 집행문을 해당 경매계에서 받아 속주머니에 가지고 있다. 오늘 마무리가 제대로 되지 않으면 더 이상의 타협 시도는 끝내고 집행관사무실에 강제집행을 신청할 생각이다.

그렇더라도 아직 해야 할 일이 많이 남아있다. 강제집행신청을 하고 나면 집행관 계고를 나가게 된다. 현장에 나온 집행관이 이 집에 이몽룡이 점유 중이란 사실을 알게 되면 보정명령이 나오게 될 것이다. 어쨌든 그 다음의 일을 생각만 해도 머리가 지끈거린다.

한편 상대와 약속 1시간 전, 혹시나 싶어 동사무소(행정복지센터)를 방문하여 무심코 전입세대열람을 해보는데 새로운 전입자가 한 명 생겼다. 채무자와 전혀 다른 성을 가진 사람이다. 사람이 살기 어려울 정도인데 이 추운 겨울에 누군가 전입해 들어올 것은 꿈에도 생각지 못했다. 누굴까?

진정수는 곧바로 해당 주택을 방문하는데 우편함에 새로운 전입자에게 온 고지서들이 제법 쌓여 있는 것을 볼 수 있었다. 진정수가 상대와 협상과 법 절차를 진행하는 동안 이 집에 누군가 전입신고를 해올 줄은 꿈에도 몰랐던 것이다. 점유이전금지 가처분 신청을 하지 않은 것을 후회하고 있었다.

집을 방문해 대문을 열고 들어가(당시 변변한 열쇠 없이 철사로 묶어두기만 한 상태다) 다시 현관문을 열어보니 살림살이가 들어와 있다. 이전과 달리 TV가 있고, 전기담요가 있고, 이불이 있고, 세탁실에는 세숫대야 등이 추가로 있다. 누가 봐도 중고제품이라는 걸 알 수 있지만 누군가 새로 들어온 것은 사실이다. 지금 상대하고 있는 이몽룡이나 새로 들어온 세입자나 모두 진정으로 살고 있지는 않지만 이사를 들어온 흔적은 있다.

진정수는 아무도 살고 있지 않은 것을 알고 경락받았는데, 뒤늦게 나타나 지금 협상을 벌이고 있는 상대와 겨우 협상이 끝나가는 이 시점에 또다시 누군가가 전입해 있고 새로운 짐이 추가된 것을 확인하고 있다. 폐문부재! 진정수는 혹독한 신고식을 치르고 있는 중이다.

진정수는 곧 만나게 될 상대는 이 새로운 점유자가 누구인지를 알 것이라 생각하며 그가 나타나기만을 기다리고 있다. 상대가 약속시간보다 조금 일찍 특유의 팔자걸음과 넉살좋은 웃음으로 다가와 손을 내민다. 진정수는 내키지 않는 표정으로 상대의 악수에 응해준다. 마음은 빨리 합의를 하고 싶은 생각뿐이다.

진정수 : 짐차는 왜 안 보입니까?

이몽룡 : 저기 들어옵니다.

골목으로 트럭 한 대가 들어온다.

진정수 : 그런데 한 가지 물어봅시다. 저기 들어온 새로운 짐은 당신 것
　　　　이오?

이몽룡 : 아니오. 내가 그런 짐을 가져다 놓을 필요가 어디 있겠소.

진정수 : 그럼 누구의 짐일까요?

이몽룡 : 이름이 누구입니까?

진정수 : ○○○입니다.

이몽룡 : 알겠습니다. 채무자의 모친이에요.

　채무자의 모친 이름이 확실하다고 하니 더 이상 질문을 이어가지는 않는다. 하지만 이 당시에는 임차인이라는 사람이 채무자의 모친 이름을 단번에 알고 있으리라는 점에 의심을 하지 못했다. 진정수는 상대에게 짐을 빨리 빼라고 채근하면서 같이 거든다. 그러면서 은근슬쩍 채무자 모친의 짐까지 같이 밖으로 내놓는다.

이몽룡 : 그 짐은 내 짐이 아닌데 왜 밖에 내놓습니까?

진정수 : 아니, 짐 빼나가는 길에 모두 빼셔야지 채무지 모친의 짐을 놔
　　　　둔다면 내가 당신과 합의한 실익이 없는 것 아니오?

이몽룡 : 그건 그것이고, 나는 모르는 것이니 난 안 가져갈 것이오.

진정수 : 나도 그렇게는 안 되겠소.

　순간 짐을 빼던 상대는 진정수를 바라보면서 고함을 치기 시작한다.

이몽룡 : 아니, 이 사람이 누굴 뭘로 아나? 내가 시간이 남아돌아서…

임차인의 고함소리가 온 동네에 퍼진다. 이웃사람들이 큰 싸움이 났다고 생각하는지 하나둘씩 몰려드는데 이내 십여 명이 진정수와 상대의 주위를 둘러싸고 있다. 상대는 사람들이 몰려드니 더 목소리를 높이며 마당으로 내놓은 짐을 다시 거실 쪽으로 집어던진다.

　　이몽룡 : 이것들이 사람을 뭘로 보고… 내가 죽었다 깨어나도 합의하나 봐라.

상대는 고함을 멈추지 않으며 짐차에 실었던 짐을 다시 마당과 거실에 내팽개친 후 집 밖으로 나선다. 진정수는 상대를 붙잡을까도 생각했지만 그러하지 않았다. 속주머니에 집행문을 가지고 있기 때문이었다.

짧은 시간 동안이지만 상대에게 ❻ <u>지금 강제집행을 하기 위한 집행문을 가지고 있다는 것을 보여주면서 마지막 반전을 시도할까 하는 생각이 교차한다.</u> 진정수가 집행문을 가지고 있다는 것을 상대가 알았다면 저런 쇼를 할 수 있었을까?

빨간펜 study ✏️

❻ **대안의 공개** – 협상이 만에 하나 불발로 끝날 경우 대안을 실행함으로써 눈앞의 협상 상태에 연연해하지 않고 자신의 목적을 이루는 것이다.

가령 강남구 청담동의 한 아파트를 매수흥정하면서 마지막 줄다리기 시점에 한 쪽이 약간만 양보를 해주면 계약이 될 듯한데 서로 양보가 없을 경우, 매수자 입장에서는 청담동의 아파트를 못 사더라도 역삼동의 아파트를 봐둔 게 있다면 청담동 아파트에 크게 연연해하지 않으며 협상을 유리하게 할 수 있다. 즉 청담동의 대안이 역삼동이 되는 것이다. 한편 매도자 입장에서는 지금의 매수자 말고 다른 매수인이 있다면 굳이 이 매수자에게 낮은 가격에 팔 이유는 없다. 매도자에게 다른 매수인이 지금의 매수자 대안이 될 수 있다. 문제는 이 대안을 상대에게 알려줄 것인가 말 것인가에 대해서는 고민해볼 필요가 있다. 대안을 가지는 주요 목적은 지금 실행하고 있는 협상이 만에 하나 불발로 끝날 경우를 대비하여 준비해둔 것이기 때문이다.

#4

진정수는 품에 숨겨둔 집행문을 꺼내들까 말까를 순간적으로 고심하고 있다. 실무상 맞닥뜨릴 수 있는 상당히 흔한 경우로, 점유자가 과도한 이사비를 요구할 때 낙찰자는 강제집행신청을 한 상태에서 곧 집행이 될 수도 있으므로 적당한 선에서 타협을 하자며 약간의 협박으로 상대를 몰아간다. 이럴 경우에 대안을 공개해 자신의 뜻을 이루는 것이다.

하지만 상대가 계속해서 터무니없는 이사비를 요구하면 아예 협상 자체를 할 필요 없이 강제집행을 하면 된다. 그것은 대안 공개 여부와 아무런 상관이 없다. 즉 대안은 강제집행인데, 그것을 밝힐 때는 추가적인 양보안을 얻어내기 위함이고, 밝히지 않을 때는 실행으로 가는 경우가 많다.

진정수의 경우는 추가적인 요구를 위함이므로 대안을 공개했어야 했다. 하지만 처음 협상 때부터 거칠게 나오고 있는 상대에게 대안을 공개할 때 더 큰 싸움이 나거나 대안을 무시할 수도 있을 것 같아 공개하지 못하고 있다. "이봐, 안 돌아오면 이 집행문을 집행관사무실에 제출하여 강제집행할 거야! 좋은 말 할 때 빨리 오라구!"라는 말이 입 속을 맴돌았지만 참는다.

그런데 3분 후 진정수의 핸드폰으로 낯선 번호의 전화가 걸려온다.

성춘향 : 안녕하십니까? 저는 사장님이 낙찰 받은 집의 채무자 되는 사
람입니다.

진정수 : 그러십니까? 어떻게 제 전화번호를…

성춘향 : 이몽룡씨한테 들었습니다. 그리고 지금 그 안에 있는 추가적인
짐 때문에 분쟁이 있었다구요?

진정수 : (상대와 채무자는 아직 연락이 닿는 모양이다) 네, 이사합의를 했으면
다 치워줘야지 이몽룡씨 자신의 짐만 가져가면 난 합의를 할 실
익이 없습니다. 전부 다 비우든지 아니면 하나도 안 치우든지…

성춘향 : 이해하십시오. 제가 내일 치워드릴 게요.

진정수 : 그런데 왜 갑자기 그 짐이 집에 있는 겁니까?

성춘향 : 얘기 들어서 아시겠지만 제가 사업이 망하면서 어머니를 모실
곳이 없어요. 제가 있는 위치가 노출되면 채권자들이 가만히 두
지 않는다고 하여 지금도 사촌 여동생 집에서 전화를 하고 있는
중입니다. 그리고 이 전화기도 동생 명의로 된 것입니다. 그런데
어머니께서 각종 노인에 대한 혜택을 받기 위해서는 전입이 되
어 있어야 하므로 전입을 한 것이고, 혹시나 싶어서 짐을 몇 가
지 가져다 놓은 것뿐입니다.

진정수는 성춘향의 얘기를 들어보니 그럴 듯 했고, 말을 아주 교양 있
게 하므로 신뢰를 갖게 된다. 그리고 사건을 진행해오면서 들은 소문과

어느 정도 일치한다고 느껴 상대를 믿기로 한다.

> 진정수 : 좋습니다. 그렇다면 이 짐들을 언제 치워주실 겁니까?
>
> 성춘향 : 내일 오전에 치워 드릴게요.
>
> 진정수 : 그 증거를 어떤 식으로 작성하면 될까요?
>
> 성춘향 : 믿으셔도 됩니다. 저 그런 사람 아닙니다.
>
> 진정수 : 알고 있습니다. 하지만 그냥은 안되겠습니다. 이곳까지 와주실
> 수 있습니까?
>
> 성춘향 : 여긴 용인입니다. 그냥 믿으셔도 됩니다.
>
> 진정수 : 그럼 3분 후 다시 전화를 드리겠습니다.

진정수는 전화를 끊고 어떻게 합의서를 작성해야 하는가를 고민 중인데, 다시 돌아올 것 같지 않던 상대가 차를 끌고 돌아왔다. 상대와 채무자가 서로 연락을 하고 있다는 증거이다. 진정수는 상대가 워낙 다혈질이라 그의 요구조건을 받아주기로 마음먹는다. 그리고 채무자에게 다시 전화를 건다.

> 진정수 : 좋습니다. 그럼 너무 먼 관계로 ❼ 이행각서를 핸드폰 문자로 받
> 겠습니다.
>
> 성춘향 : 안 그러셔도 됩니다. 저 그럴 사람 아닙니다.
>
> 진정수 : 저도 그렇게 믿고 싶습니다. 제가 보내는 문자 내용을 저에게 다
> 시 보내주십시오.
>
> 성춘향 : 그러지요.

❼ **명도확인서 VS 명도이행각서** – 명도확인서는 통상적으로 경매에서 배당을 받는 사람이 낙찰자의 명도확인서와 인감증명서가 필요할 때 사용되는 양식이다. 이 명도확인서와 인감증명서를 낙찰자에게 교부받기 위해 점유하고 있는 부동산을 낙찰자에게 인도해줘야 한다.

낙찰자는 대부분 점유자가 점유를 이전해주었을 경우 명도확인서와 인감증명서를 점유자에게 교부한다. 점유자는 낙찰자가 준 인감증명서와 명도확인서를 지참하여 법원에 가서 배당금을 수령하면 된다.(**참고 서식 2** – 명도확인서)

명도확인서와 달리 점유자가 앞으로 어떻게 하겠다는 약속을 하는 각서의 형식을 실무상 '명도이행각서'라고 부른다.(**참고 서식 3** – 명도이행각서) 주로 낙찰자와 점유자 간의 합의에 따른 약속 내용을 기재한다.

이 사례의 경우 채무자는 배당금을 받는 점유자가 아니기에 진정수와 채무자 간에 교부되는 서식은 명도확인서가 아니라 명도이행각서이다. 그런데 명도이행각서의 양식은 정해진 게 없다. 양 당사자가 합의한 내용을 작성하면 된다.

통상 실무에서 합의되는 방법은 낙찰자가 점유자에게 이사합의금을 언제까지, 얼마를 준다. 그리고 점유자는 언제까지 해당 주택을 낙찰자에게 명도한다는 등의 내용이 들어 있다.

진정수는 명도이행각서 대신 성춘향에게 아래 내용을 핸드폰 문자 전송한다.

진정수 귀하

서울시 성북구 정릉동 집에 남아있는 일체의 가재도구를 o월 o일까지 다 치울 것이며, 그러하지 못했을 경우 상기인 임의대로 폐기처분하셔도 좋습니다. 채무자 성춘향

3분 후 이 내용대로 문자가 들어왔다. 결국 진정수는 상대와 150만원의 이사합의금을 건네고 주택의 인도를 받는다. 상대가 자신이 점유 중이라는 곳의 짐을 빼고 나가니 집에는 채무자 모친의 짐만 몇 개 남아있을 뿐이다.

상대가 짐을 다 빼고 차에 시동을 거는데 하늘이 어둑어둑해지면서 겨울비가 내린다. 차가 골목을 빠져나가기도 전에 겨울비답지 않게 소낙비로 바뀌어 내린다.

진정수는 담배를 하나 꺼내 피운다. 상대를 태운 차가 빗줄기 속으로 하얀 담배연기처럼 사라진다. 그는 근처의 열쇠 집에서 열쇠를 하나 사와 튼튼하게 대문을 잠근다.

그때 채무자에게서 내일 오전 11시에 짐을 가져가기로 했는데, 오전 9시 30분에 온다는 내용의 문자 메시지가 들어온다. 그리고 다음날 아침, 채무자는 약속대로 짐을 챙겨나갔다.

옥수동 아파트 명도
- 사람을 그렇게 못 믿으세요?

이 건은 서울 성동구 옥수동의 한 아파트를 낙찰 받은 경우로, 권리분석상으로는 최초의 근저당 이후 지저분한 가압류가 걸려 있었지만 낙찰로 모두 소멸한다. 그리고 후순위 임차인이 한 명 있었지만 경매등기 서너 달 전에 전입되어 있었기에 별 대수롭지 않게 생각했다. 그리고 아파트 단지가 크지 않다보니 경비초소가 하나 있을 뿐 변변한 아파트 관리사무소도 존재하지 않았다.

#1

잔금납부 통지서가 발송되었다. 사실 낙찰자는 잔금납부 전부터 상대를 만날 수도 있고, 그 후에 만날 수도 있다. 잔금납부 이전에 상대를 만나 협상을 하면 그만큼 명도기간이 짧아져 명도가 빨라질 수 있다는 실익이 예상되지만, 그 진행과정이 결코 만만치 않다. 그러나 실무에서는 잔금납부 시기에 미리 명도를 시키는 사람들도 다수 있기에 한 번쯤 시도

해보는 것도 괜찮다.

하지만 통상 잔금납부 이후부터의 명도가 정석이고, 그때부터가 낙찰을 받은 부동산의 소유자로서 신고식이 되는 것이다. 잔금납부 전보다는 심리적으로 좀 더 떳떳하게 점유자를 상대할 수 있기 때문이다. 또한 인도명령의 송달이 지체되지 않은 경우라면 인도명령을 받고난 후 낙찰자가 심리적으로 우위에 있을 때 접촉하기도 하고, 아니면 아예 집행관 계고까지 마친 후 접촉하기도 한다.

이번 경매 사건에서 명도대상자는 시종일관 공시송달에 의거하여 사건을 진행하게 만들어왔다. 경매하는 사람들이 가장 싫어하는 유형이다. 그 이유는 공시송달에 의한 명도 과정은 지루하기 짝이 없기 때문이다. 상대는 기업의 대표였으므로 어떤 싸움이 자기에게 유리한지를 일반 사람들보다는 잘 알 수 있었을 것이다.

흔히 공시송달에 의한 명도는 ❶ 게릴라전과 닮았다 한다. 게릴라를 완전히 소탕하기 전에는 안심할 수 없고, 상대가 꼭꼭 숨어 있어 그를 찾아내는데 상당한 시간과 에너지가 소모된다. 시간이 지체될수록 게릴라의 몸값은 높아지고, 산헐적인 공격과 겹겹의 방이가 시작되면 낙찰자는 두려움을 가지게 된다.

앞으로 전개될 싸움의 형태는 이러하다고 보기 때문에 명도에 대한 전술적인 방법도 그에 맞게 운용되어야 한다. 지금 상대는 꼭꼭 숨어서 게릴라처럼 움직이니 상대를 알 수 있는 실마리가 될 수 있는 주소와 연락처를 하나씩 확보해 나간다.

빨간펜 study ✐

❶ 게릴라전 – 명도에서 게릴라전은 표적을 제공하지 않기에 그들을 찾아내기는 여간 어려운 일이 아니다. 게다가 낙찰자에 대한 인도명령결정이나 서류의 송달을 받지 않고 수령지체에 빠지게 만든다. 통상적으로 낙찰자는 상대가 이런 공문서 서류를 받으면 기가 죽을 것이라 생각하고 있는데, 모든 서류가 수취불명으로 회신되어 온다면 당황할 수밖에 없다.

각종 서류의 수취거절 및 공시송달로 유도하거나, 집안 내부에 값이 나가지 않는 물품만 보관하여 강제집행을 해도 쓰레기만 처분하는 효과를 주어 낙찰자의 사기를 꺾거나, 법원서류에 보관된 모든 연락처는 허위의 연락처를 만들고 관리사무소는 물론 주변에서 점유자의 정보를 제공할 단서가 있는 곳에는 미리 입막음시켜 개인정보를 파악할 수 없게 만드는 등이다.

이처럼 일체의 정보접근을 허락하지 않고, 만남 자체도 쉽게 성사시켜 주지 않는다. 이럴 경우 낙찰자는 숨어 있는 게릴라를 만나려면 상당한 비용이 수반될 수밖에 없다. 다시 말해, 정보를 차단한 채 가끔 선별적으로 통화하거나 직접 만남은 피하면서 전화로만 협상에 응해주는가 하면, 한 번 만나려면 낙찰자가 부단히 노력해야 하는, 가령 장소적으로 먼 곳에 있다거나 밤 12시 이후에나 만남이 가능하다는 등의 행위들을 해 낙찰자를 엄청 피곤하게 만든다. 이런 피곤의 양이 많아질수록 게릴라의 몸값은 높아진다.

오늘 잔금납부를 했다. 시간을 끌 필요가 없다고 생각했기에 납부 마감일까지 기다리지 않고 곧바로 납부했다. 낙찰 받은 아파트에 도착한 정보성은 경비초소에 신분을 밝힌 후 해당 목적지까지 엘리베이터를 타고 올라간다. 그러나 이런 낮 시간에 누가 있을 리 있겠는가?

해당 층에 엘리베이터가 멈추자 내려 호수를 확인하고 곧바로 초인종을 누른다. 역시나 인기척이 없다. 연락처 메모를 남겨두고, 다시 1층 경비초소로 내려와 연체관리비를 확인한다. 낙찰자가 찾아온다는 것을 알고 있었는지 경비초소 직원은 메모지에 성의 없이 쓴 숫자를 내민다. 2년치 360여만원이나 된다. 하지만 도시가스 등은 별도이다. 가끔 이런 상황을 대할 때마다 마음속으로 소리쳐본다. '대체 당신들은 뭣하는 사람들인데 2년치 관리비를 여태껏 못 받고 있습니까?'

정보성은 어제 법원서류를 열람하면서 기록한 전화번호를 찾아 전화를 걸어본다. 잠시 신호가 가는가 싶더니 전화기에서는 이런 멘트가 나온다.

〈이 번호는 없는 번호이니 확인 후 다시 통화하시기 바랍니다〉

예상치 못한 상황이다. 그래도 어딘가에는 상대의 전화번호가 남아있을 것이라 믿었지만, 경매절차가 공시송달로 진행되었는데 없는 전화번호이니 대체 누굴 명도한단 말인가. 일이 자꾸 불안하게 흐른다.

어제 법원에서 서류를 열람하다보니 채무자의 최근 전입지가 충남 태안으로 되어 있었는데, 이제 그를 만나러 태안으로 내려가야 하는가? 태안에 있던 회사는 부도가 났는데 내려가서 못 만나면? 갑자기 막막해져 온다. 일단 심호흡으로 마음을 진정시키고 주변 탐문에 더 집중하기로 한다.

다시 엘리베이터를 타고 올라가 옆 호수에 거주하는 사람한테 채무자에 대해 물어보니 1년 동안 문제의 명도대상자를 한 번도 본 적이 없단다. 다시 1층으로 내려와 경비초소 직원을 만나 물었더니, 그는 이곳에 온 지 얼마 안 되어 아파트 사정에 대해 아는 게 별로 없어 도움이 안 되었다.

일이 점점 꼬여가고 있는 느낌이다. 상대를 만나지 못하고 있는데, 그에 대한 정보는 없고… 그렇지만 우편함은 깨끗한 게 최근에도 관리가 되고 있는 듯하다. 상대는 보이지 않는 곳에서 낙찰자를 기다리고 있는 것일까?

정보성은 경비초소 직원이 준 메모지에 적혀 있던 아파트 관리회사로 전화를 건다.

> 정보성 : 여기 옥수동 ○○아파트 ○○○동 ○○○호입니다. ❷ 저는 낙찰
> 　　　　자인데 무슨 관리비가 이렇게 많이 밀렸습니까?
> 직원 : 많이 밀렸지요. 경매로 넘어가셨구나. 해결해준다고 하더니…
> 정보성 : 네? 뭐라구요? 통화가 되었나요? 누구하고요? 혹시 통화를 나
> 　　　　눈 사람이 오단정씨 맞는가요?
> 직원 : 네! 그분과 통화를 나누었지요.
> 정보성 : 연체관리비 때문에 그러니 그분 연락처 좀 부탁드립니다.
> 직원 : 메모 가능하세요?

천금보다 중요한 정보다. 그렇게 전화번호를 알아내 곧바로 전화를 건다. 전화기로 여자 목소리가 들려온다.

> 오단정 : 여보세요?
> 정보성 : 낙찰자 정보성입니다. 오늘 잔금을 납부했습니다.
> 오단정 : 그러시군요. 이제 앞으로 어떻게 되는 건가요?
> 정보성 : 이제 비워주셔야 합니다.

오단정 : 언제까지요?

정보성 : 빠르면 빠를수록 좋습니다.

오단정 : …

정보성 : 어떻습니까? 만나서 얘기 나누어볼까요?

그렇게 해서 상대와 월요일 오후 7시에 만나기로 약속을 잡았다.

빨간펜 study
❷ 낙찰자가 아파트 연체관리비를 협상하면서 다루게 될 품목들이다. 대략적인
개념은 알고 접근하는 게 협상에 효율적이다.

- **관리비** – 공용부분 / 전유부분
- **공과금** – 가스 / 전기 / 수도 / 점유자가 임차인인 경우 관리수선 충당금

#2

정보성은 약속 시간과 장소를 확인하기 위해 상대와 두어 번의 통화가
이루어졌다. 목소리만으로도 교양이 있어 보였다. 시간 맞춰 도착한 상대
와 지하철 삼성역에서 만났다.

정보성은 그와 간단한 인사를 나눈 후, 또 다시 누군가를 기다리고 있
다. 5분여를 기다리니 의뢰인이 모습을 보인다. 만삭의 몸이다. 다음 달
이면 출산을 한다고 한다. 의뢰인 역시 상대가 궁금하여 만남에 합류하
기를 희망했던 것이다. 컨설팅업자에게 이런 경매명도가 의뢰된 경우라면
점유자와의 협상에 의뢰인이 나타나지 않는 것이 관례인데, 가끔은 예외

적인 협상도 있는 법이다.

세 사람은 지하철역 인근의 프랜차이즈 커피숍으로 이동한다. 대화를 위해 조용한 커피숍을 찾으려 했지만 복잡한 강남 역세권에서 그런 커피숍을 쉽게 찾을 수 없었다.

> 정보성 : 먼저 한 가지만 물어보겠습니다. 전입신고된 홍길동은 누구입니까?
> 오단정 : 예전부터 잘 알던 사이이고, 그분께도 신세를 진 것이 있어 그 사람이 가져다 놓은 짐이 방에 가득합니다.

경매등기 이후에 남자 이름이 하나 올라와 있었다. 낙찰자 입장에서는 채무자 가족이 아닌 제3자가 전입되어 있는 것이 상당히 신경 쓰였다. 특히 이사비를 뜯어내려는 전문 브로커일 가능성도 있기 때문이다.

> 정보성 : 그 사람의 동의 없이 짐을 처분하실 수 있나요?
> 오단정 : 글쎄요, 남의 짐을 어떻게 함부로…

그때쯤 당황스럽게도 상대가 갑자기 눈물을 훔친다. 고생 한 번 안 해 본 여자는 감정이 북받쳐서 그랬을까, 말을 이어가지 못하고 한동안 눈물만 흘렸다.

> 오단정 : 죄송합니다.

상대는 애써 감정을 억누르며 눈물을 보이지 않으려 하지만 어디 그렇게 쉽게 눈물이 멈추어지던가. 참으려고 애를 쓸수록 더 눈물이 흘렀다. 여자의 눈물에 나약해지려는 감정을 억누르려는 듯 정보성은 애써 상대의 시선을 회피한다. 테이블 위의 식어가는 커피 잔만 쳐다보면서 말을 이어간다.

정보성 : 앞으로의 절차에 대하여 알고 계십니까?

오단정 : 아닙니다. 인터넷을 통해 알아보니 일정 기일이 지난 다음 비워주게 된다고 하더군요.

정보성 : 그렇습니다. 열 명 중 여덟 명은 합의를 하고, 나머지 두 명은 합의를 못하고 강제집행을 하게 되는 정도입니다. 강제집행을 하게 되면 짐은 낙찰자의 통제 하에 놓이게 되고, 아마도 상당한 악감정을 서로가 가지게 될 겁니다. 우린 그런 관계가 안 되길 바라겠습니다.

여자는 다시 눈물을 흘린다. 상대를 배려하는 마음으로 정보성은 다시 시선을 딴 데로 돌린다. 차라리 눈물을 다 흘리고 난 뒤에 이야기를 나누고 싶었다. 그러나 그녀는 개의치 말고 얘기를 계속해 나가자고 한다. 자연스런 분위기를 만들기 위해 잠시 대화 주제를 바꾸어본다.

정보성 : 우리의 명도와는 상관없는 얘기인데, 본사가 충남 태안으로 되어 있더군요. 제 주변에 아는 분들도 상당수가 그쪽으로 공장을 옮겨 갔는데 무슨 이유가 있나요? 그쪽은 교통이 멀어서 불편할

것 같은데…

상대의 이야기가 10분 정도 이어진다. 부도 원인은 공장 건설 때문이라
는데, 공장 인허가 과정과 토지 매입이 늦어지면서 자금관계 등에서 불
측의 피해를 입은 것이다.

> 정보성 : 그러시군요. 충분히 이해하겠습니다. 제가 앞으로 이해해 드릴
> 부분은 최대한 이해하면서 진행해 나가겠습니다. 그렇다고 원칙
> 을 어겨가면서까지 그러지는 못할 겁니다.
>
> 오단정 : 감사합니다.
>
> 정보성 : 제가 다 들어준다고 장담은 못하지만 가급적 최선을 다하겠습니
> 다. ❸ <u>저에게 요구하고 싶은 것이 있으면 전부 말씀해 보시죠.</u>
>
> 오단정 : 뭘 얘기해야 하나요?

상대는 비즈니스도 이렇게 했을까? 큰 규모의 회사를 움직인 대표라고
하기에는 너무나 나약하게 나오고 있다. 정말 몰라서 그러는 것일까?

빨간펜 study

❸ 이 질문을 통해 상대의 필요가 무엇인지를 알아낸다. 일단 낙찰자가 다 들어
  준다는 공식적인 발언은 하지 않았다. 들어줄 수 있는 부분은 가급적 들어
  줄 태세다. 그러나 여기서 상대가 무엇을 원하는지, 요구 순위는 어떻게 되는
  지를 알아가기 위한 질문이다.

  처음 명도를 하는 사람들 중에는 간혹 이렇게 물었을 때 상대가 무리한 요

구를 해오면 감당할 수 없을까봐 아예 얘기도 못 꺼내게 하는데, 그렇게 되면 상대의 진정한 속마음을 알기 어렵다. 그리고 이런 식의 질문들은 상대의 입장에서 봐도 협력적으로 보이기 때문에 오히려 대화가 매끄럽게 진행되는 효과가 있다.

정보성 : 오늘 이 순간이 지나고 나면 후회할지도 모릅니다. 하시고 싶은 이야기를 다 해보세요. 들어줄 수 있는 것들은 들어주도록 노력하겠습니다.

오단정 : 이제 저 혼자 거주할 수 있는 방 한 칸 정도를 구할 금액만 있으면 뭘 더 바라겠습니까?

통상적으로 명도대상자들이 요구하는 이사비의 근거가 되는 것의 하나가 새로 들어갈 집의 보증금이다. 그런데 그 액수는 기본이 500만원, 아니 1000만원이다. 합의의 근거 기준이 이것이 되면 절대 안 된다. 낙찰자 입장에서는 집행비용이 합의의 근거가 되어야 한다. 그렇다면 많아야 200만원이다.

여기서 상대가 얘기하는 방 한 칸은 대체 얼마를 얘기하는 걸까? 고시원은 50만원만 있어도 들어간다. 그런데 그런 곳에 들어가기에는 어울리지 않는 상대이다.

정보성 : ❹ 그리고 더 없습니까?

오단정 : 없습니다.

정보성 : 좋습니다. 만일 그것을 들어주면 제 요구도 들어주시겠습니까?

오단정 : 네.

정보성 : ❺ <u>이틀 내로 모든 짐을 다 빼주실 수 있습니까?</u>

오단정 : 이틀요?

정보성 : 네.

빨간펜 study 🖊

❹-❺ 왜 이런 질문을 했는가 하면 우리는 협상을 하면서 상대방이 한 얘기를 다시 한 번 생각해볼 수 있어야 한다. 가령 뻔한 거짓말이라고 해도 진실인 것처럼 물어봐야 한다. 사례에서 정보성은 위에서는 추가할 것을 물었고, 아래에서는 이틀 내라고 요구했다. 왜 그랬을까? 일단 상대를 테스트해보려고 이틀 내에 비워달라고 한 것이다. 상대가 이틀 내에 비워줄 수 없다고 판단했던 것이다.

그리고 협상을 하면서 상대로부터 나온 말을 한 번 더 확인하는 절차가 필요하다. 사실 "더 없습니까?"라고 물은 후 이틀 내로 짐을 빼줄 수 없느냐는 얘기는 진심 반 상대의 의도파악이 반이다. 그리고 특히 이틀 내로 요구한 것은 상대가 들어준다면 좋고, 안 된다면 상대에게 미안한 마음을 갖게 하기 위해서이다.

오단정 : 이틀은 너무 합니다.

정보성 : 그럼 어느 정도면 가능할까요?

오단정 : …

정보성 : 편안하게 말씀하셔도 됩니다.

오단정 : 2주 정도는 필요할 듯싶군요. 짐을 두 군데로 나누어보내야 하

는데 본사가 있는 태안에는 안 되고, 다른 곳을 찾아야 합니다.
…그렇게 급하세요?

정보성은 옆에 있는 의뢰인의 배를 향해 시선을 옮긴다. 상대도 만삭이 된 의뢰인의 모습을 보고 있다.

> 정보성 : 아까 말씀하신 방 한 칸의 비용은 얼마를 얘기하는 걸까요? 지방이라면 쌀 텐데…
>
> 오단정 : ❻ 제가 지방으로 갈 수는 없구요. 그래도 월세보증금으로 한 2000만원은 있어야 되지 않을까요? 그리고 그 중 1000만원은 짐을 보관한 홍길동씨에게 줘야 하구요.

빨간펜 study ✎

❻ 이 책의 앞부분(명도 협상의 이론)에서 얘기를 했듯이 이사비 협상에서 상대는 들어갈 집의 보증금을 협상 안건으로 내놓았다. 여기서 정보성은 바로 상대에게 협상이 잘못된 것이란 점을 인식시켜 주지는 않고 있다. 아직 협상할 때가 아니라는 것쯤으로 간주하는 분위기이며, 나중에 시간이 흐르면 다시 얘기할 것이다.

> 정보성 : 홍길동씨에게 돈을 줘야만 그 짐이 빠지나요?
>
> 오단정 : 꼭 그렇지만은 않습니다.
>
> 정보성 : 일단 오늘은 이 정도만 얘기하고 헤어지기로 하지요. 대화를 할 준비가 아직 안 되신 것 같습니다.

오단정 : 무슨 뜻이시죠?

정보성 : 경매명도에 대한 사전지식을 어느 정도 갖추고 나와야 대화가 진행될 듯합니다. 그래야 저도 제 요구사항을 전달할 수 있을 듯 하구요.

오단정 : 요구사항이라면?

정보성 : 꼭 말해야 하나요?

오단정 : 말씀하시죠.

정보성 : 좋습니다. 첫째, 제가 보내는 인도명령결정문을 직접 수령해주시고 둘째, 이사합의금은 강제집행비용 즈음에서 움직일 것이며 셋째, 빠른 명도를 요청하는 바입니다. 참고로 강제집행비용은 180만원 정도가 될 것입니다.

이에 대해 상대는 인도명령결정문을 자신이 직접 수령하도록 하겠다고 답한다. 적어도 이 내용이 무엇을 의미하는지 모르고 있는 듯하다. 정보성이 왜 이 요청을 했느냐 하면 실제 거주는 상대가 하면서 전입은 홍길동으로 되어 있다. 즉 전입자와 실제 거주자가 다른 것이다. 그리고 상대가 인도명령을 받지 않으면 강제집행으로 가는 시간이 길어질 수도 있기 때문이다. 소송으로 가지 않아야 할 첫 번째 이유가 되기도 한다. 반면 상대가 인도명령을 바로 수령한다면 낙찰자는 아주 유리한 위치에 놓이게 된다. 상대는 그것을 모르고 인도명령을 직접 수령해줄 테니 어떻게 하면 되냐고 되묻는다.

정보성 : 다음 주에 다시 보기로 하지요.

잠시 명도와 상관없는 몇 마디 얘기가 이어지고, 인사를 나누며 자리에서 일어난다.

#3

저녁 6시 30분에 낙찰받은 집 근처에서 상대와 만나기로 약속했다. 사실 상대를 만나더라도 빨리 비워달라는 얘기와 집 내부를 한 번 보자는 얘기밖에 없을 테지만, 그래도 자주 만나다보면 서먹서먹한 돌파구가 아닌 다른 무엇인가가 나타나지 않을까 싶은 마음이다.

상대와 만나 커피숍으로 들어간다. 저녁시간이 되면서 은은한 실내조명이 아늑한 느낌으로 다가오고, 넓은 커피숍이지만 다른 테이블에 손님도 별로 없어 심적으로 더 차분해진다. 간단한 인사를 나누면서 지난번 만남에 대한 약간의 이야기를 이어간다. 중요한 얘기는 아니지만 협상에서의 잡담은 분위기를 부드럽게 만들고 상대를 안정시키는 역할을 한다. 처음 만남에서는 대화 도중 눈물을 자주 흘리던 상대가 이제는 아주 자연스럽게 행동하고 있었다. 그만큼 현실을 받아들이는 것이리라.

> 정보성 : 제가 할 수 있는 일은 점유자나 낙찰자 양측이 오판을 하지 않도록 적절한 정보를 드리는 겁니다. 만일 제가 개입되는 것이 탐탁지 않다면 언제든지 빠져드릴 수 있습니다. 그렇게 되면 저희 의뢰인은 바로 법원으로 달려갈 것입니다. 두 분 간의 대화는 없어지고 오로지 법으로만 해결이 가능해집니다. 법의 집행은 많은 마음의 상처가 날 겁니다. 그런 오판을 하지 않도록 서로 정

확하게 각자의 의견이 전해지기를 희망합니다.

상대는 자신이 정보성과 나누는 얘기들이 낙찰자에게 진실되게 전해지는지 의심하는 눈치였다. 그러다보니 자기가 낙찰자에게 원하는 사항들을 정보성에게 얘기했을 때 제대로 전달이 되지 않을까를 염려하고 있었다.

정보성 : 저는 이 자리에 99% 결정권을 가지고 나왔습니다. 따라서 저와 나누는 대화는 낙찰자와 나누는 대화라고 간주해도 좋습니다.

오단정 : 그래서 말입니다. 지난번 말씀드린 대로 지원을 해주시면 제가 최대한 협조를 해드리겠습니다.

정보성 : 제가 그렇게 못해드리면 협조를 안 할 수도 있다는 얘기입니까?

오단정 : 그렇다는 얘기는 아닙니다. 단지 그렇게 해주실 수 있으면 좋겠다는 것입니다.

정보성 : 대화를 이어가기 전에 한 가지 전해드릴 말이 있습니다. 첫째, 이사합의금의 기준은 점유자의 이사 나갈 집에 대한 임대차 보증금이 아니라 강제집행비용 즈음에서 얘기가 이루어진다. 둘째, 명도기일은 한 달 이내로 결정이 되어질 때만이 낙찰자의 이사비 협조가 이루어진다는 점입니다.

오단정 : 집을 비워주는 부분에 대해서는 걱정할 필요가 없습니다. 단지 그 집은 내게 아주 특별한 의미를 가졌고, 현재 모든 사건이 복잡하여 정리하는데 시간을 필요로 합니다. 그 집을 사면서 결혼도 했고, 그 집에 살면서 사업이 가장 잘되었지요. 비록 이젠 제 집이 아니지만 그래도 제겐 많은 의미를 준 집이었습니다.

상대가 눈시울을 붉히며 잠시 흐느끼는가 싶더니 다시 진정을 되찾아 대화를 이어간다.

> 오단정 : 그럼 낙찰자분은 얼마나 지원해주실 수 있으신가요?
>
> 정보성 : 그 부분에 대해서는 지난번에 말씀 드리지 않았습니까?
>
> 오단정 : 180만원?
>
> 정보성 : 밀린 연체관리비만 해도 360만원입니다. 사실 댁에게 돌아갈 금액은 거의 없는 것 같습니다. ❼ 소문을 들으니 주변 사람들에게 아주 평판이 좋으시더군요. 그 평판을 유지하면서 나가시려면 이런 연체공과금들도 다 정리가 되어야 할 것입니다. 만일 그보다 더 실리를 택한다면 그렇게 도와드릴 수도 있습니다.

빨간펜 study

❼ 협박 – 법의 테두리를 벗어나면 형법상 문제가 될 수 있다. 그래서 사실상 간접적인 형태로 표현하게 된다. 협박 공갈은 상대에게 공포감을 심어줌으로써 노력 없이 자신이 의도하는 것을 상대에게서 빼앗아오는 것이 목적이다. 사람은 누구나 심리적 공포상태에 놓이면 심한 정신적 스트레스를 수반하는데, 그 스트레스를 해소하기 위하여 어떤 행동과 결정을 하게 된다. 따라서 상대를 공포나 심리적 불안상태로 몰아넣는 근본적인 이유는 상대에게 결정이나 행동을 촉구하기 위한 것이며, 그 결정이나 행동이 협박을 행사하는 자에게 유리한 쪽으로 형성됨으로써 큰 노력 없이 결과를 성취하기 위함이다.

위 사례의 표현에서는 어떤 의미를 가지는가? 상대에 대한 어느 정도의 뒷

조사가 끝났으니 허튼 수를 쓰지 말라는 간접적 경고이고, 만일 일이 틀어질 경우 즉 협상이 불발로 끝날 경우 강제집행 및 그 과정에서 온 동네에 창피를 주면서 지금껏 쌓아온 명성이나 평판에 해를 가하겠다는 의도이다. 따라서 위 사례에서의 협박과 공갈은 금전이나 신체적 해를 가하는 것이 아니라 그 사람의 평판에 해를 가하는 것으로 구사되고 있다.

오단정 : 그 말은 구체적으로 무슨 말이지요?

정보성 : 명도에 협조해주신다면 제가 드리기로 한 이사합의비용에서 연체공과금 즉 전기, 수도, 도시가스 등에 대해서는 공제하지 않고 드릴 수도 있다는 얘기입니다. 보통 이사비를 200만원에 합의하고 연체공과금이 100만원 정도라면 200만원에서 그 100만원을 제하고 드리는 게 통상의 룰이지요. 협조가 되어준다면 그 200만원을 전부 드리겠다는 것입니다. 하지만 언젠가는 그 연체공과금을 납부하기는 해야 합니다. 단지 저희가 그 업체들에게 주지 않음으로써 귀하는 일단 제가 드리기로 한 금액에서 바로 공제되지는 않을 수도 있다는 얘기입니다.

오단정 : 그렇다고 남들한테 피해를 줄 수는 없지요. 어차피 언젠가는 제가 해결해야 할 비용이지 않습니까?

정보성 : 그건 본인의 선택 문제입니다.

분위기를 진정시키는 의미에서 잠시 화제를 돌려 명도와는 상관이 없는 대화가 이루어진다.

오단정 : 아까 질문에 대답을 안 하시고 계십니다. 얼마를 주실 수 있는 가요?

정보성 : ❽ 받고 싶은 사람이 먼저 말씀하십시오.

오단정 : 저도 이렇게 구차하게 나가고 싶지 않지만 이 상황이 되니 어쩔 수 없군요. 500만원만 부탁합니다.

정보성 : 죄송합니다. 그렇게는 안 됩니다. 다시 한 번 말씀드리지만 제가 드릴 수 있는 금액은 집행비용 즈음에서 생각해 드릴 겁니다.

오단정 : ❾ 차라리 딱 까놓고 금액을 얘기해주시죠. 그래야 저도 빨리 결정을 할 수 있을 것 같으니…

정보성 : 그 금액은 제가 다음에 만나 말씀드리지요. 그 전에 언제까지 비 워주실 수 있는지부터 짚고 넘어가봅시다. 이 질문에 대한 대답 여하에 따라 금액은 약간의 변동이 있을 수 있기 때문입니다.

오단정 : 2주는 너무 빠르고, 3주의 시간은 필요합니다. 그것도 사실 빠 듯합니다.

정보성 : ❿ 그럼 4주는 확실하게 넉넉한 시간이 되나요? 미리 말씀 드리 지만 저희 의뢰인은 제가 4주라고 얘기할 것에는 전혀 생각도 못하고 있습니다. 확실하게 나간다는 확약을 해주시면 의뢰인에 게 양해를 구하겠습니다.

오단정 : 길면 4주, 그 전에 나가도록 하겠습니다. 따라서 저도 뭔가 계획 을 세워야 하니 밀고 당기고 하지 마시고 주실 수 있는 금액을 지금 확실하게 밝혀주십시오.

정보성 : 좋습니다. 300만원 드리지요. 하지만 연체공과금 등을 다 부담 하셔야 합니다.

오단정 : 500만원에 맞추어주시면 안 될까요?

정보성 : 죄송합니다. 이 금액도 제가 너무 많이 양보한 금액입니다.

상대의 태도가 너무나 진솔하여 더 챙겨주고 싶지만 그럴 수도 없다. 아마도 이 금액이 의뢰인의 최대 금액치가 될 것 같다. 약간의 추가적인 이야기가 이어진 후 다음에 만날 약속을 하고 헤어진다. 이제 9부 능선은 넘어가는 듯하다.

* 3일 후

저녁에 만나기로 약속되어 있었다. 그러나 상대의 바쁜 일정으로 다시 이틀 후로 연기되었다. 의도적으로 약속을 미루는 것일까? 그것은 아닌 것처럼 느껴졌다. 그러나 신뢰가 형성되어 있지 않은 상황에서의 약속 위반은 모든 것에 대하여 의심을 갖게 하기에 충분하다.

빨간펜 study

❽ **누가 먼저 요구할 것인가** – 실무상 약간의 신경질이 오고갈 만큼 민감한 부분이다. 서로 상대에게 먼저 얘기하라고 하면서 자신은 급할 게 없다는 듯 느긋한 자세를 취해간다. 때로는 제대로 제시 한 번 해보지 못하고 협상이 결렬되는 경우도 수두룩하다. 일단 상대에게 먼저 제안을 하라고 하는 이유는 상대가 제시한 금액에 대하여 반반씩 양보전략을 구사하기 위해서이거나, 혹은 예상밖으로 좋은 안이 나올 것을 기대하는 경우이다.

위 사례의 경우 반반씩 양보를 요구하기 위해 상대에게 먼저 금액을 제시하라고 한 것이다. 만일 상대가 400만원으로 내려와서 수정 제시안을 내놓았다면 아래의 가상의 대화도 이루어질 확률이 높다.

A : 그 금액도 너무 무리입니다. 저도 집행비용 180만원에서 좀 양보할
　　테니 200만원 정도로 합시다.

B : 그건 안 돼요! …좋습니다. 300만원으로 하지요. 더 이상 조절하지
　　는 마세요.

A : 250만원으로 안 되겠습니까?

B : 절대 안 돼요!

A : 정말 안 됩니까?

B : 안 돼요. 죽어도 안 됩니다!

A : 알겠습니다. 제가 져드리지요. 다른 사람 같으면 200만원만 받아도
　　고마워하는데 당신 같은 분은 처음입니다. 제가 져드려야지 방법이
　　있겠습니까? 그런데 이사기일은 앞당겨 주셔야만 됩니다.

❾ **툭 까놓고 얘기합시다** – 어느 순간에 다다르면 협상이 끝날 것 같은 종
반부의 느낌을 가진다. 이제 마지막 제안을 해야 할 타이밍이라고 생각하면
양보하려고 했던 모든 양보의 보따리를 다 풀어헤치게 된다. 마지막 타이밍
이라고 느끼게 하는 전략의 선택이 바로 마감시한의 선택이다.

협상이나 과업이 마감시한을 바로 앞에 두고 있다고 느껴지면 누구나 빨리
끝마치려고 하는 습성을 가지게 된다. 가령 월말에 공과금을 낼 시간이 충
분했음에도 내지 않다가 마감일에 내는 것과 같이 대부분의 사람들은 마감
시간이 임박해서야 움직인다.

따라서 위 사례에서는 상대가 협상이 곧 마감될 것 같은 분위기 조로 확답

을 구하고 있다. 그런 것을 간파하지 못하고 정보성은 모든 양보의 보따리를 다 풀어놓게 되는데… 결국 마감시한을 잘못 해석한 정보성은 협상 막판으로 갈수록 입지가 좁아져 가게 된다. 마지막 순간까지 긴장의 끈을 놓지 못하고 이제 더 이상 상대도 협상을 포기하고 최종 제안을 받아들일 것이라는 생각을 하고 마지노선 300만원을 펼쳐놓았다.

❿ **합의를 하고 싶다면 압박하지 마라** – 상대가 거절할 수 있는 기회를 준다. 3주면 되겠다는 사람한테 4주를 줘보는 것이다. 자신이 요구한 기간보다 더 주었는데도 확실한 답변이 없다면 일단 의심을 해보아야 한다. 그리고 합의를 앞둔 상황에서는 상대를 압박하면서 합의를 해서는 안 된다. 합의는 자발적인 이행을 필요로 하므로 상대 스스로 선택할 수 있는 기회를 주는 것이다. 그것이 거절을 할 수 있는 기회를 부여해주는 것이다.

가령 부동산 거래에서 점포를 희망하는 매수인이 중개사와 대화를 한다고 가정해보자. 중개사가 거절을 어떻게 하는지 보자는 것이다.

예비임차인 : 금액을 좀 DC해주시면 안 되겠습니까?

중개사 : 다른 사람들도 그렇게 요구해서 임대인한테 요구를 해봤는데 안 되더군요.

예비임차인 : 하고는 싶은데 금액이…

중개사 : …

예비임차인 : …

중개사 : 사실 그 물건은 우리 전에 보고 간 사람이 먼저 계약을 할 것 같기도 합니다. 아니면 우리가 이렇게 얘기하고 있는 동안 이미

다른 부동산에서 계약을 했는지도 모릅니다. 그래서 말인데 그

것 말고 다른 것으로 알아보는 것은 어떨까요? 굳이 금액 때문

에 썩 마음에 드는 것은 아닌 것 같은데….

예비임차인 : 물건이 나쁘다는 얘기는 아니에요. 제 말은…

중개사 : 약간이라도 탐탁지 않다면 저는 개인적으로 다른 물건을 찾아

보는 게 옳다고 봅니다. 다른 물건으로 찾아볼까요?

대화상으로는 거절할 수 있는 기회를 주고 있지만, 사실은 그 반대의 상황

으로 몰아가고 있는 것이다. 거절할 수 있는 기회를 주면 그 다음은 이런 대

답이 나온다.

"아니에요. 그것으로 하겠습니다."

이처럼 상대에게 강요가 아닌 자발적인 결정을 유도하는 것이다. 그것이 거

절의 기회를 주는 가장 큰 이유이다.

* 4일 후

오늘은 채무자의 집에서 만나기로 했다. ❶ 이 사건은 아직 인도명령도

신청하지 못하고 있다.(참고 서식 4 – 부동산인도명령신청) 상황을 다시 한 번

살펴보자. 상대의 전입신고는 충남 태안의 옛 본사 건물로 되어 있고, 실

제는 상대가 점유 중이다. 그러나 집에는 거의 없으며 식구도 없는 상황

이라 인도명령송달은 공시송달이 불가피하다.

전입된 제3자 역시 이 집에는 거주하지 않으면서 전입만 되어 있는 상

황이다. 따라서 이 사람도 인도명령에 대한 송달을 받을 수가 없다. 그리

고 인도명령을 신청한 후 법원에서 제3자가 점유하는 부분을 별도로 표

시하라고 하면 방 3개 중 어느 한 곳을 표시해야 하는데, 그 내부의 짐은 일단 상대의 주장에 따르면 상대와 제3자의 짐이 섞여 있다고 한다. 만일 집행을 할 때 이 부분 때문에 상대나 제3자 중 어느 한 편에서만 집행이 이루어진다면 더욱 복잡해질 수도 있다.

이런 약간은 신경 쓰이는 절차가 긴장의 끈을 놓지 못하게 만들고 있다. 하지만 다행인 것은 현재의 채무자는 명도에 아주 협조적이다. 지금 법적인 절차는 착수하지 않은 채 오로지 협상 하나만 의지한 채 가고 있는데, 만일 협상이 불발로 끝날 경우를 대비하여 사실확인서 하나쯤은 받으려 생각한다.(참고 서식 5 – 사실확인서) 상대가 이렇게 협조적으로 나올 때 받아둬야 할 것 같았다.

빨간펜 study

⓫ 거절의 기회와 마찬가지로 어떠한 합의과정이든 강요에 의한 합의는 반격에 대한 위험에 노출되어 있음을 기억해야 한다. 지금 당장은 합의를 하지만 언제든지 그것이 번복될 수 있기 때문에 일체의 강요는 좋은 협상 태도가 되지 못한다.

협상에 대하여 오해하고 있는 몇 가지 중 하나가 상대의 약점을 공격하여 원하는 것을 얻어낸다는 내용인데, 실제의 협상은 그러하지 않다. 협상의 분위기가 편안하고 부드러워야 양보의 행위가 나온다. 그와 반대로 강압과 위협이 가해지면 경계를 하고 조심을 하게 되므로 자발적인 양보가 나오기 어렵다.

나중에 강제집행을 대비하는 확인서였다. 지금처럼 상대와 관계가 좋을 때 미리 받아둘 필요가 있다. 이해관계가 대립되면 지금의 호의적인 태도는 바로 반전될 수 있기 때문이다.

> 오단정 : 어디까지 오셨어요?
> 정보성 : 거의 다 왔습니다.
> 오단정 : 집으로 올라오세요. 혼자 오셨나요?
> 정보성 : 아니오. 의뢰인 부부도 같이 왔습니다.

엘리베이터를 타기 전 의뢰인 부부와 간단한 얘기를 나눈다.

> 정보성 : 혹시 특별히 짚고 넘어가야 할 사안이 있나요?
> 의뢰인 부부 : 특별한 것은 없고, 이사금액의 확답과 이사날짜지요.

오늘은 의뢰인 부부의 아이까지 왔다. 엘리베이터를 타고 올라가니 바로 목적지에 닿는다. 채무자는 현관문을 열어두고 우리를 기다리고 있었다. 부부의 아이가 배꼽인사를 하며 먼저 분위기를 부드럽게 만들었다. 우리는 채무자의 집 안으로 안내되었다. 채무자는 집 내부 곳곳을 친절하게 설명해주었다.

궁금했던 집 내부를 다 본 의뢰인 식구들에게 집을 나가 1층 주차장에서 기다려 달라고 했다. ⑫ 채무자는 혼자인데 이쪽이 너무 많으면 상대에게 심리적 압박을 줄 수 있다고 판단했기 때문이다. 압박에 의한 명도보다는 그래도 자진명도가 더 효율적인 것이다.

⓬ 명도 협상은 전략의 특성상 투쟁적 전략, 즉 자신의 이익을 위하여 상대와의 신뢰 등은 전혀 고려할 필요가 없는 전략을 채택하면서도 합의와 그 이행까지 여러 번의 만남과 약속을 필요로 하므로 자발성이 상당히 필요한 부분이기도 하다. 따라서 협상 도중 상대에게 강요에 의한 부담감을 주지 않기 위하여 협상 인원의 동수, 즉 1:1을 맞추어줄 필요가 있다. 경험으로 볼 때 협상자 수의 차이는 분명 그 영향을 끼친 사례가 많았다. 그런 경험에 의거 가급적 상대가 낙찰자 측의 수에 영향을 받지 않게끔 하려고 사전에 의뢰인에게 협상 장소에서 잠시 나가 있어 달라고 요청했었다.

의뢰인 부부 : 감사합니다. 이렇게 친절히 배려해주셔서…

오단정 : 뭘요. 당연한 것인데요. 그리고 이제 제 집도 아닌데…

첫 대화가 이렇게 자진명도와 상대에게 신뢰를 저버리는 행위는 일체 개입되지 않고 있었다.

오단정 : 바쁘지만 최선을 다하고 있어요.

정보성 : 이해합니다.

오단정 : 다음 달 초에 최대한 나갈 수 있도록 노력해볼 게요.

달력을 보면서 이사시기 등에서 약간의 언급을 하고 있다. 즉 긴 얘기를 할 상황은 아니라는 말이다. 오늘은 지난번 만남에서 확실하게 얘기하지 못한 부분, 즉 이사시기와 이사합의금에 대한 명확한 선을 구분하는 것이다. 어쩌면 이사시기는 이미 구체적 언급이 되었고, 이사비용만 남았다고 할 수 있다.

> 정보성 : 제가 지난번 제시했던 300만원에서 오늘 ⑬ 구체적으로는 밝혀드리지 못하고, 다만 나가는 날 제가 분명히 일정한 성의표시를 하겠습니다.
>
> 오단정 : 그렇게 하시지요.

빨간펜 study ✒

⑬ 사람은 각자 자기한테 유리하게 해석을 한다. 낙찰자는 적당한 성의표시라는 것이 30만원 혹은 최대 50만원인데, 상대는 자신이 주장한 500만원으로 맞추어주는 것으로 해석하고 있다. 왜 이런 현상이 나타나는 것일까?

협상 상황을 깨뜨리고 싶지는 않으면서도 상대를 달래줄 무엇인가는 내놓아야 하는 상황이기 때문이다. 그렇다고 일일이 하나씩 처음부터 구체적으로 명시해가면서 협상을 해나갈 수는 없다. 묵시적이고 추상적인 안건들이 협상 막바지에 가면 구체적으로 나타나게 된다. 즉 모호함이 구체적으로 나타나게 되며, 그 모호함의 해석은 막판의 합의단계, 즉 누군가의 힘에 의해 해석을 달리하게 된다. 똑같은 표현이라도 협상 막판에 그 모호함을 누가 어떻게 해석하는가에 따라 표현은 전혀 다르게 해석이 된다.

그렇다면 시간이 흐르고 협상이 종결시점까지 갈 때는 누가 힘을 더 확보하게 되는가? 낙찰자이다. 따라서 문장의 애매한 해석은 힘을 가진 자가 해석하게 된다. 결국 이런 이유 때문에 낙찰자는 처음 명도에서는 모호하게 접근하고, 점유자는 구체적으로 해석을 요청해야 한다.

상대는 분명 이사합의금을 받기 위해 밀고 당기는 협상은 하지 않는다. 정보성 역시 상대가 그런 성향이라는 것을 판단했기에 그렇게 대응해 주고 있다. 얘기를 끝내고 이제 자리를 떠야 할 시간이다.

정보성 : 감사합니다. 그럼 제가 4월 1일 ❶❹ 전화드리겠습니다.

빨간펜 study 🖋

❶❹ 전화 협상의 장점은 무엇보다 빠르다는 것이다. 결국 누가 빠른 것을 더 원하는가로 볼 때 지금 위 사례에서는 낙찰자가 상대에게 확인을 구하는 형식이므로 낙찰자가 빠른 확인을 필요로 하는 것이다. 이런 상황에서는 대면협상처럼 만남을 위한 약속 시간과 장소 등을 전하는데 시간이 소요되는 것보다 전화를 통한 협상 방법을 습득하는 게 필요하다.

실무상 전화 협상이 유용하게 적용되는 경우는 명도대상자가 직장관계로 늦게 퇴근하거나, 늦게 퇴근하는데 이성의 관계이거나, 혹은 명도대상자 근무지가 경매 대상지와 멀어 출장이 잦거나 지방의 물건을 낙찰 받았을 때 등은 일일이 대면협상으로 명도를 해나가기에는 부담을 가진다. 전화 협상이 적격이다. 알아둘 것은 전화 협상은 거는 사람이 절대 유리하다는 점이다. 준비된 자가 걸고, 준비 안 된 자는 받게 되어 있다.

4월 1일이면 거의 이사날짜와 시간 등이 구체적으로 확정되는 시기이다. 상대의 진술을 추정해볼 때 이사를 나가는 시기는 4월 15~17일 정도로 보인다.

* 7일 후

지난번 만남에서 오늘 즈음이면 대략적인 이사기일이 결정나기로 한 것 같은데, 상대의 전화가 없어 이쪽에서 전화를 건다.

> 정보성 : 접니다. 이제 구체적인 이사기일을 말씀해주셔야 할 것 같군요.
> 오단정 : 지금 바삐 알아보고 있습니다. 이번 주 내로 나갈 각오로 움직이고 있으니 조금만 기다려 주실래요?
> 정보성 : 알겠습니다.

상대에게는 아직까지 인도명령도 신청하지 않은 상태이다. 인도명령이 없어도 합의로 끝날 수 있을 것 같았기 때문이다.

* 9일 후

지금껏 상대는 아주 신뢰 있게 행동해왔다. 그래서 정보성은 재촉하는 전화를 하지 못하고 기다리고 있었다. 오늘쯤 이행에 대한 최종 전화가 왔어야 했다. 그러나 없다. 바로 핸드폰을 꺼내 전화를 건다.

> 정보성 : 연락이 왔어야 할 시기인데 없어서 전화를 겁니다.

상대는 지금 이사에 대한 것과 아직 채무정리가 덜 된 것에 대한 개인적 사유가 겹쳐 정신이 없다는 것이다. 그리고 일요일까지 짐을 다 빼기로 했으며, 시간은 추후 통보받기로 했다. 그렇게 쉽게 마무리되어 가는 듯하다.

* 11일 후

약속한 기일인데도 전화가 없다. 무슨 일이 있는 걸까?

> 정보성 : ❶⑤ 전입자 이름이 아직 안 빠져 있고, 약속한 기일을 얘기해줄
> 줄 알았는데 아직 없어 전화드립니다.
> 오단정 : 너무 바빠서 그랬습니다. 이해바랍니다. 화요일에 짐들을 창고
> 로 옮기겠습니다. 그리고 전입 관련은 다시 한 번 확인해보지요.
> 그렇게 허락해주시겠습니까?
> 정보성 : 알겠습니다. 그렇게 하지요.
> 오단정 : 화요일엔 뭔 일이 있어도 빼겠습니다.
> 정보성 : 그러셔야죠.

신뢰를 가질 만한 사람이라 한 번 더 믿는다. 인도명령도 신청 안 한 사건이기에 여기서 흐트러지면 상당히 곤란하다. 직감을 믿고 끝까지 인도명령을 신청하지 않고 협상을 해나간다. 내일이면 화요일이다. 정보성은 여전히 자신의 직감을 믿는다.

그런데 얼마의 시간이 흐르지 않아 의뢰인에게서 전화가 걸려왔다. 갑자기 대출이 필요해서 그러니 전입신고 되어 있는 홍길동의 전입을 빨리 빼 달라는 내용을 상대에게 전달해 달라는 것이다. 별로 어려운 문제는 아닌 것 같은데, 문제는 당사자 이외에 타인의 전출입을 함부로 할 수 있는가가 관건이다.

일단 의뢰인의 요청을 상대에게 전달한 후, 전입자 홍길동이 누구일까 궁금한 마음에 인터넷을 검색해본다. 대수롭잖게 생각했다가 인터넷에

같은 이름의 사람이 사진과 함께 뜬다. 경매 전문가이며 경매 강사이다.

'설마 이 사람이 그 사람일까…'

빨간펜 study ✏️

⓯ 제3자가 점유 중이다. 그는 후순위자이다. 잔금납부와 동시에 인도명령을 신청하고 명도를 했다면 상관이 없겠지만, 지금 상황은 이 집을 담보로 대출을 받으려고 한다. 처음에는 대출이 필요 없는 것 같아 나홀로 등기를 하고 인도명령은 신청도 안 한 상태인데, 명도 과정 중에 갑자기 상황을 달리하여 낙찰받은 집을 담보로 대출을 받아야 한다. 은행에서는 대출을 해주기 전에 은행 대출보다 먼저 전입의 위치에 있게 되는 문제의 제3자에 대한 명도가 반드시 선행되어 있어야 함을 요구한다.

내일이 명도인데, 상대로부터 정확한 시간에 대한 언급이 없어 정보성은 핸드폰으로 문자를 보낸다. 구구절절한 설명이 필요 없다.

〈낼 몇 시까지 가면 될까요?〉

하지만 메시지가 갔으면 답이 와야 하는데 아무런 반응이 없다. '뭐야, 이 황당한 시추에이션은…'

3시간이 지난 후 핸드폰으로 문자가 날아온다. 이번은 없어 보인다.

〈내일 아침 일찍부터 준비합니다. 오전에 뵈어야 할 것 같군요.〉

#4

드디어 상대와 명도를 약속한 날이다. 그런데 정보성에게 아침부터 낮선 전화가 걸려온다. 버스 안이라 다른 사람들이 의식되어 목소리를 낮추어 전화를 받았다.

"○○아파트건 때문입니다. 사장님이 밀린 관리비를 대신 납부한다고 하셨다기에 확인하고자 전화한 것입니다."

정보성이 상대에게 주기로 한 이사합의금에서 먼저 연체관리비를 해결해 달라는 아파트 관리사무소의 전화다. 상대와 관리사무소가 그렇게 약속되었다면 그대로 주면 된다. 그러나 그는 아직 그 사실을 알지 못한다. 상대에게 확인전화가 필요했다.

"곧 도착합니다. 가서 얘기 드리지요."

그는 확인한 이후 공과금을 처리해줄 생각이었다.

"그렇게는 안 됩니다. 확실히 얘기해주셔야 합니다. 안 그러면 저희는 채무자가 지금 못나가게 경찰서에 연락해야 하고, 낙찰자분도 이사 못 들어오십니다."

정보성은 갑자기 화가 치밀어 올랐다. 분명 이 사안에서는 그가 돈을 풀지 않으면 일이 해결되지 않을 상황인데, 경찰 운운하며 협박을 하고 있다. 다른 사람들한테 먹혔던 방법을 그대로 사용하는 것 같다. 순간 화를 참지 못했다.

"당신이 뭔데 경찰 운운하는 거야! 다시 한 번 그딴 말로 협박하면 내가 당신을 협박죄로 경찰에 보낼 테니 알아서 하쇼!"

정보성은 기분이 엿 같아서 전화를 끊었다. 버스 안의 사람들이 이상한 눈빛으로 그를 쳐다보고 있었다. 화가 채 가라앉기도 전에 관리사무소에서 다시 전화가 걸려온다.

"제가 갈 시간이 없어서 그런 겁니다. 대신 납부해 주신다고 하시면 제가 안 가도 될 듯해서 말입니다…"

"관리사무소에는 당신밖에 없소? 다른 직원 보내면 될 것 아뇨!"

화가 나면서 대화는 더 짧아지고 있다. 아파트가 크지 않다보니 일반 아파트 관리사무소처럼 운영되는 곳이 아니라 관리회사에서 파견요원처럼 경비원 하나씩만 지원되어 관리되므로 관리회사에서 일일이 현장을 나와볼 수 없는 현실에서, 전화 한 통으로 연체관리비가 통장에 바로 꽂히는 정도로 간단하게 생각하고 있는 듯하다. 잠시 침묵이 이어진다.

"알겠습니다. 제가 직접 가죠. 몇 시쯤 도착하십니까?"

관리사무소 책임자로 보이는 자가 관리비를 받기 위해 직접 온다는 것이다.

"앞으로 한 시간 반쯤 후가 될 겁니다."

상대는 오전에 이사를 완료한다고 하였고, 관리사무소라는 곳에는 차가 못 나가게 막는다고 하고 있으니 얼추 짐이 다 빠져 나가는 모양이라 생각했다. 예상보다 빠르다. 흔히 11시에 이사 완료한다고 해서 가보면 오후 한두 시에 끝나곤 하는데, 이사를 이렇게나 빨리 시작하는가?

서둘러 가고 싶은데 월요일의 버스는 도로가 막혀 가다 서다를 반복하며 거의 걷는 수준으로 가고 있다. 정보성은 관리사무소에서 걸려온 내용을 확인하기 위하여 상대에게 전화를 걸었다. 통화 결과 상대는 자신에게 주기로 한 이사합의금에서 먼저 관리비를 대신 납부해주라는 것이다. 따라서 다시 관리사무소에 연락을 취한다.

"아까 통화한 사람입니다. 내가 대신 지불할 것이니 아파트에 가실 필요는 없고, 계좌번호나 팩스로 경비초소에 보내세요."

"거기 경비초소에는 팩스가 없습니다. 핸드폰에 문자로 찍어 드리지요."

관리사무소 책임자는 아까와는 다르게 목소리가 나긋나긋해졌다. 이 아파트는 나 홀로 소규모 아파트라 관리사무소가 따로 없고 경비초소만 하나 있다. 따라서 관리사무소의 역할을 동대표가 하고 있다. 여기서 말하는 관리사무소는 결국 이런 나 홀로 아파트 여러 개를 직접 관리하는 건물관리 회사인 것이다. 따라서 연체금액에 대한 확인이나 징수 여부는 동대표가 직접 관리하고 있었다. 관리소장의 연락을 받은 동대표가 전화를 걸어온다.

"관리소장과 방금 통화를 나누었는데, 전화 받으시는 분이 관리비를 해결해주기로 했다면서요?"

"네."

"전화를 받으시는 분은 주인인가요? 아니면…"

"주인의 대리인입니다."

"그러시군요. 저희도 밀린 관리비가 해결 안 되면 이사를 못 가게 하는 수밖에 없습니다. 그리고 나가는 사람 기분 좋게 해야 되지 않겠습니까?"

젠장! 모든 사람이 갑의 위치라 생각하고 협박을 하고 있다.

2분 후 핸드폰으로 문자가 들어온다. 동대표가 보내온 밀린 공과금 액수와 계좌번호이다. 연체관리비가 납부 안 되어 차가 못 나가는 상황이라고 생각되어 버스 안에서 폰 뱅킹으로 처리했다. ❶❻ <u>상대에게 300만원 주려고 한 이사합의금에서 연체관리비 200만원 정도를 동대표가 보내온 계좌로 먼저 송금하였다.</u> 짐을 거의 다 쌌다고 생각하고 미리 처리해준 것이다.

그러나 사람은 누구나 상황을 유리하게 해석하는 버릇이 있다. 이렇게 송금을 해준 이유는 짐이 거의 다 빠지고, 이삿짐 차량들이 빠져 나가야 하는데 그것을 막고 있는 상황이라 생각했기 때문이다.

빨간펜 study

⓰ **연체관리비의 처리** ① 검침 확인 – ② 전화 – ③ 과거부터 검침 현재까지의 총액 문의 – ④ 가상계좌를 달라고 함 – ⑤ 가상계좌에 입금

* 11시

시간이 지체되어 오전 11시경 현장에 도착한다. 정보성은 어제의 문자 내용으로 본다면 지금 시각쯤에는 모든 짐이 다 빠지고 비어 있는 내부를 상상하였다. 그런데 1층 이삿짐 차에 짐이 하나도 없고, 이제 이사를 시작하려는 폼이다.

'뭐야! 벌써 짐이 다 빠지고 두 번째 차가 온 건가?'

엘리베이터를 타고 올라가니, 아니 웬걸 이제 짐들을 포장하고 있다. 한 시간 반 전부터 짐이 다 싸진 것처럼 전화질들을 해대더니…. 그래도 신뢰 있던 사람이라 충분히 이해를 해주고 싶었다. 그러나 아직 짐도 안 쌌는데 합의금의 절반 이상을 이미 계산해 버렸으니 마음 한편에서는 불안한 마음이 들었다. 만에 하나 돌발 상황이 발생한다면 이미 돈을 지급한 쪽에서만 손해. 실무상 이런 경우 이삿짐이 다 빠진 것을 확인하고 공과금을 제한 후 건네지는데 일단 미리 계산이 되어버렸다. 왜 짐이 거의 다 빠진 것이라고 생각하고 계산을 해주었는지 모르겠다.

* 오후 2시

상대에게 근처에 있겠노라고 전한 후 현장을 빠져나왔다. 두어 시간이

지난 후 거의 짐이 빠졌을 것이라 생각하고 가보았으나 짐이 워낙 많아 앞으로도 상당한 시간이 걸릴 듯하다.

"죄송해요. 싸보니 짐이 생각보다 많군요."

한편 경락잔금대출을 받지 않았던 의뢰인은 사정이 생기는 바람에 이 아파트를 담보로 융자를 받아야 하는데 인도명령 대상자였던 홍길동이 대출보다 선순위이다. 따라서 그를 전출시켜야 한다. 그에 대한 전출 협조는 그동안 계속 얘기가 되었으나 해결해주겠다는 말만 거듭될 뿐 아직까지 전출이 안 되어 있다. 이해를 쉽게 하기 위해 일자별 내용을 한 번 살펴보자.

말소기준   2015. 01. 15 근저당
점유자 A   2016. 09. 23 전입
          2016. 11. 12 임의경매
          2017. 09. ○○ 낙찰
          2017. 10. ○○ 잔금납부

"거듭 말씀드리는데 홍길동씨의 전입이 아직 그대로 있습니다. 조치를 바랍니다."

정보성의 절박한 심정은 아랑곳 않고 상대는 홍길동에게 몇 번이나 전화를 했고, 그가 곧 정리해준다고 했으니 믿고 기다려 보자고 한다. 하지만 의뢰인은 전출이 되지 않으면 약속한 이사합의금을 지급하지 못하는 상황이 발생될 것이라는 얘기로 정보성을 압박한다. 이런 경고가 다행히 잘 먹히면 상관없지만 만일 상대가 신의칙에 위배된다고 갑자기 돌아서버리면 일은 꼬여지기에 정보성은 더 조심스러워진다.

일이 거의 다 된 마당에 사소한 전입신고 문제 때문에 이사 당일에 일이 틀어지는 것은 아닌지 노심초사한 상태였다. 그렇다고 이런 조건이 선행되지 않으면 이사비 지급을 못할 수도 있다는 이야기를 상대에게 꺼낼 수도 없었다. 정보성뿐만 아니라 상대도 이사하는 마지막 날에 이변이 생기길 원하지는 않는다.

"전출이 오늘 내로 되어야 합니다."

이사하느라 정신이 없는 상대에게 전출까지 얘기하기가 부담스러웠지만 정보성은 다시 한 번 상대에게 점잖게 부탁하였다. 두 달 가까이 걸려 합의한 명도 협상이 사소한 문제로 신뢰관계가 깨지면서 무산될 수 있다는 생각이 들면서 조바심은 커져 갔다.

"알겠습니다. 다시 전화를 해보지요."

상대는 점유자 홍길동과 대화를 나눈다. 통화에서 흘러나오는 목소리는 빼줄 것이니 걱정 말라, 지금 바쁘다 등의 얘기가 오가는 모양새다. 여전히 홍길동과 상대는 그다지 심각하지 않은 사안으로 보고 있지만, 정보성은 전혀 다른 입장이다. 의뢰인이 약속한 이사비 지급이 안 이루어질 수도 있는 민감한 사항인데, 이런 내용을 상대에게 자세히 설명하지 않고 있었다. 왠지 약점이 잡히는 듯도 하고, 뭔가 절실한 것을 상대에게 들키고 싶지 않은 그런 기분이다.

이삿짐은 계속 포장하면서 동시에 조금씩 빠져 나가고 있었다. 그런데 짐이 다 빠지고 난 상태에도 전출이 되어 있지 않으면… 그렇다면 이사합의금 중 이미 지급된 관리비를 제외한 나머지 금액을 거절해야 하는 위치에 있다. 상대는 이사비를 준다고 하여 아침부터 이삿짐을 싸고 모든 것을 이행했는데, 점유자의 전출 문제로 이사비를 못 준다고 하며 모든 합의를 뒤엎는다면 과연 누가 더 손해를 보게 될까? 오전에 공과금 명목으로 이미 200만원을 지급했는데, 명도도 안 되고 원점에서 다시 시작해야 한다면… 정보성은 상상만으로도 끔찍했다.

* 오후 3시

상대가 계속 짐을 싸는 동안 정보성은 밀린 공과금을 확인했다. 도시가스와 전기의 연체금액만 70만원. 수도요금까지 합치면 80만원이다. 상대가 납부하겠다고 하는 것을 정보성은 자신 쪽에서 확인하고 납부하겠다고 하였다. 이사비로 지급하기로 한 금액에서 공제하면 되는 것이다.

"사람을 그렇게 못 믿으세요?"

상대는 점잖게 정보성을 비꼬고 있다. 처음부터 지금까지 신뢰 하나로 이어온 협상인데 자신을 믿지 못하겠느냐는 표현인 듯하다. 하지만 믿고 안 믿고는 아무런 의미가 없다. 스스로 전화를 걸어 확인하면 되는 것이다. 모든 공과금을 조회한 후 가상계좌를 통하여 입금시킨다.

이제 공과금 처리도 완료되었다. 이사합의금에서 관리비와 공과금을 모두 제하니 남은 금액이 별로 없다.

지난 마지막 만남에서 상대의 협조 여하에 따라 합의한 이사금액과 별도로 플러스알파를 챙겨주기로 약속했었다. 그런데 어느 정도를 더 챙겨주어야 할까? 어차피 풍족할 수는 없다. 하지만 난감해 하던 의뢰인은 줄 수 있는 최대한의 성의표시를 하였다. 10만원짜리 서너 장을 더 넣었다. 그렇게 상대에게 줄 이사합의금 봉투는 의뢰인이 정보성에게 건네주었고, 그는 그것을 속주머니에 보관하고 있다.

그런데 아직 홍길동의 전출이 되어 있지 않다. 이 부분에 대해 상대에게 다시 협조를 요청하였다. 잠시 후 상대가 희소식을 전해온다.

"지금 빠졌다니 확인해 보시기 바랍니다."

다행이다. 사소한 것으로 인해 잘못하면 막판에 초를 칠 수 있는 상황이었는데, 한숨을 돌릴 수 있었다.

* 오후 4시

이제 짐은 거의 다 빠져나가고, 남은 이사합의금을 건네줘도 되는 상황이다. 집 안에는 이삿짐을 싸는 사람들과 명도 현장을 보려고 온 인터넷 카페 사람들이 엉키면서 너무 시끄러워 정보성은 상대를 작은 방으로 오라고 하여 봉투를 건넸다. 그런데 갑자기 상대의 눈빛이 달라진다.

"아니, 이게 뭡니까? 이렇게 사람 뒤통수를 칩니까?"

"네?"

신사협정이 깨지는 순간이다. 서로가 상대를 쳐다보면서 어이없어 한다.

"이렇게 사람을 뒤통수칩니까?"

"아니, 여보세요! 말조심 하세요. 뒤통수친다니!"

"제가 얘기하지 않았습니까? 500만원에 맞추어 달라고!"

"제가 안 된다고 하지 않았습니까! 전 300만원이고, 거기다 협조 여하에 따라 플러스알파를 드린다고… 그래서 성의껏 챙겨드렸는데, 이러시면 어떡합니까?"

문제의 쟁점은 이러했다. 마지막 만남에서 정보성은 300만원 + @를 언급하였고, 상대는 500만원을 언급하였다. 정보성은 500만원은 턱도 없는 상황이며, 사실 300만원이면 아주 후한 금액을 주는 것이라고 하였다. 하지만 상대는 필요 이상에 가까울 만큼 협조를 해주었으니 500만원은 낙찰자가 챙겨주어야 하고, 또한 마지막 만남에서 그런 뉘앙스를 받았다는 것이다. 서로 자신에게 유리하게 해석한 것이다.

사실 상대에게 300만원을 주는 것이지만 연체관리비 200만원과 연체공과금 80만원을 제하니 봉투 안에는 10만원짜리 수표 몇 장만 들어있을 뿐이다. 연체공과금과 관리비를 제하더라도 실제 이사비용 즉 100만원 이상은 들어있어야 한다는 게 상대의 입장이고, 이미 이쪽은 지급할수 있는 마지막 보너스 금액까지 다 지급되어 더 이상 쥐어짜봐야 나올게 없다. 서로 신사적으로 해결하자는 명도가 막판에 깨져버린 것이다.

상대는 지금 정보성에게 뒤통수 맞았다고 생각하며 분개하고 있다. 그러나 이쪽 역시 충분히 챙겨주었음에도 의사가 서로 잘못 전달되어 이런 상황이 발생되었다. 두 사람은 엇갈리게 서로를 쳐다보면서 화를 내고 있다. 주변 사람들은 지켜보기만 할 뿐 누구 하나 끼어들 생각을 하지 못한다. 정보성이 그나마 남은 금액과 플러스알파가 든 봉투를 건넸으나 상대는 받으려 하지 않는다. 자존심 문제인 것이다.

이제 두 사람은 서로 등을 돌린 채 상대의 눈길을 피하고 있다. 같이 있어 봐야 서로 불편하기만 하다. 정보성은 엘리베이터를 타고 밑으로 내려와 바람을 쐬며 현재 상황을 차분히 정리해보았다. 그렇게 30분쯤 있다가 다시 올라갔더니 이미 상대는 나가고 없었다. 안 가져 갈 것 같던 봉투도 없는 것으로 보아 자존심을 버리고 가져간 것 같다.

그렇게 명도가 완료되었지만 두 사람은 신사적으로 마지막을 보내지는 못하였다. 이삿짐이 빠져나가고 텅 빈 집에 쌓인 먼지는 더 쾌쾌하게 코를 자극해왔다.

구리시 아파트 명도
– 관례를 깨뜨릴 수는 없습니다

경기도 구리시의 한 아파트를 낙찰 받았다. 입찰 당시로만 본다면 투자 분위기가 한창 달아오를 때여서 그런지 입찰자가 30명이나 들어왔다. 채무자가 점유 중이며, 상당한 관리비 체납이 되어 있었지만 아파트 관리사무소에서는 가압류 등의 조치를 하지 않은 상태였다. 하지만 낙찰시 연체된 관리비는 신경도 쓰지 않았다. 입찰금액에서 채무를 변제하고도 상당한 금액이 채무자에게 남는다고 판단했기 때문이다. 그러나 이것이 실수였다. 가등기권자인 후순위권자는 담보가등기권자였다. 따라서 채무자에게 배당될 돈은 애초에 하나도 없었다.

1

8월 10일에 잔금납부를 했는데, 8월 14일 인도명령 결정문이 나왔다. 상대가 채무자이므로 심문기일이 필요 없이 바로 ❶ 인도명령 신청이 인용되었다. 속전속결로 끝내라는 하늘의 뜻인가. 이렇게 빨리 인도명령이 결정되었으므로 거두절미하고 곧바로 최후통첩을 하게 된다. 첫 제안이 마지막 최후통첩이 될 수도 있으므로 대화 내용은 양보의 과정, 즉 흥정 같은 단계의 밀고 당기는 식으로 흐르지 않을 수도 있다.

"받아들일 겁니까, 말 겁니까?"

명도의 여러 방법 중 강제집행 전까지 상대를 일체 만나지 않는 것도 전략상 나쁘지 않을 수 있다. 한두 번의 만남으로 합의에 이르는 장점을 가지기 때문이다. 인도명령의 결정이 늦어지거나 송달이 늦어지는 경우라면 협상에 의존하는 게 좀 더 유리하고, 지금처럼 결정이 빨라진다면 법으로 압박하는 게 더 효율적일 수 있다.

빨간펜 study

❶ 강제집행을 할 때 흔히 "여자라서 협상에 불리합니다"라고 하는 사람들이 있다. 여자라서 불리하기보다는 일종의 핑계다. 그것보다는 위의 예시처럼 협상을 하러 갈 때 인도명령이 인용되고 난 뒤나, 혹은 인도명령이 인용되고 난 뒤 강제집행신청을 맞춰놓고 점유자를 만나러 간다면 "당신이 여자라서…"라는 말은 나오지 않게 된다. 오히려 여자라서 다행이라고 생각하는 점유자들이 많을 것이다.

인도명령이 빨리 떨어지니 진행에 힘을 받는다. 내친 김에 바로 상대의 집으로 차를 몰고 달려가서 주차를 한 다음 엘리베이터를 타고 올라간다. ○○아파트 1305호! 누가 살고 있을까? 초인종을 누른다. 아무런 인기척이 없다. 다시 누른다. 그래도 인기척이 없다. 다시 한 번 누른다.

"누구세요?"

안쪽에서 목소리가 들려온다.

이때 ❷ '낙찰자입니다'라고 해야 할지 '집주인입니다'라고 해야 할지 언제나 망설여진다.

빨간펜 study

❷ 누구나 한 번쯤은 경험해봤을 것이다. 낙찰을 받았으니 내 집인가 싶기도 하고, 아직 점유를 빼앗지 않았으니 내 집이 아닌 것도 같다. 어떻게 해야 할까? 다음부터는 미리 정하고 방문을 해야겠다. 한편 이 상황에서는 마음의 결정을 내린다. 누구라고? 낙찰자!

"낙찰자입니다."

이윽고 40대 여자가 문을 연다.

❸ "들어가서 얘기할까요?"

"아니오. 치매에 걸린 어머님이 계셔서 그러니 밖에서 얘기하죠."

현관문 밖 엘리베이터 앞쪽에서 얘기를 나눈다.

빨간펜 study

❸ 집을 낙찰 받아서 찾아갔는데 점유자와의 협상에서 먼저 집 안에서 얘기를 하자고 제안을 해보면 점유자(채무자)는 무조건 집 밖에서 얘기하자고 한다. 그러면 십중팔구는 명도 협상이 지연된다. 경험상 그렇다는 것이지, 꼭 그렇다는 것은 아니다.

임소장 : 이렇게 찾아온 이유는 이제 집을 비워 주십사 하고 찾아왔습

니다.

한공주 : 언제까지요?

임소장 : 이 달 말까지요. 약 보름 정도 남았네요.

한공주 : ❹ <u>저희는 어떡하라구요?</u>

빨간펜 study

❹ 이 문장을 해석해보면 '저희는 나갈 준비가 안 되어 있습니다'라고 이해하면
된다. 따라서 낙찰자는 이 부분에서 더 이상 대화를 지속할 필요도 못 느끼
고, 또 이 부분에서 대화가 멈추면 안 된다. 그냥 건너뛰라는 주문을 한다.
그가 가진 보따리를 나에게 넘겨주고 있는 상황이다. 이것을 뜨거운 감자라
고 표현한다. 즉 쟁점이 되고 있는 사안이며, 이것을 가지고 있는 사람은 문
제의 해결사가 아니라 문제꾼이다.

임소장 : 경매가 진행된 지 꽤 오랜 시간이 지났는데, 이제 와서 그런 말
씀을 하시면 어떡합니까?

한공주 : 보시면 알겠지만 치매에 걸린 어머니가 계십니다. 그래서 당분
간 이사 못합니다. 봐주세요.

대화를 하고 있는 도중 여든 살은 족히 되어보이는 노인이 문을 열고
나온다. 상대가 큰 소리로 노인에게 집 안으로 들어가라고 한다. 잠시 마
음을 가라앉힌 뒤 치매에 걸린 자신의 어머니라고 설명한다. 그러나 치매
에 걸린 것이라고 믿기지 않을 만큼 기력이 정정해 보였다.

임소장 : 며칠을 봐 달라 정도가 아니고, 아예 이사 못 나간다고 하시면

         어떡합니까?

한공주 : 안 나가겠다는 얘기는 아니에요. 단지 시간이 필요하다는 얘기

         입니다.

임소장 : 그게 얼마입니까?

한공주 : 최하 세 달은 주셔야 하구요. 저하고 엄마하고 들어가 살 집의

         보증금은 마련해주셔야 합니다.

임소장 : 미안하지만 제가 보증금까지 마련은 못해드립니다.

한공주 : 그럼 우린 어떡하라구요?

임소장 : 이 달 말까지 비워주세요.

한공주 : 그렇게는 안 됩니다. 보시면 아시겠지만 엄마가 여든네 살이십니

         다. 정말 저희들 아무것도 가진 게 없어 치매에 걸린 엄마와 둘

         이 같이 죽으려고도 생각하고 있었습니다.

이런 젠장! 노처녀와 치매에 걸린 어머니가 같이 사는데 돈은 하나도 없고, 세상 살아가는 재미가 있을까? 상대의 자살 관련 협박은 순간 임소장을 긴장하게 만들었다. 그가 상대의 입장이라도 사는 것보다는 죽는 게 더 편안해보일 수 있었다. 그리고 뛰어 내리기 좋은 13층 높이다.

임소장 : 현재는 지금이 가장 고통스러울 것 같지만 시간이 흐르면 좀

         더 나아질 겁니다. 빨리 이 순간을 잊는 게 가장 빨리 회복하는

         것이며, 이 집은 더 이상 사모님의 집이 아닙니다. 미련 갖지 마

         세요.

한공주 : 그래도 저희 엄마와 제가 함께 살 아파트의 월세보증금은 주셔
야 할 것 아닙니까? 그것 없으면 우리는 길거리에 나앉아야 합
니다. 치매에 걸린 엄마라 주위 환경이 갑자기 나빠지면 적응이
안 되니 ❺ 이 평수 아파트나 이보다 적더라도 82m²(25평) 정도
되는 아파트로 월세를 들어가야 하니 보증금이 1000만원 정도
는 필요합니다.

빨간펜 study

❺ 이사비를 협상하는데 있어 쟁점을 어디에 두느냐에 따라 금액에 차이가 난
다. 대부분의 점유자는 들어갈 집의 보증금을 기준으로 이야기하고, 낙찰자
는 집행비용을 기준으로 이사비를 제시한다. 낙찰자 입장에서 보면 점유자
들은 높게 부르기의 명수가 아닌가도 싶다.

*생활 속 사례

30대 남자가 전철 안에서 조용히 사람들의 시선을 모은다.

"여러분~"

아무도 말이 없다. 하지만 곧 사람들의 시선은 그 남자를 향한다. 그것을 감지한 남자는
말을 이어간다.

"제가 여러분에게 한 가지 알려드릴 게 있어 잠시 시간을 빼앗았습니다. 혹시 여러분
글씨를 보다보면 너무 작아 잘 안보이고…."

돋보기를 판매하는 영업사원이다. 한참을 제품에 대해 설명한 후 드디어 금액에 대한
얘기가 나온다.

"시장에 가서 사려면 만원은 할 겁니다. 5000원 정도에 사려고 해도 없지요. 오늘 이
제품을 만원도, 5000원도 아닌 단돈 1000원에 드립니다."

전철에서 판매하는 물건의 가격은 호가와 실제 판매가격이 1/10 수준이다. 가령 아파트를 "10억원에 팝니다"라고 했다가 "1억원에 팝니다"라고 하면 사기꾼이 아닌 이상 아마 보지도 않고 사려는 사람이 넘쳐날 것이다. 상대가 교묘하게 설정한 닻의 효과를 이용하는 상술로, 처음 제시된 금액이 판단의 기준점이 되는 것이다.

이런 닻의 효과를 적용하기 위해서는 상대와 자신이 서로 잘 알지 못하고, 한 번의 거래로 두 번 다시 볼 일이 없고, 그 순간 최대의 이익을 얻으면 그만이고, 제품이 비교가능하기 쉽지 않은 물건일 때 그 효과를 발휘한다.

전철에서 이루어지는 이런 영업에도 그 액수의 크고 작음만 다를 뿐이지 협상의 요소가 다 들어있다.

첫째, 전철 안의 승객과 판매사원은 몇 분 사이의 만남이 첫 만남이자 마지막 만남이다.

둘째, 이 거래는 AS를 해달라고 하는 사람도 없고, 그런 것을 언급하지도 않는다. 잘 사면 본전, 잘못 사면 그래봐야 작은 돈 날린다고 생각한다. 서로 두 번 다시 볼일이 없다.

셋째, 영업사원의 신용과 행색을 보면서 구매를 결정하게 되지는 않는다. 영업사원은 자신의 제품에 대한 PR로 가장 많이 팔 수 있으면 그만이고, 사는 사람은 가장 싸게 사면 그만이다.

넷째, 등장하는 제품은 비교하기가 어려운 아이디어 물건들이다. 그래서 물건의 적정가치를 알 수가 없다. 그저 판매사원이 부르는 금액에 의존하여 판단을 기초하게 된다.

임소장은 상대의 얘기가 일리 있다 생각했다. 치매에 걸린 노인이라 급격한 환경의 변화는 건강에 적신호가 될 것이 뻔하다. 105m²(32평)에 살다가 최하 82m²(25평)에는 살아야 하고 그 비용을 달라고 할 때는 터무니없이 간주되다가, 어머니에 대한 상황을 얘기할 때는 상당히 논리적이고 이성적으로 설득이 되고 있었다. 그러나 약해져서는 안 된다.

임소장 : 분명히 말씀드립니다. 오늘 인도명령서 받으셨지요?

한공주 : 네, 오늘 받았어요.

임소장 : 제가 강제집행 하는데 123만원 소요됩니다. 제가 이렇게 찾아온

이유는 이 금액보다 더 낮은 금액에 사모님과 합의하러 온 것입

니다. 이 금액 이상이 되면 두말할 필요도 없습니다.

실제로 123만원인지는 모른다. 상대도 알 턱이 없는데 굳이 정확할 필요는 없다. 그저 자신한테 유리하게 숫자를 조합하여 말하면 되는 것이다.

한공주 : 그건 안 돼요. 정 그러시다면 저희한테 보증금 1000만원을 빌려

주시면 안 될까요? 저를 봐서요… 꼭 은혜 잊지 않겠습니다. 그

이자도 드릴 게요.

임소장 : 미안하지만 저는 사채업자가 아닙니다. 떼쓰지 마시고 순순히

비워주셨으면 좋겠습니다.

한공주 : 저를 어떻게 보고 그런 말씀하세요? 저도 남들 괴롭히며 살고

싶지는 않습니다.

임소장 : 그러셔야지요. 그래서 순순히 비워 달라고 하는 것 아닙니까?

한공주 : ❻ 저희 보증금은요? 어디 비비고 들어갈 보증금은 있어야 하는

것 아닌가요? (여자가 감정을 이기지 못하고 갑자기 눈물을 보인다)

빨간펜 study ✏

❻ '아니, 보증금이라니요? 저한테 맡긴 것입니까? 왜 이러십니까?'라고 말하고

싶었다. 하지만 협상을 할 때 자존심은 주머니에 꼭꼭 넣어둘 뿐 절대 꺼내

들지 말아야 한다. 감정에 치우치면 협상에서 지기 때문이다.

임소장 : 아니, 친척분들 안 계세요?

한공주 : 제가 사기 당해 이 아파트가 경매로 날아가면서 식구들이 저와
엄마를 상대하지 않고 있어요.

임소장 : 아니, 무슨 잘못을 했길래…

한공주 : 가족들이 말리는 결혼을 제가 반대를 무릅쓰고 했기에 아무도
도와주지 않습니다. 제발 세 달의 시간을 주시면 안 될까요? 제
가 오늘 백화점에 취직이 되어 내일부터 일을 나가게 됩니다.

결과적으로 상대는 사기결혼의 피해자였다. 신랑될 남자는 변변한 직
장도 없이 상대의 집으로 들어와 같이 살기로 했었다. 치매에 걸린 여자
의 모친을 같이 돌보며 산다고 하니 그 사람이 얼마나 사랑스럽게 보이겠
는가? 사기사건이 일어나려면 늘 이런 사전단계에서 달콤한 미끼가 등장
하는 것이다. 비록 실패했지만 결혼을 앞두고 여자는 과하다고 할 만큼
집안 인테리어에 돈을 들였고, 그것에 더해 여러 악재가 겹치면서 집까지
잃은 것이다.

임소장 : 백화점은 어딘가요?

한공주 : 강남입니다.

임소장 : 잘 되었군요. ❼ 제 사무실도 서초동이니 그곳에서 만나면 되겠
군요.

빨간펜 study 🖊

❼ 사실 임소장의 사무실이 서초동은 아니었다. 하지만 뭐 그렇게 말하는 것이

대수인가? 어디든 있어 보이면 된다는 주의다. 서초동에 사무실이 있다는 것이 그렇게 폼이 나는지, 대한민국의 명도 하는 사람들 주소지를 물어보면 죄다 종로 아니면 강남이다.

~~~~~~

한공주 : 그러시죠. 거듭 저희 한 번 살려주신다고 생각하고 세 달의 시
　　　　간과 월세 들어갈 집의 보증금만 주시면 이 은혜 잊지 않겠습니
　　　　다. 그래도 보증금 1000만원에 월 40만원이면 될 듯합니다.

이제 곧 일을 나가면서 세 달의 시간을 달라는 것은 무슨 의미로 해석해야 할까? 지금 집을 비워주고 명도에 신경 써야 할 사람이 새 직장을 나가고, 또 터무니없는 시간을 달라고 한다. 그 의도는 무엇일까?

결론은 내려졌다. 상대는 지금 최대한의 협상시간을 벌려고 한다. 직장은 직장대로 다니면서 돈을 벌어 최악의 경우 스스로 들어갈 집의 보증금을 구하려는 것이다. 아직 정신을 못 차린 모양이다.

임소장 : 다시 한 번 말씀 드리지요. 보증금이란 돈은 저한테 아무리 얘
　　　　기해봐야 소용없습니다. 괜한 미련 갖지 마세요.
한공주 : 그러지 마시고 월세 구할 보증금과 저희 이사 나갈 비용을 주시
　　　　면 이 은혜 정말 잊지 않을 게요.
임소장 : 다시 한 번 보증금을 빌려 달라는 얘기를 하시면 저와 두 번 다
　　　　시 얘기를 못하게 될 겁니다. 굳이 대화가 필요 없다고 간주할
　　　　것입니다. 이 말 무슨 뜻인지 아시겠지요?
한공주 : …

임소장 : …

한공주 : 그리고 이 집 연체관리비가 420만원입니다. 그 비용도 부탁합
니다.

임소장 : (420만원? 입찰 들어갈 때 이 정도의 금액이 아니었는데, 연체되고 있
는 금액이 계속 쌓여가고 있나 보다.) ❽ 연체관리비라… 그 부분도
사모님이 분명히 해결하고 나가셔야 할 겁니다. 저에게 금전적인
지원은 절대 원하지 마세요. 실망만 클 겁니다. 그런데 바깥분
은요?

빨간펜 study ✒

❽ **연체관리비** – 입찰 당시 이 금액은 크게 신경 쓰지 않았다. 이유는 상대에게
어느 정도는 배당이 되는 것으로 생각하고 입찰을 했기 때문이다. 이런 생각
을 가진 상황이었으므로 이사비를 요구하는 상대의 태도도 애초에 묵살했
던 것이다. 그 이유를 살펴보자.

No	접수	권리자	채권금액	비고
1	2016. 06. 05	김향숙		
2	2016. 06. 05	삼성생명	18300	근저당
3	2017. 04. 01	김효신	8000	근저당
4	2017. 04. 01	김사채		가등기
5	2017. 06. 26	하남시		압류
6	2018. 08. 11	김효신		임의경매
7	2018. 09. 13	국민은행	783	가압류
8	2018. 11. 27	삼성생명		임의경매

낙찰가가 2억9000만원이니 간단하게 계산해 ① 경매실행비용 200만원, ② 삼성생명 1억8300만원, ③ 김효신 근저당 8000만원, ④ 가압류 783만원 정도로 본다면 29000 − 200 − 18300 − 8000 − 783 = 1717만원 정도가 채무자에게 배당이 되는 줄 알았다.

그러나 순위 4번의 개인 가등기는 사채업자의 담보권 가등기였다. 그가 배당 신청을 했는데, 그 금액은 배당표를 보고서야 알았다. 그의 청구액이 7500만원이었다. 따라서 배당순서는 ① 경매실행비용 200만원, ② 삼성생명 1억8300만원, ③ 김효신 근저당 8000만원, ④ 나머지 사채업자의 순위가 되면서 상대에게는 일체의 배당이 없게 된 것이다.

상대에게 1717만원 정도 배당이 되면 그 돈으로 밀린 공과금도 내고, 나갈 집의 임대차보증금도 함으로써 별도의 이사비가 필요 없을 것이라 생각했는데 여기서 착오가 발생한 것이다.

그럼 실무에서는 연체된 전기와 수도 관련 요금을 어떻게 해결하는지 한 번 살펴보자.

경락받은 빌라가 전기료를 상당히 연체하여 계량기를 회수해간 지 오래다. 다시 설치를 요청하기 위해 밀린 공과금 문제에 대해 인터넷으로 미리 검색한 후, 한전에다 전화를 한다.

낙찰자 : 경매로 낙찰 받은 사람입니다. 거기서 계량기까지 철거해갔네요. 다시 설치해 주세요.

상담원 : 죄송합니다, 손님. 말씀 하시는 곳이 정확히 어디죠?

낙찰자 : 토평동 ○○빌라 ○○○호입니다.

상담원 : 잠시만 기다려 보세요.

낙찰자 : (침묵)

상담원 : 고객님 이 물건은 경매로 낙찰 받으신 거군요. 연체된 전기료를
　　　　 납부하셔야 설치 가능합니다. 납부하시겠습니까?

낙찰자 : 아뇨, 못 내겠습니다.

상담원 : …?

낙찰자 : …

상담원 : 그러시면 손님, 경매등기 기재된 등기부와 신분증 사본을 지참
　　　　 하시어 저희 한전으로 직접 방문하셔야 합니다.

내가 듣고 싶은 말이다. 가장 간단하게 일이 끝나는 과정이다. 하지만 능청
을 떨어본다.

낙찰자 : 아니 요즘도 오라 가라 합니까? 이제 상식화되어 전 소유자의
　　　　 체납관리비는 안 내는 걸로 모든 국민이 다 알고 있는 사실인
　　　　 데, 내가 귀찮게 가야 합니까?

한전이 코앞이면서 먼 것처럼 얘기한다.

상담원 : 네, 손님. 어쩔 수 없습니다. 아까 말씀드린 것들을 지참해 오셔
　　　　 서 서류를 작성하시기 바랍니다.

낙찰자 : 어쩔 수 있나! 오라면 가야지.

다음은 수도 관련이다.

낙찰자 : 수도과 좀 부탁합니다.

상담원 : 네, 수도과입니다. 말씀하세요.

낙찰자 : 토평동 ○○빌라 ○○○호 연체료 때문에 확인합니다. 연체료 있
　　　　나요?

상담원 : 잠시 기다려보세요. 네, 46000원 연체되어 있네요.

낙찰자 : 하나 물어봅시다. 내가 낼 필요는 없는 돈이지요? 전 소유자가
　　　　사용한 것인데 내가 낼 수는 없지 않습니까?

상담원 : 입증만 해주신다면야…

낙찰자 : 어떻게 입증하면 됩니까?

상담원 : 전 소유자가 살았던 것과 지금 낙찰자 분이 전입한 것에 대한
　　　　주민등록 전입 관련 서류와 신분증, 낙찰된 등기부등본을 팩스
　　　　로 보내주시면 됩니다.

낙찰자 : 알겠습니다.

두 업무 모두 이렇게 쉽게 마무리된다.

~~~~~~

한공주 : 저 미혼입니다.

임소장 : 미안합니다. 몰랐습니다.

한공주 : …

임소장 : 오늘은 이만합시다. 이렇게 길게 얘기하려던 게 아니라 제 입장
　　　　을 전하려고 찾아온 것입니다. 연락처가 어떻게 되지요?

한공주 : 010-1357-○○○○입니다. 그쪽은요?

임소장 : 나중에 문자로 찍어드리지요. 5일 후 뵙겠습니다. 강남에서 뵙지요.

한공주 : 다시 한 번 부탁드립니다. 저희를 봐서 꼭 보증금만이라도…

임소장 : 다음에 나오실 때는 보증금 얘기는 그만하고 언제까지 이사 나갈 수 있는지, 그리고 제가 금전적인 외 부분에서 도와드릴 게 있는지 진지하게 얘기 나누어 보지요.

한공주 : 저는 금전적인 지원 외에는 바라는 게 없어요.

임소장 : 저는 그것 말고는 다 해드립니다. 이만 하시죠. 더 하고 싶은 이야기는 일주일 후에 합시다. 제가 연락드리지요.

어떻게 할 것인가? 자주 만나봐야 이사합의금과 동정심에서 우러나오는 위로금만 높아진다. 모든 것을 다 협상으로 풀 수는 없다. 만나서 협상한다고 더 나아질 상황도 아닌 만남. 서로에게 실망감만 가지는 만남이라면 아예 만남 자체를 갖지 않는 것도 한 방법이다. 다음 주에는 별 희망을 가지지 않은 채 상대를 만남과 동시에 강제집행신청에 들어갈 것이다.

2

❾ 이사비 요구가 적당했으면 타협을 시도했을 수도 있으나 상대는 처음부터 타협의 범위를 오버하는 이사합의금(월세보증금 1000만원)과 이사시기(3개월), 그리고 연체공과금(420만원)을 요구하고 있다. 그리고 상대의 눈물과 협박(이렇게 사느니 차라리 죽는 게 낫다 / 치매에 걸린 노모가 어떻게 될지

모른다)은 더 이상의 협상을 하고 싶지 않게 몰아간다.

빨간펜 study ✏️

❾ 상대의 이야기가 이렇게 나오면 대화를 나눌 필요가 없다. 그냥 강제집행으로 가면 된다. 협상에서 말하는 회피전략이다. 상대를 만날 필요도 없고, 강제집행을 하면 된다. 바쁜 시간에 만나서 콩 놔라 팥 놔라 할 하등의 이유가 없다.

임소장은 모든 것이 협상으로 간다고 해도 한계가 있을 것을 대비해 오전에 강제집행신청을 접수하고 왔다.(참고 서식 6 ─ 강제집행신청서) 협상은 그 실익이 있을 때 시도되는 것이다. 지금처럼 인도명령은 빨리 나와서 강제집행이 아주 용이한데 상대가 터무니없는 생떼를 쓴다면 협상을 아예 포기할 수도 있는 것이다.

집행신청을 해놓았으니 이제 상대와 외나무다리에서 만날 일만 남았다. 즉 이 건을 처리하면서 감정적인 만남을 갖지 않으려 한 조치이다. 그가 상대에게 연민의 정을 가지면 그와 비례하여 시간과 비용이 증가하니 당연히 의뢰인에게 손해로 나타난다. 결국 이런 조치를 함으로써 가장 약해보이는 상대에게 가장 강하게 나가야 할 수밖에 없다는 것이 마음에 걸린다. 상대의 입장에서 보면 임소장의 이런 입장이 터무니없고 적반하장 격이지만, 서로가 입장 차이를 좁히려는 노력을 하지 않고 평행선을 긋고 있는 것이다.

임소장은 집행신청을 마쳤으니 이제 현실적인 범위에서 협상을 시도하자는 마음에서 상대에게 전화를 한다. 강제집행이 시작되었으니 이제 어떤 결론이든 내리자는 이야기를 하고 싶었다.

　　임소장 : 접니다.

　　한공주 : 네, 안녕하세요.

　　임소장 : 출근하셨나 보네요?

　　한공주 : 네. 오전 10시부터 오후 10시까지입니다.

시계를 보니 오전 10시 30분. 임소장은 이제 막 출근한 사람에게 무슨 말을 해야 할지 갑자기 난감해진다. '강제집행 들어갔습니다'라는 얘기를 꺼낼 수는 없는 노릇이다. 하루 종일 일이 손에 잡히겠는가. 그렇다고 달리 할 말이 있는 것도 아니었다.

　　임소장 : 그러시군요.(침묵)

　　한공주 : (침묵)

어색한 침묵이 이어진다. 더 어색한 것은 임소장 자신이 먼저 전화를 걸지 않았는가.

　　임소장 : 그만 비워주시죠.

　　한공주 : …

　　임소장 : 이만 끊겠습니다.

강제집행 들어갔다는 이야기를 하지 못했다. 직장을 구하기 어려워하다 이번 주 월요일 첫 출근한 백화점 근무이다. 그런 사람에게 강제집행을 신청했다는 얘기를 하려니 차마 입이 떨어지지 않았던 것이다. 그것도 첫 출근한 지 한두 시간인 사람에게…

그런데 1시간 후 상대에게서 전화가 걸려온다.

한공주 : 생각하고 보니 기분이 나빠서 전화드립니다.

다짜고짜 처음부터 나오는 말에 감정이 실려 있다. 순간 당황스러웠다.

임소장 : 무슨 말입니까?

한공주 : 아니, 오전에 출근하고 나온 사람에게 하루 종일 일이 손에 안 잡히게 그런 전화를 하니 기분이 나빠서 그럽니다. 당신 같으면 기분 안 나쁘겠어요?

임소장 : 죄송합니다. 댁께서 몇 시부터 언제 근무하는지 제가 어떻게 알겠습니까? 그리고 오전 10시에서 오후 10시까지면 제가 대체 몇 시에 전화해야 하는 겁니까?

한공주 : 아니, 내가 안 나가겠다는 것도 아닌데 사람을 대체 어떻게 보고 이렇게 대하는 겁니까?

상대의 감정이 격해 있다. 상대의 논리가 정당하지 않더라도 감정적인 상태에서 서로 자신이 잘났다고 싸우는 것은 대립각만 높아질 뿐이다.

임소장 : 기분 나쁘셨다면 이해바랍니다. 전화를 걸고서 딱히 할 말이 없

어 비워 달라고 한 것입니다.

한공주 : 아니 누가 안 비워준답니까? 안 비워줘서 환장한 사람처럼 사
람을 대하니 기분이 나빠 일이 손에 잡혀야 말이지요.

임소장 : 내가 하는 모든 말이 댁께서 싫어하는 내용밖에 더 있겠습니
까? 이해 바랍니다.

한공주 : 일단은 제가 매장에서 근무하니 나중에 다시 전화드릴 게요.

갑자기 묘한 웃음이 나온다. 방심하고 있다가 한 방 맞은 기분이다. 명
도가 끝나는 순간까지 명심해야 할 것은 상대의 감정적 전술과 반응들임
을 다시 한 번 되새긴다. 이에 대비한 조치가 강제집행의 신청이다. 상대
와 일일이 반응하지 말고 감정적 싸움을 하는 대신 눈 하나 깜짝하지 않
고 강제집행을 통하여 덜어내면 되는 것이다.

#3 - 잔금납부 후 16일

강제집행을 신청한 지 이틀 만에 상대에게서 갑자기 전화가 걸려온다.

한공주 : 출근하다보니 문에 뭐가 붙여져 있는데 9일까지 안 되면 강제집
행 한다는 내용이 있네요(격앙된 목소리다). 아니, 이러실 수 있나
요? 9일까지면 바로 2주밖에 안 남았는데, 제가 일주일에 한 번
밖에 쉬지 못하는데 다음달 9일까지 빼라니요? 이거 너무한 것
아닙니까?

어제 저녁 늦게 집행관사무실에서 부재중 전화를 못 받은 것이다. 아마도 계고 나간 모양이다. 그 계고장을 본 것이다.

4 - 잔금납부 후 19일

상대가 일하는 도중에 전화를 했다고 임소장에게 면박을 한 적이 있다. 상대의 입장을 충분히 이해할 수 있으므로 일하는 시간대에 전화를 자제해야 한다. 그가 전화를 자제한다는 의미는 더 이상 협상을 진행하지 않고 강제집행으로 몰아간다는 것이다. 즉 그가 상대를 가장 배려해주는 게 상대가 가장 싫어하는 집행으로 가는 것이니, 아이러니다.

상대는 자신이 일하는 시간대에는 임소장이 전화를 하지 않았으면 한다. 일주일 내내 일하고, 그것도 오전 10시부터 오후 10시까지 일을 하니거의 하루 종일 전화를 안 해주었으면 하거나 그 시간을 피해서 전화하라는 것인데, 오전 10시 전이나 오후 10시 이후라면 그에게는 업무시간에 전화하지 말라는 것보다 더 무서운 것이다. 따라서 상대의 의도는 전체적으로 전화를 자제해 달라는 것으로 해석한다. 그래서 전화를 안 하고 있다.

그런데 여기서 해석이 엇갈린다. 상대는 이런 저런 얘기도 없이 강제집행으로 몰고 오면 신의칙 위반으로 보는 것이다. 즉 최소한의 얘기는 있어야 한다는 것이다. 그와 연관된 상대의 발언은 지난번 통화에서 보듯자기가 쉬는 날에만 협상을 시도하자는 의사를 전했고, 그리고 업무시간은 그가 전화를 할 수도 없는 시간들이다. 결국 상대의 의도는 시간을 끌기 위한 방법이라고밖에 해석할 여지가 없다. 즉 '전화를 안 하는 것'의

해석이 각각 달랐으니 한공주에게는 시간을 끄는 것이며, 임소장에게는 더 이상 협상은 없고 법의 힘으로 간다는 것이다. 전혀 상반된 해석이다. 해석이 다르면 결론도 달라진다.

사실 임소장은 시작부터 너무 무리한 상대라 협상이 과연 필요한가를 의뢰인에게 얘기했지만, 가급적 강제집행은 피해 일을 마무리해달라는 게 의뢰인의 주문이다. 그래서 마지막까지 할 수 있는 한 설득과 협상을 해볼 작정이다.

그는 다시 전화를 건다. 지난번 통화 때 9월 9일 집행예정이라고 했고, 상대는 다급하게 그 기일을 연장하기 위해 만남을 요청해 왔었다. 그런데 지금껏 아무런 연락이 없다. 약발이 다한 것일까? 상대는 처음에만 집행관 계고에 깜짝 놀라더니 이젠 무덤덤해진 듯 ❿ 최후통첩일이 다가오는데 전화 한 통 없다.

빨간펜 study

❿ **마감시한** – 설정자는 상대에게 충분한 시간을 배려해주기 위하여 길게 잡아준다. 그러나 상대는 설정자의 의도처럼 해석하지는 않는다. 아무리 긴 시간을 주더라도 마감시한이 되어야 움직인다. 즉 마감시간 이후의 페널티가 주어지게 될 때 사람은 움직인다. 이렇게 긴 시간이 주어졌지만 정작 행동은 그 마감시한 직전에 하게 된다는 말이다.

경매명도 협상 과정에서도 상대에게 이사기한을 넉넉하게 해주는 배려와는 다르게 명도대상자는 그 시간이 임박해서야 움직인다. 상대를 못 믿어서가 아니라 상대가 인간이기에 마감시한 전에는 움직이지 않는다는 것을 명심해야 한다. 이 원칙이 적용된다면 낙찰자의 행동수칙은 간단명료해진다.

첫째, 이사기간을 길게 주지 말 것.

둘째, 마감시한을 연장해줄지언정 처음부터 길제 주지는 말 것.

셋째, 예외를 만들지 말 것(정에 흔들리지 말 것).

임소장 : 접니다. 오늘 월요일인데 쉬는 날인 것 같아 전화 드립니다.

한공주 : 오늘 출근이에요. 이번 주 수요일부터 저녁 퇴근시간이 7시로 바뀝니다. 그때 뵙지요.

임소장 : 그럼 수요일 뵙는 것으로 알고 있으면 됩니까?

한공주 : 네, 그러죠.

임소장 : 7시에 만날까요?

한공주 : 7시 퇴근이니 7시 30분에 뵙지요.

임소장 : 그러지요. 회사 근처에서 뵙지요. 전화 드리겠습니다.

이번 만남에서 상대는 무슨 얘기를 내놓을까? 집을 알아보러 다닐 시간이 없다고 나올까? 상대가 그렇게 나온다면 보증금은 마련한 상태인가를 물어보아야 하는가? 이것도 저것도 안 된 상태에서 나에게 양해만 구한다면 어떻게 답변할 것이며, 그 양해의 대가로 내가 그에게 얻어내면 좋은 것은 무엇이고, 반드시 얻어내야 하는 것은 무엇인가? 상대의 입장을 듣고 난 후 최후통첩을 할 것인가? 생각의 실타래가 복잡하기만 하다.

상대는 치매 노인과 살고 있고, 일 하느라 시간은 없고, 과도한 요구는 하고, 연체관리비는 누적되고… 더 자주 만나도 시원찮은데 만날 수 있는 시간까지 한정되어 있다. 의뢰인의 경락잔금 대출이자는 눈덩이처럼 커지는데, 임소장은 아무리 봐도 이것이 협상으로 풀어가야 할 상대인가

고민이 안 될 수 없다.

5 - 담판

경매 컨설팅을 진행하다보면 쉬운 것도 있고, 어려운 것도 있다. 임소장은 최근의 명도 협상의 경우 모두 성적이 좋았는데, 다른 곳에서 올린 모든 성적을 이곳에서 한 번에 날려먹을지도 모를 상황으로 가고 있다. 경매교육을 진행해오면서 늘 입버릇처럼 하는 얘기가 있다. 적어도 실무자 입장에서 명도는 '지식이 필요한 게 아니라 결정이 필요한 것'이란 말이다. 다시 말해 명도는 누가 잘한다 못한다의 기술적인 문제나 이론적인 부분보다는 타인의 행동에 대해 큰 의미를 두지 않고 기계적으로 일을 처리하는 사람들이 잘 하게 되어 있다는 말이다.

오늘 저녁 7시 30분 약속이다. 이미 강제집행 계고까지 완료되었고, 집행지시만 남아있는 상태라 오늘의 만남이 마지막 만남에 가까운 분위기다. 상대를 만나기 전, 임소장은 차분한 마음으로 눈을 감고 자신이 취해야 할 태도와 상대를 통해 얻어내야 할 것은 무엇이고, 그리고 어떤 결정을 내려야 할 것인가 생각에 잠긴다. 그렇게 해서 정리된 요약문이다.

* 상대는 자발적 명도의사가 있는가? 있다면 그 조건이행을 하면서 나에게 요구할 사항이 있는가? 없다면 그 주된 이유는 무엇인가? 돈인가, 시간인가?

* 설득하지 말고 이해하자. 그리고 결정한다.

　행동지침이 정해지면서 머리는 맑아진다. 위 내용을 종합해보건대 집행을 연기해줄 것인가, 집행할 것인가는 상대의 신뢰성에 따라 결정(집행)하게 되므로 상대의 신뢰성 판단이 가장 중요하다. 따라서 상대의 얘기를 잘 경청할 필요가 있으며, 경우에 따라서는 미련 없이 협상을 접을 필요가 있고, 이런 임소장의 결정을 의뢰인이 동의해줄 수 있는가(의뢰인은 가급적 집행이 아닌 협상으로 마무리를 원한다)가 핵심이다.

　7시 30분에 반포동 뉴코아 백화점에서 만나기로 했다. 임소장은 버스에서 잠실운동장 쪽의 초고층 아파트를 보며 지금 만나러 가는 상대와 모친이 20여 년 전에 잠실시영 주공아파트에 살았다는 말을 떠올린다. 지금은 서울 최고의 아파트 단지로 탈바꿈했지만 예전에는 5층 주공아파트였다. 그래도 그때 전세로 산 게 아니라면 제법 넉넉한 삶이었을 것이다. 대화를 통해 상대는 유복하게 자라온 자신의 과거사를 살짝 내비치었으며, 그것이 작금과 같은 사건이 벌어져도 혼자 어떻게 대처할 수 없는 상황으로 몰고 온 것이라 했다. 즉 말의 요점은 귀하게 자라 이런 상황(경매)이 처음이라 당황스러우니 충분한 시간과 이사비를 달라는 것이었다.

오늘 만남은 의뢰인도 함께 동석하기로 했다. 임소장은 잠실역에서 버스를 내려 의뢰인을 만난다. 두 사람은 상대를 만나 진행할 협상에 대해 언급하며 몇몇 의견을 나눴다. 의뢰인이 그에게 희망하는 것은 두 가지, 즉 자신이 중간에 끼어들어 상대와 직접 대화를 나눌 수 있다는 것과 가급적 오늘 최후통첩을 하지 말고 한 번의 말미를 더 주자는 것이다. 최대한 상대를 배려해 주자는 말이다.

7시 20분. 임소장과 의뢰인은 뉴코아 백화점에 도착해 입구에서 전화 통화를 시도한다.

임소장 : 접니다. 백화점 입구에서 기다립니다.
한공주 : 네, 나갑니다.

처음 찾아갔을 때는 아파트 입구에서 얘기하느라 진지하게 모든 것을 얘기할 수 없었고, 그 이후에는 전화로만 요구조건을 전달했으니 오늘 만남은 사실 본격적인 첫 대면협상이 되는 것이다.

채 5분도 지나지 않아 상대가 나온다. 세 사람이 찾아들어간 지하 커피숍은 다행히 사람들이 별로 없어 대화를 나누기에 안성맞춤이다. 간단히 서로 인사를 나누고, 바로 본론으로 들어간다.

임소장 : 이렇게 뵙자고 한 것은 오늘부터 협상을 시작하는 게 아니라 이제 어떻게 마무리해야 하는가 때문입니다. 충분한 시간을 드린 것 같은데 어떤 노력을 했는지 궁금합니다.

한공주 : 이리저리 알아보고 있어요. 여러 곳에 부탁해 놓았는데 10월 3

일경이면 약속한 곳에서 돈이 나올 수 있을 겁니다. 만일 이곳

에서 돈이 안 된다면 다른 곳을 통해서라도 빌릴 곳을 얘기해

놓았어요. 그리고 다음 달 초가 급여일이라 이사 나가는데 조

금 수월할 수 있을 겁니다. ⑪ 따라서 10월 중순까지만 시간을

주세요. 그리고 부탁한 사람이 돈을 안 주면 다른 사람에게 부

탁해 놓은 것도 있기 때문에 주 중에는 부산도 다녀올 예정입

니다.

빨간펜 study

⑪ 상대의 요구사항이다. 잔금납부 후 20여 일이 지났으니, 지금까지 20여 일을

주었는데 또 다시 한 달 반을 더 달라고 한다. 즉 지금이 9월 초순인데 10월

중순까지 시간을 달라는 것이다. 상대를 만나러 오면서 의뢰인은 최후통첩

을 전하기 전에 가급적 한 번의 말미를 더 줄 수 있으며, 그 말미는 한 번 연

장에 보름이라 했다. 즉 9월 25일까지를 언급했던 것이다. 그런데 상대는 이

날짜를 훨씬 넘어서는 기일을 요구하고 있다. 다만 여러 군데 부탁한 것으로

보아 그 중 어딘가에서는 돈을 구할 수 있어 보인다. 그러나 내가 신이 아닌

이상 그것이 쇼인지 어떻게 알겠는가.

임소장 : 그러시군요. 이제부터 알아보고 계시는 것이군요.

낙찰되고 처음 찾아간 시간부터 지금까지 전화로 통화를 나눈 지가 얼

마나 지났는데 이제부터 알아볼 것이라고 한다. 상대가 시간을 끌기 위

해 수작을 부리는 것이라는 생각이 더 짙어진다.

> 한공주 : 무슨 소리예요? 최대한 노력을 하고 있고, 이것만 생각하면 머리가 지끈지끈하여 일이 손에 안 잡힙니다. 노력을 하고 있으니 봐주세요. 저도 빨리 끝내고, 이 일을 잊고 싶어요. 그런데 9월 ○○일 법원에 가실 건가요?
>
> 임소장 : 배당기일 말입니까? 제가 갈 이유는 없잖아요.
>
> 한공주 : 그럼 저는 어떻게 해야지요? 법원에서는 나오라는데…
>
> 임소장 : 알아서 하세요. 배당 받을 일도 없는데 왜 갑니까?
>
> 한공주 : 가등기권자인 사채업자가 자기에게 유리한 발언을 해주면 저에게 얼마라도 준다고 하는데… 채권자 김효신이 받아가는 것에 배당이의를 해달라는 것이지요.
>
> 임소장 : 배당이의만 한다고 되는 게 아니라 이의 후 정식 소장을 제출해야 합니다. 아무 근거도 없이 그렇게 이의만 걸어봐야 남는 게 없습니다. 그리고 그렇게 이의를 해놓으면 그 사채업자가 얼마를 준답니까? 주기는 준답니까?
>
> 한공주 : 장담 못해요.
>
> 임소장 : 알아서 판단하십시오. 다음 달 중순까지 시간을 달라고 하셨는데, 저는 그 시간까지 드릴 수 있다고 장담 못합니다. 내가 그 시간까지 양보해줄 수 있는 신뢰 있는 태도를 보여주기 전까지는요.
>
> 한공주 : (기도 안 차다는 표정이다) ❶❷ 아니, 말이 됩니까? 나한테 9일까지 명도하라는 법원의 종이를 붙이고 가다니, 사람이 해도 너무하

는 것 아닙니까?

⓬ 상대의 요구사항, 즉 10월 중순에 대해서는 협상을 하지 않고 듣고만 있었다. 중요한 사항이므로 함부로 협상의제로 삼아 테이블 위에 올려놓을 수 없다. 상대를 만나기 전에 의뢰인과 한 번 연장해봐야 15일이라고 미리 얘기가 된 부분이기 때문이다.

또한 이사기일을 지금 언급하면 어떤 결론을 내려야 하는 부담으로 작용하는데, 아직 상대에게 얻어낸 게 아무것도 없기 때문에 그 기일의 문제에 대해 언급을 하지 않고 있으나 상대는 내 쪽에서 언급을 하고 있지 않으므로 받아들여진 것으로 해석하고 있다. 하지만 10월 중순이 아니라 9월 9일 이후에 15일을 더 연장해주는 것에도 일정한 요건이 필요한 것이다.

임소장 : 충분한 시간을 드리지 않았습니까?

한공주 : 아니, 그게 충분한 시간이에요? 난 일하느라, 엄마 모시느라 시간이 하나도 없는데 바로 그렇게 집행하는 법이 어디 있습니까?

임소장 : 일이 바빠서 명도하는 데는 시간도 못 내는 것 아닙니까? 지금껏 그렇게 많은 시간을 드렸는데 신뢰를 줄 수 있는 답변이 하나도 없지 않습니까?

한공주 : ⓭ 저를 믿으세요. 저 그런 사람 아니글랑요.

⓭ 상대가 말하는 '저를 믿으세요'는 '저를 믿지 마세요'로 해석을 하라. 특히 이

채무자처럼 믿고 맡길 곳이 하나도 없는 사람이 '믿어 주세요'라고 한다면 더 더욱 그렇다.

임소장 : 믿어야지요.

한공주 : 저한테 사정을 좀 봐주시면 안 될까요?

임소장 : 한 가지는 분명히 얘기합니다. 지금 당신에게는 특별한 혜택을 드리고 있습니다. 9월 9일까지 바로 집행을 할 예정인데, 오늘 당신께서 신뢰 있는 약속을 해주신다면 집행기일을 미루려는 생각으로 온 것입니다. 기일을 한 번 더 연장할 수 있는 기회를 드리러 온 것입니다. 하지만 신뢰 있는 태도와 약속 없이 지금처럼 무조건 한 달 반이나 시간을 달라고 하면 위험한 순간에 빠질 수도 있습니다.

한공주 : 무슨 말인가요? 기분 나쁘게 돌리면서 얘기하지 말고 정확하게 얘기해보세요.

임소장 : 오늘 저는 당신의 얘기를 다 듣고 난 뒤 추가적으로 더 만날 것인지, 아니면 긴 악연의 끈을 끊기 위해 바로 집행을 할 것인지 결정할 것입니다. 따라서 집행이 들어가느냐, 한 번의 말미를 더 받느냐는 당신께서 제게 어떤 말을 하느냐에 달려 있습니다. 어떤 말을 해도 다 듣겠지만, 신뢰가 없다면 저는 오늘 돌아가서 어떤 결정을 하게 될 겁니다. 그 결정이 어디로 갈 것인지는 당신께서 잘 판단하셔서 얘기하기 바랍니다.

한공주 : …

임소장 : 앞으로 어떻게 하실 겁니까? 구체적인 일정을 얘기해주세요.

⑭ 얘기하기 싫으면 안 하셔도 됩니다.

빨간펜 study 🖋

⑭ 거절의 기회를 주었다. 하지만 문맥상 진정한 의미의 거절 기회는 아니다. 즉 거절을 할 수 있지만 실제 거절을 했을 경우 그 다음의 기회는 없다는 의미로 해석하면 된다.

한공주 : 다음 주 쉬는 날 부산에 좀 갔다 오려 합니다. 돈을 빌려주기로 한 사람을 만나러 가야 돼요.

임소장 : 자신 있습니까?

한공주 : 안 될 것을 대비해 다른 사람을 다시 물색해 놓은 곳이 있어요.

임소장 : 차라리 가족분들한테 도움을 요청하시지…

한공주 : 얘기했잖아요. 이제 남남보다 못한 사이가 되었다고.

임소장 : 그 두 사람이 ⑮ 만일 빌려주는 것을 거부하게 되면 어떻게 됩니까?

빨간펜 study – 만일 …라면 …입니까? 🖋

⑮ 질문의 기본 형태이다. '만일'이라는 단서를 붙였기에 상대는 이쪽의 질문에 대해 강하게 비판할 수 없다. 만일이라는 질문은 협상을 다룬 책에는 다 나올 만큼 상식화되어 있다. 만일이라는 문장으로 질문하기 애매한 곳을 파고 들어가 상대의 의중을 찾아낸다.

한공주 : 그렇게 안 되도록 해야지요.

임소장 : 제가 그렇게 기다려 드리는데 만일 안 되면 저도 손해가 나니 일정 부분을 부담해주면 좋겠습니다.

한공주 : 무슨 소리예요?

임소장 : ⓰ 기다릴 테니 이 아파트 융자로 나가는 금액에 대한 이자에 대해서 지원을 좀 해주시면 감사하겠습니다.

빨간펜 study 🖊

⓰ **요구의 법칙** – 일단 요구해본다. 상대가 거절해도 좋다. 이번에 거절했으니 다음번에 다른 안건을 부탁할 때 상대는 거절하기가 부담스러워진다. 아무 것도 아닌 것이라도 상대에게 요구한다. 받아들여지면 공짜이고, 받아들여지지 않으면 나중에 다른 안건에서 양보를 받아오기 쉬워진다.

한공주 : (기도 안찬다는 표정이다) 내 월급 100만원입니다. 이 월급으로 차비하고, 먹고, 어머니 약값하기에도 벅차요.

임소장 : 이해합니다. 좋습니다. 없던 얘기로 하지요. 그런데 이 지경까지 오면서 하나도 대책 없이 지내왔나요? 이제부터 하나씩 알아본다는 게…

한공주 : 너무 몰라서 당했습니다. 경매 넘어가는 것도 그렇구요. 전 사실 이런 고생을 하지 않고 자랐기에 이런 상황에 대처할 수도 없어요. 저와 엄마뿐인데 누구한테 도움을 받을 수 있었겠어요?

임소장 : ⓱ 그럼 이제부터 제가 당신을 위해 무엇을 해주면 되나요?

❼ **요구의 파악** – 상대의 요구사항을 많이 들어주는 게 유리하다. 한정된 요구 사항만 얘기하려고 하는 것보다 상대가 원하는 모든 것, 그리고 그 중 가장 중요한 순서별로 나열을 요구하는 것이다. 하지만 아직 상대의 요구를 다 들어준다고는 하지 않았다. 상대가 가장 원하는 게 무엇인지 알기 위함이다. 그 가장 중요한 것을 찾아내는 것이 협상의 키워드이다.

한공주 : 제가 이렇게 일하고 있고, 인천에다 집을 구하려고 이리저리 알 아보고 있어요. 그러니 제가 알아보는데 필요한 시간을 넉넉히 주세요. 이렇게 바쁜 시간을 내며 구해보려는데 너무 하신 것 아니에요(눈시울을 붉힌다).

임소장 : 저희 입장도 이해해주십시오. 이렇게 강제집행 임박까지 왔는 데 이제부터 알아보러 다닌다고 하니 저희도 갑갑할 따름입니 다. 그럼 다시 한 번 묻겠습니다. 제가 언제까지 시간을 드리면 되나요?

한공주 : 일차적으로 추석 지난 날까지 시간을 주세요.

임소장 : 10월 5일까지를 말하는 것인가요?

한공주 : 아뇨. 10월 15일요.

임소장 : 그리고요?

한공주 : 만일 그때도 안 되면 조금의 시간을 좀 더 주세요.

상대의 얘기를 들어보면 시간을 계속 달라는 것이고, 자신이 한 약속을 이행하지 못한다면 다시 새로운 약속을 공약하면서 시간을 벌겠다는 것이다.

임소장 : 분명히 말씀드립니다. 제가 아직 강제집행을 연기한다고 얘기한
　　　　적 없습니다. 오늘 당신을 만나 성의 있는 답변이 나오면 강제집
　　　　행을 9월 9일에서 보름 연기해 드리려고 한 것입니다. 그런데 이
　　　　렇게 성의 없게 시간만 달라고 하는 것은 문제 해결 의지가 없
　　　　는 것으로 보입니다. 시간만 끌려는 것 아니세요?
한공주 : 정말 너무하신 것 아니에요?
임소장 : 잠시만 제 의뢰인과 얘기를 나누고 오겠습니다.

　의뢰인과 잠시 밖으로 나온다. 임소장이 결정할 사안이 아니다. 추석
을 넘기는 것은 전혀 고려해보지 않았지만, 의뢰인은 집행으로 가지 않기
만을 바라고 있다. 두 사람이 논의한 결과는 일단 상대에게 그 정도까지
의 시간은 주자는 쪽으로 의견을 모은다. 시간을 줘도 해결 가능성이 없
다는 것을 의뢰인 역시 알고 있으나 너무 매몰차게 대하지 않으려고 속는
줄 알면서도 시간을 주는 것이다.
　두 사람은 다시 돌아와 앉는다.

임소장 : 좋습니다. ⑱ 제가 부탁하는 한 가지를 들어주시면 저도 추석까
　　　　지 연장을 적극 고려해보겠습니다. 제 의견이 받아들여지지 않
　　　　으면 저도 추석까지 연기를 장담 못합니다. 얘기할까요, 말까요?
한공주 : 뭔데요?

⑱ 이미 시간을 주기로 사전에 약정이 되어있는 항목이지만 쉽게 주지는 않는

　다. 모든 항목 하나하나가 협상에서는 교환으로 사용된다. 즉 상대의 협조를

　먼저 받아낸 후에 준다. 그래서 먼저 조건을 제시하는 것이다.

임소장은 무엇보다 고려해본다고 했지 정확하게 준다고는 하지 않는다. 왜? 상대가 아직 그가 원하는 것에 답변을 안 했으므로 아직 상대에게 줄 수 없다. 상대의 답변 여하에 따라 수락으로 가게 될 것이다. 상대에게 거절할 권리와 함께 선택할 권리를 준다. 그런데 외형상은 주는 것이지만 안 받아들이고는 못 배기는 상황이다.

하지만 신사협정으로 일을 끝까지 이어갈 예정이다.

6 - 잔금납부 후 44일

임소장은 의뢰인의 배려로 상대에게 충분한 시간을 주었다. 상대가 정말 자신이 이사갈 집의 보증금을 구하는데 필요한 시간이었다면 우리가 준 시간은 아주 요긴했을 터이고, 시간을 끌기 위한 수작이었다면 이제 달콤한 시간은 끝이 났다.

앞으로의 시간은 그동안 자신이 요구한 반대급부를 하나씩 이행해야 할 시간들이다. 열쇠 교체, 방 하나 내주기, 각서, 그리고 언제 나간다는 약속 등을 다시 원점에서 얘기 나눌 것이며, 이제 그 약속을 위반하면 집행에 들어가기로 했다.

상대가 치매에 걸린 노모를 모시고 있어 그동안 상당한 배려를 해주었

다. 의뢰인은 융자 1억6000만원을 받아 두 달째 이자를 꼬박꼬박 내고 있고, 연체관리비는 420만원을 넘어 450만원으로 향하고 있으니 부담이 이만저만이 아니다. 그런데 상대는 아직 오리무중이다.

오후 2시. 상대에게 문자를 보낸다.

〈연락주십시오〉

중간에 추석이 낀 데다 상대가 달라는 최후의 기간까지 주고 나니 시간이 상당히 흘렀다. 약 3주 이상 지나 처음으로 상대에게 보내는 문자인 듯하다. 하지만 문자에 대한 답변이 없다.

오후 8시 30분. 이번에는 전화를 걸었지만, 안 받는다.

임소장은 다른 업무 차 경기도 외곽을 갔다 오는 길이다. 도시의 밤하늘은 별빛은커녕 달빛도 없다. 어둑어둑한 하늘 아래 달리는 차창에 반사되어 보이는 조명만 보일 뿐이다. 차 유리에 조명과 자신의 얼굴이 동시에 보인다. 흐릿한 얼굴을 보면서 깊은 생각에 잠긴다. 머릿속에는 '결단'이라는 단어만 맴돈다.

40분이 더 지나, 핸드폰으로 문자가 도착한다.

〈바빠서 그러니 내일 전화 드릴 게요〉

지난번 만남에서 상대는 추석 전까지 열쇠 교체와 방 하나를 내주기로 약속했다. 그것은 사실 상대의 의지를 시험해보는 것이지, 그 이상의 의미를 가지지는 못한다. 그는 약속을 지킬까?

곧바로 두 번째 메시지가 도착한다.

〈추석 무렵이라 많이 바빠서 전화 못해 죄송하구요. 약속은 지킬 거니 너무 걱정 마세요〉

이번에도 전화가 아닌 문자 메시지다. 임소장을 안심시키기 위한 듯 지

극히 정다운 투다. 그는 문자 내용을 보면서 상대가 스스로 문제를 해결하기에는 무리라는 생각을 가진다. 즉 그를 안심시키며 시간을 벌자는 의도인 것으로 해석한다.

하지만 이제 상대의 페이스대로 끌려가지 않을 작정이다. 임소장은 상대가 시간 끌기 전략으로 직접 대화보다는 이렇게 시간을 두고 문자 연락을 취하고 있다고 생각하고, 바로 전화를 시도한다. 역시 안 받는다. 자신의 생각에 확신을 더한다.

이윽고 5분 후 다시 문자가 들어온다.

〈이제야 전화하신 거 봤네요. 바빠서 못 받았어요. 아직 일하는 중이라서요〉

남들이 보면 남녀가 연애하는 것이라 착각할 정도다. 아직 근무 중이라 하니 임소장 역시 문자를 보낸다.

〈끝나는 대로 전화주세요〉

그런데 12시가 다 되어가는 데도 전화가 안 온다. 이제 더 이상 뭘 기대한단 말인가? 임소장은 실망감을 넘어 포기하는 심정으로 아주 간단하게 문자 메시지를 보낸다.

〈이제 전화 안하셔도 됩니다. 이제부터 전화 안 받을 겁니다〉

그렇게 임소장이 쏜 화살은 상대를 향하여 날아갔다.

7 - 잔금납부 후 47일

상대는 자진명도가 가능하게 충분한 시간을 달라고 했다. 고민 끝에 두 달의 시간을 주었는데, 결과적으로 시간은 시간대로 다 주고 상대의 협박 상황에 놓이게 된 실정이다. 무슨 말인가 하면, 상대는 추석 전까지

방 하나와 현관 열쇠를 교체해준다는 약속을 헌신짝처럼 내팽개쳐버리고 임소장이 날린 문자 메시지가 기분 나쁘다며 더 이상 전화하지 않겠다고 의뢰인에게 통보해왔다고 한다.

게다가 이제 마음대로 하라고 협박까지 한다. 의뢰인이 추석 바로 전날까지 상대를 만나 자진명도 의사를 전하려는데, 거의 두 달 동안이나 잘 지내놓고서 이제 다시 자신이 원하는 안건을 전달해왔다.

1) 10월 20일까지 시간을 줄 것.
2) 이사비를 줄 것. 처음 두 달 전 얘기하던 금액으로 줄 것.
3) 연체관리비 약 400만원을 낙찰자가 해결할 것. 그래서 아파트 출입문을 무사히 빠져 나갈 수 있게 협조할 것.

보너스로 돈 좀 있으면 빌려줄 것.
두 번째 보너스로 까딱하면 모시는 어머니와 동반자살 할 수도 있음. 주의할 것.

협박 내용이 상당하다. 두 눈 질끈 감고 법 절차대로 강제집행하고 싶었지만 상대가 정말 가진 것도 없는 사람이라 생각되어 두 달 동안이나 시간을 주었고, 그에 따라 이쪽에서 납부해야 할 연체관리비, 공과금, 경락잔금이자 등을 모두 합치면 벌써 500만원을 족히 넘어가는 것 같다(총 연체관리비 420만원에서 공용부분과 전유부분을 1:1로 본다면 공용부분만 210만원 정도가 된다).

의뢰인은 이제 줄 것 다 준 상태이니 강제집행을 하더라도 양심의 가책은 갖지 않아도 될 듯하다는 농담 아닌 농담을 한다.

　　의뢰인 : 이제 임소장의 뜻대로 하십시오.

#8

　　결국 상대의 자진명도가 불가능하다고 판단되어 강제집행을 신청하게 된다. 집행기일은 22일. 상대가 약속대로 20일 자진명도한다면 집행은 취소되고, 그 사이에 또 다시 협상이 이루어진다면 집행연기가 될 것이다.

　　앞으로 남은 일주일 동안 낙찰자 입장에서는 연체된 관리비를 인수할 것이냐, 그리고 인수한다면 관리사무소와 사전에 협상을 들어가야 하는데, 그럴 경우 공용부분만 내는 것으로 관리실과 합의가 가능한지 아니면 별도의 협상을 필요로 하는지 판단의 문제가 생긴다. 즉 연체된 관리비를 인수할지 여부도 상대와 의논이 되지 않았다.

　　문제는 연체관리비를 인수한다고 해도 판례대로라면 공용부분만 납부하면 되는데, 그것은 낙찰자의 생각일 뿐 실무상은 전유와 공용부분 모두에 대한 관리비가 해결되지 않으면 관리사무소에서 상대에 대한 이사를 실력으로 막는다. 즉 합의로 명도가 되는 경우는 다르다는 입장이다. 따라서 이 건은 합의로 내보내는 것이니 관리사무소에서는 연체관리비를 모두 받아야 한다는 것이다.

　　낙찰자가 겪고 있는 고민을 실무에서 한 번 들여다보자. 먼저 관리비를 낙찰자가 부담한다고 가정하면 이는 낙찰자와 점유자 간의 문제이다. 여기서 낙찰자는 공용부분만을 의미하고, 점유자는 전유와 공용부분 모두를 포함한다. 여기서 변수는 관리사무소가 등장한다. 관리사무소가 공용부분만 징수한다고 하면 큰 문제는 없으나 실무의 일을 하다보면 관리사무소에서는 연체관리비 전액을 받기 위해 완강히 버틴다. 즉 대법원 판례처럼 공용부분만 받는 게 아니라 연체관리비 전액을 받기 위해 관리사무소는 낙찰자와 한 판 싸움을 벌일 수밖에 없고, 여기서 낙찰자가 이기면 공용부분만을 부담한다.

이제 위 상황에서 관리사무소와 언제 접촉할 것인가 하는 문제가 있다. 먼저, 명도 당일의 혼란스러움을 피하기 위해서는 명도 전에 관리사무소와 미리 협상을 해서 타결해야 한다. 그렇지 않은 경우 최악의 상황, 즉 이사 당일 명도대상자가 출입문을 나서지 못하게 관리사무소 측에서 경비원을 동원하여 실력행사를 하게 되면 명도대상자는 오도가도 못 하는 처지에 놓인다.

그것이 아니라면 명도 당일 관리사무소와 협상을 이루어내야 하는데, 짧은 시간 내의 협상이므로 고도의 협상력을 필요로 하고, 돌발변수가 발생할 때 상황 대처 능력이 필요하다. 그만큼 변수가 많다는 얘기다. 사람이 하는 일이라 모든 명도 협상이 일률적이지 않으며, 과거의 성공 경험이 계속 맞아떨어진다고 볼 수도 없다. 왜냐하면 각 사건마다 상황이 다르고, 마주한 협상 상대가 다르기 때문이다.

이런 점 때문에 명도 당일 협상의 경우 낙찰자도 부담을 가지지만 관리사무소 역시 그날 받지 못하면 영원히 못 받을 확률도 있으므로 원만한 해결을 위해 협상 테이블에서 만나기를 고대할 수도 있다. 이처럼 낙찰자와 관리사무소가 충분한 시간 없이 협상 타결을 이루어내야만 하는 상황이라면 타협 전략이 준용된다. 이 상황에서는 누가 타협 전략을 적절한 시기에 잘 이용하는가가 승패의 관건이 된다.

그럼 낙찰자가 연체된 관리비를 부담한다는 약속을 하지 않을 때는 어떤 상황이 발생되는가? 일단 낙찰자와 점유자 간의 합의는 완전한 합의가 아닌 유동적인 합의 상태에 놓이게 되면서 각자의 의무 부분을 상대에게 떠넘기는 언행과 행위를 하게 된다. 즉 낙찰자는 관리사무소에 점유자가 알아서 할 일이라 하며 열쇠를 교체한 후 잠적한다. 반면, 점유자는 관리사무소에 낙찰자가 부담하기로 했다는 거짓 혹은 사실에 근거하지 않은 자신에게 유리한 언행으로 출입문을 빠져 나가려 한다.

경매를 배우는 사람들이 힘들어 하는 상황은 이런 경우들일 것이다. 법 절차보다는 이런 경우의 수를 어떻게 해석하고, 어떻게 대처해나가야 하는가에 대해 개인이 가진 법적 지식보다는 상황에 따른 판단의 문제, 즉 자기 자신의 결정 문제가 중요한 것이다. 실무에서는 이론이 다가설 수 있는 영역이 있고, 그러하지 못하는 영역들이 존재한다. 이론으로 극복 가능한 범위는 이론으로 가야 하겠지만, 그러하지 못한 영역은 늘 경험자들의 얘기를 소중히 듣고 인터넷 카페 등 동호인 모임에 가입하여 얘기를 들어볼 일이다.

이때 중요한 것은 결과가 아니라 그 과정이다. 결과는 항상 같이 나오지 않기 때문이다. 지난번 전략이 이번에 이 사람에게도 먹힐 것이라는 것은 희망일 뿐이다. 따라서 초심자가 경매명도를 공부를 할 때는 경험자들의 얘기나 정보가 어떠한 상황이었고, 자신이라면 어떤 선택을 했을까를 생각하는 습관을 가질 필요가 있다. 결과는 학습으로 갈 수 있는 길이지만 그 과정은 오로지 자신의 노력과 의지만으로 가능하다고 봐야 한다.

학습으로 얻어지는 결과는 단순하다. 즉 낙찰자는 공용부분만 인수하면 된다. 여기까지만 알고 있다가 실무상 이런 경우를 당하면 큰 혼란에 빠지고, 점유자의 명도보다 아파트 관리사무소와의 이사비 협상이 몇 배는 더 어렵다는 말을 실감할 것이다. 현실과 다르게 나타나는 이런 과정을 이해하기 위해서는 판례의 결과보다는 각 사례의 과정을 이해하는 게 실무상 도움이 된다.

이러한 점을 충분히 인지하고 있기에 임소장은 미리 아파트 관리사무소로 간단하게 내용증명을 보낸다.

연체 관리비 징수 요청건

수신 : 관리소장 귀하
     경기도 구리시 토평동 ○○○번지 ○○아파트 관리사무소
발신 : 임소장
     서울시 성동구 도선동 ○○○번지
내용 :

아파트 관리사무에 노고가 많으십니다.

본 서식을 발송하게 된 이유는
귀하가 근무하는 해당 아파트의 ○○○동 ○○○호 소유자 한공주의 아파트가 의정부 지방법원 2018타경○○○○○ 부동산 임의경매사건으로 인하여 발신인인 본인이 낙찰받아 2019년 08월 10일 잔금을 납부하여 소유권 이전을 받았습니다. 하지만 귀하는 채무자인 한공주에 대한 연체관리비를 징수하지 않아 상당한 액수의 관리비가 연체된 것으로 압니다. 전소유자가 사용한 부분은 전소유자가 내야 하는 것이 마땅하므로 그 징수에 최선을 다하기 바라며 본인이 입주시에 전소유자가 사

용한 부분을 불법으로 혹은 강제적으로 부담하게 해서는 안 될 것입니다. 이 점을 분명히 알려 드리며 만에 하나 본인에게 부당한 요구를 행사하거나 행사할 의도를 가진다면 그 책임을 엄중하게 물을 것입니다. 본인이 발송한 내용에 이의가 있으면 본 서면을 수령한 후 일주일 이내로 서면으로 답변해 주시기 바라며, 그렇지 않을 경우 발신인의 내용을 다 수긍하는 것으로 간주하겠습니다.

거듭 노고에 감사드리며, 저 역시 이제 귀 관리 아파트의 주민이 되었으므로 따뜻하게 맞아주시길 바랍니다.

2019년 10월 05 일

발신인 : 임소장   (인)

9 - 잔금납부 후 60일

상대에게 줄 만큼 다 주었다. 아니, 상대가 나쁜 버릇이 생길 정도로 필요 이상으로 많이 주었다.

집행관 사무실에서 집행비용 149만원을 입금하라는 연락이 와서 곧바로 입금한다. 전용 105m²(32평)에 순수 노무비용과 집행관 출장비만 149만원이다. 이제 더 이상 상대의 약속 번복, 기일 연기 등에 대해 일체의 타협을 하지 않기로 한다. 집행비용까지 입금되었으니 20일 타결되거나 혹은 22일 집행하거나의 선택만 남았다.

10 - 잔금납부 후 63일 : 10월 20일 비워주겠다는데

상대에게서 전화가 걸려왔는데, 내용은 20일 자진명도한다는 것이다. 덧붙여 요즘 관리사무소에서 연체된 도시가스와 관리비를 왜 그렇게 쪼는지 모르겠다고 한다. 아직 이쪽에서 내용증명을 관리사무소로 보낸 것을 모르고 있는 듯하다.

앞으로 남은 기간 7일!

임소장의 머릿속은 복잡하기만 하다. 그 많은 밀린 공과금을 낙찰자가 다 낼 수는 없고, 관리사무소와는 아직 협의가 안 되었고, 상대는 이쪽에서 다 부담하는 줄로 알고 있고… 이사 당일 있을 한바탕 소란이 예상되기 때문에 의뢰인에게는 현장에 나타나지 말라고 지시해놓은 상태다.

11 - 잔금납부 후 64일

관리사무소에서 반대 내용증명이 날아온다. 상대 입주자대표회의 역시 요구의 법칙을 사용하고 있다. 즉 공용부분과 전유부분을 구분하지 말고 관리비 전액을 납부하라는 얘기다. 법원 판결은 그들만의 판결이고, 자기네는 자기네대로 하겠다는 얘기다.

수신 : 서울시 성동구 도선동 ○○○번지
　　　임소장
발신 : 경기도 구리시 토평동 ○○○번지
　　　○○아파트 입주자대표회의

제목 : ○○아파트 ○○○동 ○○○호 연체관리비 회신 건

당 아파트에서는 공동주택으로 사용하고 있어 아파트 주민들이 납부한 관리비로 운영하고 있는 곳이오니 현 대법원 판례는 타 아파트 판결일 뿐이고, 당 아파트는 입주자대표회의나 관리주체는 법원 판결을 받아 손실처리할 수밖에 없사오니 관리비 전액을 납부하여 주시고 전유부분에 대해서는 반환청구소송을 하여 주시기 바랍니다.
단 주민의 관리비는 입주자대표회의 또는 관리주체에서 임의적으로 손실처리할 수 없음을 알려드립니다.

2019. 10. 10
○○아파트 입주자대표회의

12 - D-2 아직 사소한 의견조율은 되지 못하고

　명도가 낼 모레인데 상대는 직장을 다니느라 밤 12시가 돼야 집에 도착한다. 갈 곳은 준비해 놓았다 했고, ⑲ 이사합의금과 포장이사비에 관리비까지 이쪽에서 부담하기로 했다. 어찌 보면 줄 것 다 준 상황이다. 상대가 차라리 강한 상대라면 이렇게 많이 양보하지는 않았을 것이다. 너무 불쌍한 나머지 연민의 정을 가졌으니 이쪽에서 할 수 있는 것이라곤 돈보따리를 풀어놓는 것밖에 없다.

❶❾ 합의를 나눈 부분은 상대와의 합의이며, 관리사무소와의 합의 내용은 다를 수 있다. 따라서 이 문장에서는 상대와의 합의과정만 살펴본다. 즉 낙찰자가 상대 점유자에게 줄 때는 통상의 이사비 즈음에서 지급된다고 표현한다. 그런데 통상의 이사비는 대체 얼마를 말하는 것인가? 정답이 없다! 그렇다면 관리비는? 낙찰자 쪽에서 지급한다고 한다. 관리비는 판례에서 정한 공용부분일 뿐이지 전유부분까지를 말하는 것은 아니다. 하지만 마음이 급한 점유자에게는 모든 것이 자신에게 유리한 쪽으로 해석된다.

이사를 이틀 앞두고 상대 점유자가 의뢰인에게 전화를 걸어와 싱크대를 뜯어가겠다고 한다는 것이다. 드럼세탁기는 물론이고, 뜯어갈 수 있는 것은 다 뜯어간다는 것이다. 의뢰인을 만나본 사람들은 하나같이 신사 중에 신사라고 얘기한다. 사실 이 명도도 의뢰인의 끝없는 양보 때문에 강제집행 없이 여기까지 끌고온 것이다.

그런 의뢰인이 처음으로 화를 냈다. 해도 너무하다는 것이다. 결국 의뢰인은 상대를 밤 12시에 만나기로 했다. ❷⓿ 이제 와서 자신이 신혼용으로 구입했다고 열거한 품목은 떼어가겠다는데, 맞춤형으로 주문된 것이라 그것들을 떼어 가면 이빨 빠진 모습이고, 새로 맞추어 놓으려면 돈이 장난 아니게 들어간다.

❷⓿ 이제 정말 진절머리가 난다. 하지만 명도 협상을 하다보면 위와 같은 일은 비일비재로 발생한다. 하지만 여기까지 투자된 시간이 아까워 결국에는 어떤

형태가 되었든 끝장을 보게 된다. 이와 관련된 협상의 팁 중 '이행의 법칙'을 아래 사례에서 한 번 보자.

필자가 카페 회원의 빌라를 전세 놓는 과정이었다. 내가 보는 시세는 1억 1000만원인데, 그 빌라 앞에서 중개업소를 운영하는 필자의 지인 중개사가 보는 시세는 6500만원이니 너무 어이없는 편차이다. 결국 그에게 의지할 수 없다는 판단을 내리고 〈벼룩시장〉 정보지에 전세광고를 내놓는다.

전세물건이 없다는 매스컴의 내용과는 달리 한 달이 지날 때까지 단 한 건의 문의전화만 있었을 뿐 너무 조용하다. 이 정도 되면 회원은 과연 전세가 나갈 수 있을까 하는 의문을 가지게 된다. 아니나 다를까 전세가를 낮추는 게 어떠냐고 조심스럽게 의사를 타진해온다.

하지만 나는 여러 팀이 보고 갔고, 모두가 전세가가 높아서 안 나갔다면 그렇게 할 용의는 있었지만 그건 아니었다. 사실 회원에게는 보름 이내에 전세가 나가야 하는 개인적인 사정이 있었다. 이쯤 되면 전세가를 낮추자는 그의 의견도 현실성이 있다. 하지만 끝까지 1억1000만원을 고집한다는 나의 말에 더 이상 이견을 달지는 않았다.

드디어 두 번째의 고객이 전세 물건을 보러온다며 멀리 있는 중개소에서 연락이 왔다. 회원의 마음은 현재 이런 상태다. 1)한 달이 지나도록 전세 보러 온 사람이 한 팀밖에 되지 않아 계약체결이 다소 불명확한 실정이다. 2)기다릴 수 있는 시간이 이제 14일밖에 남지 않았다. 3)융자가 1억원 설정되어 있는 상황인데 모두 상환할 수는 없고, 5000만원 정도 상환할 예정이다. 나머지 금액은 급히 쓸 용도가 있었기 때문이다.

이 정도면 흔히 말하는 절박한 상황에 놓여 있는 상태이다. 놓치고 싶지 않은 이 기회, 놓쳤을 경우 곧 닥쳐올 여러 가지 복잡한 문제들… 이런 것들이 회원의 마음을 더욱 조급하게 만든다.

하지만 그와 나눈 큰 틀의 얘기는 이번에 전세 놓는 것에는 '이행의 법칙'을 적용할 것이니 관여하지 말라는 주문을 내린다. 즉 상대가 이 집을 보러오는데 1)에너지를 소모하게 만들고, 2)상대가 마음에 들 때까지 어떤 조건에도 합의하지 않는다. 3)상대가 마음에 들었다는 의사표시를 전해오면 그때 이쪽의 약점을 노출하는 것이다.

특히 3)의 경우, 통상적으로 자신의 단점을 미리 얘기하는 것과 맨 나중에 얘기하는 것은 계약체결에 결정적인 차이가 있다. 하지만 이미 자신의 전세집이라고 판단이 들면 작은 하자, 즉 융자 같은 것은 눈감아줄 수 있는 부분이라 본 것이다.

집을 보고 간 고객이 계약을 체결하자는 내용을 중개소를 통해 연락해왔다. 그리고 융자를 갚을 것인가 묻는다. 이때 다음 발언이 곧바로 이어져야 한다.

"그 사람이 확실하게 계약을 하겠다고 합니까?"

중개사는 그렇다고 얘기한다.

그럼 결론은 났다. 상대는 이미 이행의 법칙을 충실히 따르고 있다는 것을 확인한 것이다.

"집 시세가 3억8000만원 가까이 되는데, 그것을 꼭 갚아야겠습니까? 하지만 저희도 은행이자 내는 것 아까우니 일부 갚겠습니다. 한 5000만원 갚지요. 은행이자 낼 필요 있나요?"

약간의 능청스러움이 가미되었고, 들어올 세입자는 그 정도면 만족한 조건이라며 계약을 체결하게 된다.

이렇게 우리가 경험하는 일상 속의 작은 것들이 협상의 일부분인 것이다. 이런 이행의 법칙이 부동산 실무로 적용되면 다음 형태가 된다. 간혹 물건도 보기 전에 "가격을 깎을 수 있나요?"라고 묻는 고객에게 중개사들은 이렇게 대답한다.

"일단 물건을 한 번 보시고 마음에 들면 금액을 트라이해봅시다."

의뢰인 : 임소장! 오늘은 미안하지만 밤 12시 되어서 나와 상대 좀 만나러 가줘야겠소.

임소장 : 밤 12라? 준비하겠습니다.

밤 12시 30분. 상대가 직장일을 마치고 집으로 왔다. 아파트 주차장에서 40분 가량 얘기가 이어졌다. 여자는 물건 하나하나가 돈이니 자신이 떼어가겠다는 것이다.

사실 오전에 의뢰인과 이런 얘기를 주고받았다.

"장사장님, 오늘 하루만큼만 상대를 연약한 여자로 보지 말고 협상에 아주 능한 사람으로 보면 안 될까요?"

사실 그동안 상대는 연약함을 무기로 얻어갈 것은 다 얻어갔다. 시간도 두 달, 관리비도 이쪽에서 부담하고, 포장이사비용도 이쪽에서 지불하고. 그리고 드럼세탁기, 식기건조대, 오븐 등 붙박이 형식으로 싱크대에 매어단 모든 것을 가져간단다. 완벽한 상대의 승리다. ㉑ 그래서 의뢰인에게 상대를 연약하게만 보지 말고 협상에 능한 상대로 봐달라고 한 것이다.

㉑ 왜 이런 제안을 언급했는가 하면 이 협상에서 우리는 이미 상대에게 줄 것은 다 주었다는 사실을 상기하며 끝까지 냉정함을 유지하기 위한 다짐이다.

그렇게 한밤중에 뭐는 떼어가고 뭐는 떼어가지 말고 옥신각신하다보니 새벽 1시를 넘어간다. 다시 집에 들어가 무슨 품목을 가져가고 안 가져가고를 확인하다보니 이건 싱크대가 아니라 무슨 괴물 같다. 이 모습을 참지 못한 임소장이 의뢰인에게 양해를 구하지 않고 단도직입적으로 얘기한다.

> 임소장 : 떼어가고 안 떼어가고는 당신 자유입니다. 단 이빨 빠진 모습으로 남아있으면 이사합의금으로 주려했던 금액은 조절될 수 있으니 알아서 하세요!
> 한공주 : 아니, 그게 무슨 말씀이세요? 장사장님과 얘기가 다르잖아요!
> 임소장 : 알아서 해석하세요. 난 내 할 말 다했으니 두 분이 얘기 나누세요.

그는 화가 나서 엘레베이터를 타고 내려오고, 의뢰인과 상대는 다시 집 안으로 들어가 떼어가도 될 품목과 아닌 품목을 다시 한 번 조율했다.

그렇게 새벽 2시가 넘어가고 있다. 그는 이제 협상이고 나발이고 춥고 졸려서 다른데 신경 쓸 틈이 없다. 상대와 의뢰인이 아파트에서 최종합의를 하느라 얘기하는 동안 그는 아파트 지상 주차장에서 달밤에 운동을 하고 있었다. 그렇게 20분을 기다리니 의뢰인이 내려온다. 무슨 얘기를 하는데 도통 귀에 들어오지 않는다. 오직 눈꺼풀이 눈을 짓누르고 있다.

> 임소장 : 장사장님, 자세한 얘기는 내일 나누지요.
> 의뢰인 : 핵심만 얘기하겠소! 이사비는 70만원, 즉 실제 포장이사비용만
> 지급되고, 연체된 관리비는 이쪽에서 부담하기로 했소. 그리고
> 드럼세탁기와 오븐, 형광등은 떼어가라고 했소.
> 임소장 : 줄 것 다 주셨군요.
> 의뢰인 : 일단 이렇게라도 마무리를 지어야겠소.

집에 도착하니 새벽 3시 10분 전이다. 명도하다가 이런 경험은 처음이다. 상대가 직장에서 오는 시간이 늦어 밤 12시가 넘어야 대화할 시간이 나다보니 어쩔 수 없었다. 하지만 앞으로 48시간이면 끝난다.

#13 - 결전의 날

드디어 결전의 날이 밝았다. 아파트 관리사무소에서 보내온 내용증명에 다시 회신했어야 했는데, 그렇게 하지 않은 부분이 영 찝찝하다. 그쪽에서 보내온 내용증명은 한 번 해보자는 투였지만, 채무자와의 협상도 바쁜 때에 그것까지 신경 쓰지 못했다.

관리사무소에서 보내온 내용증명에 이쪽에서 수위를 높여 보내고 난 뒤 협상이 되어야 하는데, 이제 그들이 보내온 깡패 같은 답장을 받은 상태에서 협상에 임해야 한다. 사실 채무자와의 협상보다 관리사무소와 연체된 관리비 문제 처리가 더 골치 아플 수 있다.

임소장 : 장사장님, 오늘은 어떤 시나리오도 없이 마주할 겁니다.

의뢰인 : 각오하고 있습니다.

아파트 관리사무소와 공과금에 대해 합의를 나누지 않은 상태였다. 미리 이쪽에서 관리비를 낸다는 게 우습다. 아니 그 말을 꺼내는 것 자체가 우습다. 결국 낙찰자, 관리사무소, 채무자의 세 명 중에서 약한 자가 양보하게 되어 있는 일종의 파워 게임이다.

어제 채무자와 합의된 사항에서 연체된 관리비를 이쪽에서 부담한다는 것은 대법원 판례에 나타난 공용부분만 납부한다는 것으로, 단지 이 부분을 의도적으로 명확하게 언급하지 않았을 뿐이다. 따라서 채무자는 낙찰자가 공용과 전유부분 모두를 부담하는 것으로 해석하고 있다.

현재 모두 자기에게 유리하게 상황을 해석하고 있다. 결국 힘에서 밀리는 자가 돈을 부담하면 된다. 채무자와 이 부분에 대하여 언급하지 않은 이유는 관리사무소에서 막아 이사를 못 나가는데 들어갈 집에는 잔금을 치러야 하는, 다시 말해 그가 오도가도 못 하는 상황이 발생하면 숨겨 놓은 돈으로 자신이 연체관리비를 납부한다고 내놓을 수도 있기 때문이다. 설사 그렇지 않더라도 상황을 최고의 압박으로 몰고 가면 관리사무소나 채무자나 낙찰자나 누군가 하나는 양보안을 내놓을 것이라고 생각한 것이다(물론 낙찰자를 대신한 임소장 자신은 아직 아니다).

* AM 10:00 - 관리실에서 짐을 못 내리게 한다는데

오전 10시. 채무자에게서 전화가 걸려온다.

한공주 : 임소장님! 언제 오세요? 관리사무소에서 짐을 못 내리게 막고 있어요. 빨리 와주세요!

예측된 상황이 발생한다.

임소장 : 내리십시오.

한공주 : 못 내리게 막고 있다니까요.

임소장 : 한공주씨. 대한민국은 법치국가입니다. 누구도 당신을 막을 수는 없습니다. 그러니 내리세요.

전화를 끊었다. 관리사무소에서 보내온 내용증명을 보고 관리소장이 호락호락하지 않을 것이라고 생각은 했었다. 내용증명을 자세히 보면 법을 우습게 여기는 자다. 그만큼 자신 있다는 것이다.

임소장은 현장으로 나갈 준비를 한다. 그런데 연신 전화가 걸려온다.

한공주 : 임소장님, 빨리 오시면 안 될까요?

임소장 : 내가 빨리 간다고 달라질 것 없습니다. 짐 내리세요. 그것까지 일일이 내가 얘기해줘야 합니까?

한공주 : 관리사무소에서 사다리차에 짐을 하나도 못 싣게 물리력을 행사하고 있고, 경비실 직원 모두가 나와 막고 있습니다. 빨리 와주세요.

채무자는 울먹이면서 그에게 전화를 걸고 있다. 이제 급한 것은 채무자다. 두 달 동안 자신을 그토록 골탕 먹인 것에 비하면 이것은 아무것도 아니라는 생각에 그는 혼자 쓴 웃음을 짓는다. 그런데 관리사무소의 경비원까지 동원하여 짐을 못 내리게 하고 있다. 아파트를 못 나가게 하는 것은 이해할 수 있지만 짐 자체도 아파트에서 못 내리게 한단다. 그래서는 안 된다.

그는 정장을 차려입는다. 평소 거의 정장을 안 입지만 이렇게 강제집행을 하러 갈 때는 꼭 정장차림을 하게 된다. 현장을 도착해서 보니 사다리차가 작동을 안 하고 그대로 멈춰서 있다. 주차장에는 경비실 직원 10여 명이 다 나와 있다. 그리고 이삿짐업체 직원 4~5명과 상대 채무자와 그의 노모가 추운 날씨에 그가 도착하기만을 기다리며 서 있다.

그는 일부러 천천히 걸어간다. 태연한 척 그들에게로 걸어갔다. 한 발한 발 걸어가는데 모든 시선이 그를 향하고 있다. 모두 그를 구세주로 알고 쳐다보는 눈빛이다.

임소장 : 뭐합니까? 빨리 짐 안 내리고!
한공주 : 저 하고 관리실로 가시죠. 여기 주차장과 집 안에 관리실 직원
들이 이사를 못하게 물리력을 행사합니다. 관리소장과 얘기를
나누시죠.

그는 채무자와 함께 관리사무소로 향한다. 잠시 후 관리소장이 나온다. 서로 형식적인 인사를 나눈다. 작달막한 키에 얼굴이 좀 그을려 있는 관리소장은 한눈에 보기에도 악해 보이지는 않는다. 그러나 선해 보이는 사람들이 악역을 하면 더 무서운 법이다.

임소장 : 관리비내역서 좀 줘보시죠?

관리소장 : (임소장이 아니라 채무자를 보며) 일단 그 말씀 전에 관리비는 정산해주셔야지요?

임소장 : 왜 배당요구는 안 했습니까?

관리소장 : 저는 사모님과 얘기합니다. 관여하지 마십시오. 어떻게 해주시겠습니까?

한공주 : …

임소장 : 두 분이서 얘기하시겠다? 그럼 그러세요. 저는 나가보겠습니다.

그가 밖으로 나와 다른 아파트 단지를 둘러보는데, 채무자에게서 전화가 걸려온다. 지금 이 상황에서 열쇠는 낙찰자가 쥐고 있다. 이쪽에서 이사비를 풀어놓지 않으면 해결이 안 되는 상황인 것이다.

그러나 관리소장은 낙찰자를 대신한 그를 쳐다도 보지 않는다. 관리소장 입장에서 보면 낙찰자 측인 그를 상대하는 것보다 채무자를 상대하는 게 더 낫다고 판단했을 것이다. 채무자는 여태껏 관리해온 사람인데다 노모와 상대 즉 여자 둘뿐이니 상대하기에 만만하고, 그리고 무엇보다 채무자에게는 연체관리비 중 공용과 전유부분 모두에 대하여 청구할 수 있기 때문이다. 그에 비해 낙찰자에게는 공용부분만 청구할 수밖에 없는 것이다. 그래서 관리소장은 인질의 상대로 임소장보다는 채무자를 택한 것이다. 협상을 할 줄 아는 사람이다.

한공주 : 아니, 임소장님! 그냥 나가시면 어떻게 해요?

임소장 : 그럼 어떡합니까? 그 양반이 나와 할 얘기가 없다는데…

이 상황은 낙찰자가 돈을 풀지 않으면 절대 해결될 일이 아니다. 따라서 낙찰자를 대신한 임소장이 어디에 있든 반드시 그를 찾아야 한다. 채무자는 직접 찾을 것이고, 관리소장은 인질을 통해 찾을 것이다.

무엇보다 채무자는 임소장과 관리소장이 직접 만나 담판을 짓기만 하면 이 문제가 자연스럽게 해결되는 것이라고 생각한다. 지금 세 사람 다 문제를 해결해야 한다는 한 마음이지만 그 방법은 전혀 다르다. 관리소장이 공용관리비만 납부하라고 하면 일이 쉽게 끝나지만, 그는 공용과 전유부분을 모두 받기 위해 힘으로 밀어붙일 때까지 밀어붙여 보는 것이다. 이 힘에 낙찰자나 채무자가 눌리게 되면 누군가는 돈을 내놓아야 한다.

만일 채무자가 정말 숨겨둔 돈이 없다면 낙찰자가 내놓아야 하고, 낙찰자가 버티면? 돈이 나올 곳은 막혀 있는데 어느 한 곳에서 돈을 내놓으라고 힘으로 밀어붙여 온다면? 채무자가 어떻게 해서든 돈을 만들어오면 낙찰자나 관리사무소나 원하는 것을 얻게 된다. 그러나 채무자가 돈이 없는데 낙찰자마저 돈을 풀지 않으면서 관리소장이 텃세로 밀어붙이고 있으니 채무자는 심한 압박을 받는 상태에서 오도가도 못 하는 상황에 처하게 된다.

한공주 : 아니, 그래도 관리소장님과 얘기를 끝내주셔야지요?

임소장 : 난 그 양반하고 할 얘기 없으니, 그 양반하고 얘기 다 끝나고 나면 저한테 전화주세요.

한공주 : 여보세요? …

* PM 13:00 _ 관리소장과 팽팽한 신경전

전화를 끊었다. 임소장은 둘이 지지고 볶든 자신이 관여할 바가 아니라 생각한다. 지금 상황은 그가 관여할 타이밍이 아니다. 관리소장은 연체된 관리비 중에서 공용부분만이 아니라 전유부분까지 다 받아내겠다는 것에는 변함이 없다. 이전 관리소장들이 어떻게 했는지 모르겠지만 자기는 그들처럼 일처리를 하지 않겠다는 것이다. 고집불통이다. 따라서 임소장은 채무자가 울고불고 나서면서 관리소장을 설득시켜 공용부분만 납부하게 만들기를 원하는 것이다.

채무자에게서 연신 전화가 걸려온다. 낙찰자가 순순히 모든 비용을 납부해주면 채무자는 편안하게 이 아파트를 나가서 이사 들어갈 집으로 가게 된다. 즉 이 상황에서 문제는 관리소장이고, 그를 상대하는 것을 채무자는 낙찰자가 해주었으면 하고, 낙찰자는 채무자가 직접 상대했으면 하는 것이다. 관리소장은 어차피 낙찰자한테 받아야 하는 돈이지만 상대를 인질로 잡고 협상하는 것이 더 쉽고, 더 큰 수확물이 나온다는 것을 아는 것이다.

한공주 : 임소장님, 짐을 내리라는 겁니까, 말라는 말입니까?

임소장 : 내리세요.

한공주 : 어떻게요?

임소장 : 당신 마음대로 내리세요. 내가 그것까지 얘기해줘야 합니까?

한공주 : 제발 저 좀 도와주세요. 늙은 노모님이 추위에 떨고 계시잖아요?

임소장 : 짐 내리세요. 지금 당신 앞을 막고 있는 그 사람들은 그럴 권리가 없습니다. 지금 막고 계신 분들 모조리 경찰서로 보내세요.

당신은 그럴 권리가 있습니다.

한공주 : 제가 어떻게 그렇게 합니까?

임소장 : 알아서 하세요. 그런 질문은 저한테 해봐야 소용없어요.

두 사람은 관리소장과의 싸움을 누가 할 것인가에 대해서 한 치의 양보도 없다. 채무자 입장에서는 낙찰자가 관리소장을 상대하기 쉽거나 아니면 아예 설득을 당하여 돈을 풀어주면 그 이득은 자신에게 돌아오므로 낙찰자가 관리소장을 상대해주기를 원하고, 낙찰자 입장에서는 채무자가 처한 상황이 처절하다면 좀 더 강하게 관리소장을 설득하거나 깽판을 부려가면서 양보안을 받아주기를 원하고 있다.

한공주 : 정말 내리라는 겁니까, 말라는 겁니까?

임소장 : 그건 당신이 알아서 판단하세요.

한공주 : 좀 도와주세요. 네?

임소장 : 관리소장이 원하는 사항을 알아본 다음 내게 다시 전화주세요.

한공주 : 잠깐만요! 아파트 관리소장만이 문제가 아니라 이삿짐업체 분들
도 다 가시려고 합니다.

임소장 : 그래서요?

한공주 : 그래서라니요? 잠깐만요. 전화 좀 바꾸어 달라고 합니다.

일이 이렇게까지 되어버리면 문제다. 이제껏 어렵사리 합의를 다 해놓았는데, 사다리차와 이삿짐차가 가버린다면 정말 끝이다. 그런 상황에 처한다면 이젠 정말 관리사무소와의 협상에서 모든 비용을 납부하지 않으

면 나가지 못한다. 사다리차와 이삿짐차가 철수를 한다는 것은 그런 의미를 가지고 있다. 마음이 조급해진다. 그러나 내색할 수는 없었다.

관리소장 : 저희 어떡하라고 이러십니까?

임소장 : 아니 이보시요! 당신이 나를 언제 봤다고 나한테 이런 생떼를 쓰고 있소! 당신 일은 당신이 알아서 하지.

관리소장 : 그래요? 알았습니다.

관리사무소나 이삿짐업체나 사다리차 직원이나 모두 낙찰자가 돈을 푸는 것이라고 생각을 했는지, 아니면 채무자가 낙찰자 측에서 모든 것을 다 해준다고 자기 혼자 얘기를 해버렸는지 임소장이 아파트에 등장할 때부터 모두가 구세주가 나타난 것처럼 그를 쳐다보았다.

5분 후 채무자의 전화가 다시 걸려온다.

한공주 : 임소장님, 사다리차가 가버렸잖아요. 이삿짐업체도 다 가려고 합니다. 도와주세요.

임소장 : 내가 무엇을 도와주면 됩니까?

한공주 : 관리소장님과 얘기를 나누어 주세요.

임소장 : 난 그 양반하고 만날 생각 없으니 그 사람의 요구사항을 알아서 저한테 전화 달라고 했잖아요. 왜 나한테만 요구를 합니까?

상황이 자꾸만 꼬여간다. 이쯤에서 관리소장의 요구를 들어줌으로써 두 손 들고 항복해야 하는가? 그렇게 하기에는 아직 이른 상황이라고 판단한다. 지금 마음은 복잡하면서도 전혀 그렇지 않다는 듯 채무자를 대하고 있다.

이 순간까지도 임소장은 채무자가 숨겨둔 돈이 있다고 의심하고 있었다. 그 이유는 이사갈 곳이 인천이라고 했는데, 거의 보증금도 없는 수준이라고 하면서도 105m²(32평) 아파트 짐에다, 앞에서 언급한 드럼세탁기와 전기 오븐, 기타의 것들을 챙겨가고 있는데 그 정도의 짐을 보관하려면 평수가 제법 되어야 한다. 따라서 임소장 입장에서는 관리소장과 채무자, 그리고 낙찰자 중 누군가 최고의 압박을 받으면 돈을 풀 것이라 생각하고 있다. 그래서 아직 양보를 하지 않고 있다.

* PM 14:00 - 결국 경찰을 부르는데

사다리차가 가버렸으니 이제 더 이상 이사는 불가능하다. 하지만 여전히 이삿짐차는 1층 주차장에 대기 중이고, 아파트 안에는 짐들이 모두 포장은 되어 있지만 하나도 못 내려오는 상태에서 멈춰 있는 것이다.

그곳에서 관리소장의 명령을 기다리는 관리실 경비원 두 명과 이삿짐업체 직원 두 명이 할 일 없이 기다리고 있다. 내려오는 이삿짐을 받아야 할 1층 주차장은 당연히 일의 진전 없이 꽤 큰 이삿짐차 주위로 관리실 직원들과 이삿짐차 직원, 그리고 채무자와 그의 노모와 구경꾼들 십여 명이 상황이 잘 풀려 이사가 재개되기를 기다리며 옹기종기 모여 있다.

한공주 : 임소장님, 아파트 관리소장이 할 얘기가 있대요.

임소장은 지금 현재 상황에서는 공용부분만 내도 합의할 생각이지만,

관리소장이나 그나 아직 공식적인 요구조건을 서로 내놓지 않고 있다. 그 중간에 채무자와 그의 노모가 인질로 잡혀 있는 것이다. 임소장과 아파트 관리소장이 서로 힘겨루기를 하고 있으니 두 인질은 죽을 맛이다.

오늘 싸움은 어차피 파워 게임이다. 어느 쪽이든 힘에 겨워하면 그가 모든 것을 뒤집어써야 한다. 이런 상황이 연출된 주된 배경은 관리사무소와 대화를 나눈 적이 없는 상태에서 서로 상대에게 협박공갈성 내용증명을 보낸 것에 있다. 낙찰자 쪽에서 먼저 시작했지만, 관리소장 역시 조금도 물러서지 않았다. 관리소장은 인질들을 잡고 있으므로 전유와 공용부분 모두에 대해서 받을 자신이 있었고, 낙찰자는 낙찰자대로 이 난관을 뚫고 나갈 자신이 있었다. 그렇게 자신감에 차 있었으니 둘에게 채무자는 안중에도 없었다.

임소장 : (관리소장에게) 할 얘기라는 게 뭡니까?

그는 관리소장이 이제 버티다 안 되어서 먼저 양보를 해주는 것이라고 생각했다. 그러나 채무자가 어떻게든 문제가 해결되기를 바라는 마음에서 또다시 낙찰자와 관리소장을 대면시킨 것이다.

관리소장 : 난 할 얘기 없습니다. 두 분이서 의견 나누어서 저한테 통보해 주세요.

그렇다면 관리소장이 할 얘기가 있다는 것은 채무자가 한 말이다. 바보같이 거기에 말려 들어왔다. 그는 채무자에게 이것을 따지지도 못하고,

만사 귀찮은 듯 그냥 이어서 말한다.

임소장 : 짐 내리세요.

한공주 : 이렇게 다 막고 있잖아요?

임소장 : 경찰서에 신고하고 안 하고는 당신 자유입니다. 당신은 짐을 내
　　　　 릴 권리가 있고, 아무도 막을 권리가 없습니다.

이 상황에서는 도저히 해결될 기미가 없다. 차라리 관리소장과 채무
자가 경찰서로 가서 조사를 받으면서 시간을 끌 때 책임자가 없어진 틈
을 이용하여 임소장은 직원들을 자신이 제압하면서 상황을 종료시킬 생
각을 한다. 직원들이 아무리 버티더라도 입주민이 될 사람에게 저항하기
는 어려울 것이다. 관리소장이 경찰서에서 조서를 작성하는 시간을 40분
정도만 끌면 될 것 같았다. 그리고 가버린 사다리차는 다른 업소에서 수
배를 하면 금방 가능하리라 생각했다. 지금 머릿속에는 이런 시나리오가
그려진다.

관리소장 : 전화할 테면 해보세요!

관리소장은 이제 해볼 테면 해보라고 자신감에 차 있다. 이쪽의 위협
이 허풍일 것이라고 생각한다. 여기서 밀리면 정말 끝장난다.

한공주 : 거기 경찰서죠? 여기 ○○아파트입니다. 좀 와주세요.

채무자가 정말로 경찰서에 전화를 걸었다. 이제 현장은 술렁술렁한다. 이미 신고는 해놓았고, 합의는 아직 안 되었다. 당황한 기색이 역력한 관리소장이 급히 어디론가 전화를 건다. 관리용역회사나 입주자대표 회장일 것 같다.

이때 타이밍을 놓치지 않고 임소장이 얘기를 꺼낸다. 이미 채무자가 관리소장을 상대로 경찰을 불렀으니 더 당황스러워할 것은 관리소장이다.

임소장 : 소장님, 얘기 좀 합시다.

그는 십여 명의 사람들 속에서 관리소장만 따로 불러내어 담판을 요구한다.

임소장 : 이만합시다. 내가 공용부분을 부담하겠소.

관리소장 : 진작 그렇게 나오셨어야지요. 한마디 상의도 없이 저한테 법적인 문서를 보내며 협박을 해오니 저도 지금 법적으로 처리하고 있는 겁니다.

임소장 : 아니, 내가 무슨 법적으로 처리했다는 거요?

관리소장 : 법적 양식을 갖추어 내게 보낸 것 아닙니까? 그래서 저도 법적으로 대응했고요. 그리고 지금 경찰관이 와봐야 민사적인 사안이라 끼어들지도 않을 겁니다. 어쨌든 내용증명 보내기 전에 저하고 미리 상의를 했어야지요.

임소장 : 내가 당신하고 미리 상의를 할 이유가 있소?

관리소장 : 그러면 알아서 하시든지…

괜한 트집이다. 낙찰자가 체납된 관리비 문제로 관리사무소에 내용증명을 보내어 징수협조를 요청한 것인데, 이 양반은 그 내용증명을 보냈다고 트집을 잡는다.

* PM 14:50 - 경찰차가 도착하고

임소장이 관리소장과 잠시 얘기하는 동안 경찰차가 도착한다. 경찰이 어떻게 된 상황인지 물어보고 있는데, 눈치 빠른 관리소장이 자근자근 설명해주고 있다. 모든 일을 관리소장이 마무리시키는 것처럼 혼자 잘난 체하며 부드럽게 설명한다. 아까와는 180도 다른 태도이다. 자신이 보호해야 할 입주민을 인질로 잡고 관리비를 징수하기 위한 협상을 하던 자가 갑자기 경찰관 앞에서는 친절한 척 설명을 하고 있다. 상대가 연체된 아파트 관리비를 안 내고 가려고 해서 물리력으로 막으려 한다는 것이다. 그러면서 아무 일 아니라고 혼자 상황을 수습하려는 것이다.

> 임소장 : (경찰관에게) 하나 물어봅시다. 지금 이 관리소장이 아파트 관리
> 비 안 냈다고 물리적인 행사를 하면서 짐도 못 내리게 하고 있
> 는데, 대한민국 땅에서 이래도 되는 겁니까?

경찰은 관리소장을 보며 말한다.
"그러시면 안 되지요."
관리소장이 경비직원과 이삿짐업체 등 십여 명의 사람들 앞에서 잘난 체하기에 그렇게 한 몫 거들어 기를 죽여 놓았다.
어쨌든 경찰관이 등장하면서 전체적인 분위기는 화해를 해나가는 쪽

으로 바뀌고 있다. 관리소장이나 낙찰자를 제외하면 경비실 직원이나 이 삿짐센터 사람들이 보기에는 경찰을 부를 사안도 아니었고, 이제 관리사무소나 낙찰자가 조금씩 양보를 해가면서 원만히 해결하길 바라는 분위기로 상황이 바뀌고 있다. 이윽고 경찰은 이제 돌아가도 되느냐고 물었고, 채무자가 수긍했다.

그렇게 경찰이 돌아가고 난 뒤 관리소장이 관리사무소로 들어가 얘기를 나누자고 하기에 채무자와 임소장, 관리소장은 관리사무소로 향한다. 그곳에서도 여러 얘기가 오간 끝에 결국 낙찰자가 공용부분만 부담하는 것으로 결론을 지었다.

그런데 이제 연체료가 문제다. 소장은 관례대로 연체료를 받아야겠다는 것이다. 여기서도 임소장과 관리소장은 서로 물러서지 않는다.

임소장 : 그만하시죠. 소장님! 그만하셔도 소장님 소관 업무는 잘한 것
　　　　 같으니 그만합시다.

임소장은 그동안 아파트 관리소장을 여럿 만나왔지만 이런 연체된 관리비 징수에 대하여 이렇게 끈질기게 매달리는 사람은 처음이다. 그런 업무 태도가 그에겐 피곤하지만, 입주민들로 봐서는 업무 태도를 칭찬해야 마땅하다고 생각한다.

관리소장 : 안 됩니다. 다른 것은 다 양보가 가능하나 이것만큼은 안되겠
　　　　　 습니다. 관례를 깨뜨릴 수는 없습니다. 연체료는 다른 사람들
　　　　　 도 다 납부했습니다.

대부분의 관리사무소에서 낙찰자를 괴롭히는 연체료에 대하여 그들이 사용하는 전술적인 방법은 구속성의 원리이다. 즉 모든 사람들이 따르고 있으니 당신도 따르라는 것이다. 모두 다 내는데 왜 당신만 유별나게 굴려고 하느냐가 그들의 논리주장이다.

임소장 : 다른 사람들이 다 냈다고 나도 내라? 하나 물어봅시다. 아파트 관리소장으로 부임하시기 전에 교육받으셨을 텐데 경매에 의한 이런 경우에 연체료는 안 내는 것 알고 있습니까, 모르고 계십니까?

관리소장 : 법을 잘 모르시는 것 같은데, 제가 말씀드리지요. 판례가 나오기 전에 관행상 그리고 자치규약상 적용되어 오던 관례가 판례보다 우선합니다. 따라서…

임소장 : 좋습니다. (상의를 벗는다) 그렇게 법으로 얘기하고 싶다면 법으로 얘기해봅시다.

관리소장 : 법에 대해서 잘 아십니까? 자신 있으세요?

관리소장은 약간 빈정대는 듯한 태도로 임소장을 대하고 있다.

임소장 : 잘 압니다. 법을 꿰뚫고 있지요. 그런 당신은 법을 잘 압니까?

관리소장 : 저는 모르지만 법을 잘 아는 사람을 알지요. 그분을 소개시켜 줄까요? 맞대면시켜 드릴까요? 그렇게 법을 좋아하시니…

현재의 관리소장들은 예전과 다르게 관리소장만의 회사 즉 별도의 법인이 있고, 그 법인에서 각 아파트로 관리소장을 파견한다. 따라서 예전엔 그 아파트만의 관리소장이었으므로 그 아파트에서 입주민과의 문제로 해고가 되면 실업자가 되지만, 요즘은 그렇지가 않다. 해당 아파트에서 문제가 있어 그를 해임시키면 그는 원래 소속된 법인으로 복귀하여 다른 아파트로 파견되어 가므로 예전처럼 실업자로 전락하는 경우는 드물다. 이 경우는 법인에서 지속적으로 관리소장들을 교육하고 있는 변호사를 언급하고 있는 상황이다.

> 임소장 : 소장님! 이런 태도가 지금 나한테 협박하는 거요? 당신 신분을
>   잊으신 것 같은데…

아무리 그래도 관리소장이 곧 입주민이 될 사람과 피곤하게 대립각을 세울 필요는 없다. 그들 가운데 앙심을 품은 자는 반드시 자신을 괴롭힌 관리소장에 대하여 은밀하게 작전을 펼쳐 몰아낼 수도 있기 때문이다.

> 관리소장 : 아니, 법을 잘 아신다고 하니…
> 임소장 : 잘 아느냐고 묻길래 잘 안다고 했소! 그리고 아파트 관리규약 이
>   전에 상위법들의 범위 이내에서 그 효력을 주장해야지 왜 이렇
>   게 생떼를 쓰는 겁니까?

관리소장이 그 사실을 모를 리 없다. 단지 모르는 척 한 번 우겨본 것이다.

관리소장 : 저도 권한이 없습니다. 그럼 하나 제의를 하지요. ㉒ 일단 연
체료를 내시고, 다음 달 결산 때 이 얘기를 제가 안건에 올려
연체료는 받을 수 없는 것이라고 얘기하여 대표회의에서 받아
돌려드리겠습니다.

빨간펜 study

㉒ 사실 관리소장은 명도에 대한 다른 대안을 발언한 것이다. 그냥 한 번 넘어
가도 될 판인데 신경이 곤두서서인지 그냥 못 넘어간다. 상대의 패가 뻔히
보이는 수이기 때문이다.

임소장 : 이보시요! 관리소장 당신, 나를 애 취급하는 거요?

한 번 낸 관리비를 다시 받아내려면 소송을 통해야 한다. 지금 한두
시간만 잘 버텨내면 될 것을 저들의 행동에 굴하게 되면 몇 달을 고생해
야 한다. 내 돈을 가지고 내가 왜 소송으로 받아야 한단 말인가? 돈이나
세상의 규칙이나 쥐고 있는 자가 세일이나. 그 쥐고 있는 것이 힘의 원천
이다.

관리소장 : …?
임소장 : 그런 말도 안 되는 말로 나를 감언이설 속이려 하고 있소? 그
부분이 내가 내야 하는 부분이라면 내가 입주자대표 회장과 직
접 만나서 얘기하고 주겠소.

내겠다는 의사는 아니다. 이런 말도 안 되는 상황에서 낙찰자를 괴롭히면 입주자대표 회장이 나타나 자신들에게 유리한 주장을 하겠지만, 그도 주민의 일원이다. 새로 이사 들어올 사람과 자신에게 실질적으로 이득이 되는 것도 아니면서 원수질 리 없다. 따라서 관리소장보다 나이가 더 지긋한 입주자대표 회장을 몰아붙이면 더 나은 결과를 얻을 수도 있겠다는 생각이었다.

관리소장 : 좋습니다. 그렇다면 그 부분은 입주자대표 회장님과 통화를
나누어 보겠습니다.

관리소장은 입주자대표 회장과 통화해 연체료는 법상 징구할 수 없다는 부분을 설명하고 있다. 관리소장은 그 사실을 애초부터 알고 있었다. 그러나 관리소장의 인사평점이나 장기 부임의 원인이 이런 연체관리비 징수에 대하여 충분한 노력을 한 자가 입주자대표 회장의 입장에서 보면 가장 좋은 사람이 아니겠는가.

관리소장 : 회장님이 오신답니다. 그 부분은 회장님과 얘기를 나누어 보
시죠.
임소장 : 기다리는 동안 연체료내역서나 줘보시오.

경리직원이 프린트해준 연체 관리비내역서를 살펴본다. 그런데 전유부분과 공용부분의 비율이 너무 차이가 난다. 대충 50 : 50이나 55 : 45이고, 많이 차이가 나봐야 60 : 40 정도로 알고 있는데 80 : 20이다. 즉 의도적으

로 공용부분이 많은 것으로 부풀려 놓은 것 같다. 그리고 연체된 2년치 가운데 편법 회계처리한 듯한 수상한 숫자가 눈에 보인다.

> 임소장 : 아니, 이게 왜 이 달부터 이 사람이 연체했던 재작년 9월까지 전
> 유부분이 갑자기 낮고, 공용부분이 높은 겁니까?

경리직원이 설명을 하는데 도저히 알아들을 수 없었다. 회계처리에 대한 운영지침이 바뀌고 전기세가 전유로 되던 것이 공용으로 전환되는 등 이런 얘기들인데, 당시에는 무슨 말인지 이해가 안 되었다. 임소장은 이때 한 가지를 후회했다. 자신이 사는 아파트 관리사무소에서 매달 발행해주는 관리비내역서를 평소 제대로 따져보고 분석하는 연습을 한 번이라도 했더라면… 그러나 이미 늦었다. 설마 이렇게 서류로 출력해서 주는데 거짓말이야 할까 싶었다.

> 임소장 : 좋습니다. 분명 잘못된 회계처리를 하고 있다면 내가 다시 반환
> 청구하겠습니다. 서류 하나하나(매달) 나 뽑아놔 주세요. 그런데
> 바빠 죽겠는데 입주자대표 회장은 왜 아직 안 옵니까?

관리소장이 다시 전화를 건다. 둘의 통화 내용을 보니 관리소장에게 위임하는 투다. 결국 연체료를 내지 않는 것으로 결론지었다. 사실 법 판례는 공용부분만 내면 된다고 하지만 실무상으로는 꼭 이 정도의 싸움은 불가피하다.

임소장 : 나도 나 혼자 모든 것을 결정할 수는 없소. 등기 명의자와 공동

   투자이니 그의 의견을 들어봐야 하오.

의뢰인을 핑계대고 일단 자리를 벗어난 후 최종결정을 내릴 생각이다.

관리소장 : 그런 식으로 나오시면 곤란합니다.

임소장 : 별일이야 있겠소.

* PM 16:00 - 관리비 독촉에 의뢰인이 갑자기 열이 받아서

그가 의뢰인을 만나기 위해 아파트를 빠져 나오는데, 채무자는 치매 노인이 길을 잃어 찾아 헤맸는지 노모와 함께 오면서 야단을 친다.

"그렇게 함부로 돌아다니다 길 잃어버리면 어떡하려고…"

상대가 노모를 찾아 모시고 오는 동안 사다리차가 다시 들어온다.

해가 뉘엿뉘엿한 시간이지만 임소장은 아직 점심도 먹지 못했기에 합의 내용을 전달하기 위해 의뢰인과 음식점에서 간단히 요기를 한다. 그 사이에 틈틈이 관리비내역서를 살펴보는데, 전유부분의 관리비를 공용부분에다 6개월치를 편법으로 적어놓은 게 금방 눈에 들어왔다. 경리직원이 얘기할 때는 못 알아들었으나 지금 편안한 상태에서 다시 보니 그렇게 편법으로 처리되어 있었다. 공교롭게도 편법 처리 시점이 지금의 관리소장이 부임하고 난 뒤부터이다.

채무자에게 들었던 관리소장에 대한 평판이 거짓이 아니었다. 관리소장 연합체 회사 중에서 가장 뛰어난 사람으로 차출되어 왔으니 그만큼 똑똑하다는 것이다. 그가 보기에도 정말 임자 제대로 만났다. 관리소장

이 몇 년을 거주한 주민을 인질로 삼아 협상을 해오고 있는 것만 봐도 알 만하다.

식사가 끝나갈 때 관리소장에게서 전화가 걸려온다. 앞서 임소장이 관리비내역서에 문제가 있다고 얘기했었는데, 다시 의논되어야 한다고 답하기 위한 전화였다. 마침 관리비를 납부하게 될 의뢰인이 옆에 있어 전화를 바꿔줬더니 거두절미하고 연체관리비를 지금 당장 입금하라는 것이다. 의뢰인이 지금 한꺼번에는 못 낸다고 했더니, 그렇게는 안 된다며 관리소장이 일방적으로 전화를 끊는다.

의뢰인 입장에서는 큰 금액이니 분납할 의사였는데, 관리소장은 오늘 한꺼번에 받지 못하면 징수가 어렵다고 판단한 것이다. 의뢰인이 단단히 화가 났다. 관리비내역서 오류에다 일방적으로 입금을 강요하지를 않나, 게다가 전화까지 일방적으로 끊어버린 것이다.

* PM 16:30 - 아파트 관리비 부과 내역서가 변칙 회계처리되었다

새로운 반전이 기다리고 있었으니, 그 상황을 알리는 전화가 걸려온다.

한공주 : 임소장님, 아파트 관리소장과 직원들이 다시 짐을 못 싣게 하고 있습니다.

임소장 : 실으세요. 당신에게는 그럴 권리가 있습니다.

한공주 : 빨리 와주세요.

임소장 : 아까는 잘 하더니 왜 또 이럽니까? 대한민국 경찰 부르기가 그렇게 겁납니까? 알아서 하세요.

말은 그렇게 하고, 다시 아파트로 향한다. 채무자 혼자 이 상황을 헤쳐나가기에는 무리이고, 또한 그녀는 일이 터지면 낙찰자한테 떠넘기면 된다는 것을 알고 있는 영악한 여우다. 무엇보다 관리소장이란 작자는 정말 찰거머리처럼 질기다.

식당에서 차로 이동하는데, 의뢰인이 관리소장의 말하는 태도 때문에 자신도 연체료를 못 내겠다고 얘기했다고 말한다. 하지만 그것은 자신의 편치 않는 마음의 표출일 뿐 어떻게든 일이 마무리되어야 하기에 이내 마음을 추스르고, 조금 전 언급한 내용 중 공용과 전유부분만 확인하고 입금해주라고 말한다. 굳이 회계처리의 잘잘못을 가리지는 않아도 된다는 것이다. 이미 모두가 지쳐가고 있기 때문이다.

일단 의뢰인의 의도는 고맙게 생각하나 임소장은 참고만 할 생각이다. 그리고 이번엔 의뢰인도 함께 현장에 참석하자고 제의했다. 관리소장이 협상을 아주 잘하니 돌아가는 상황을 옆에서 구경 한 번 해보라는 권유였다.

두 사람이 탄 차는 금방 아파트 관리사무소에 닿는다. 이제 의뢰인도 함께 관리사무소로 올라간다.

관리소장 : 어떻게 되시는 분입니까?
임소장 : 명의자입니다. 저와 반반씩 투자했지요.

밖에 나가려던 관리소장이 두 사람을 만나 함께 관리실로 올라와 앉는다. 임소장이 잘못 부과된 관리비내역서를 테이블 위에 올려놓는다.

임소장 : 소장님이 부임하신 지 얼마 되신다고 했지요?

관리소장 : 6개월입니다.

임소장 : 공교롭게도 소장님이 부임하신 그 달부터 관리비가 이상하게 되어 있더군요. 한 번 보시죠.

이해를 돕기 위해 아래의 대략적인 표를 보자.

	공용부분	연체료	합계		전유부분	연체료	합계
02월	8만	2만	10만	02월	7만	2만	9만
03월	9만	2만	11만	03월	8만	2만	10만
04월	8만	2만	10만	04월	8만	2만	10만
05월	16만	3만	19만	05월	1만	5000	15000
06월	17만	2만	19만	06월	2만	3000	23000
07월	17만	3만	20만	07월	2만	4000	24000
08월	18만	3만	21만	08월	2만	3000	23000
09월	17만	2만	19만	09월	2만	4000	24000

대충 위와 같은 방식으로 되어 있다. 2. 3. 4월은 공용과 전유부분이 1:1의 구도를 가지는데 5월부터는 대부분이 공용부분 비용이다. 그 이유가 전유부분의 전기와 수도료를 공용부분에 변칙 회계처리한 게 아니냐고 따져 물었다.

관리소장도 이 부분에 대해서는 수긍이 가는지 아니면 의도가 들켜서인지 경리직원에게 어떻게 된 거냐고 묻는다. 경리직원은 지금껏 그래왔는데 뭐가 문제냐며 총액만 맞으면 된다는 식으로 거듭 말한다.

상식적으로 보면 전유부분에 사용된 전기와 수도료의 경우 그 손실처리는 한전과 수도사업소 간의 문제로 나누어볼 수 있으나, 이렇게 변칙 회계처리하면 결국 전유부분에 손실로 떨어내야 할 부분을 공용부분으로 옮겨놔 부당이득을 챙기게 되는 꼴이다.

요약하면 관리비가 20만원 나왔는데 통상의 경우 공용 10만원, 전유 10만원 정도가 나오는데 이 자료에는 공용 17만원, 전유 3만원으로 표시를 했으므로 결국 공용부분만 받는다고 하면서 우회적으로 7만원을 회수하는 꼴이다. 낙찰자들이 공용부분은 납부한다는 것을 알고 편법적으로 악용한 것이다.

> 임소장 : 아니, 언제부터 이런 변칙 회계처리를 해온 겁니까? 감사나 제
> 대로 했는지 모르겠군요.
> 경리 : 관행상 이렇게 해옵니다.

아까부터 경리직원은 임소장의 이런 따지는 태도에 대단히 못마땅해하는 모습이었다. 지금의 이 사태가 그로부터 시작된 것이라 생각하고 있다. 잘잘못을 떠나 이 상황에서 누가 이기느냐만 중요할 따름이다.

> 임소장 : 이보세요. 이건 범법 행위입니다. 지금껏 아파트 관리비에 대한
> 사용내역 등에 대해 제대로 감사를 한 번도 안 해보았다는 것
> 아닙니까?
> 경리 : 제 말씀도 들어보세요! 총액은 다 맞지 않습니까?

경리직원의 이 말은 제대로 약점이 걸려든 것이다. 자금을 관리하는 직

원이 편법으로 회계장부를 관리했다면 그 책임자인 입주자대표 회장은 몸통이 되는 것이고, 제대로 한 번 파헤친다면 비리가 엄청나게 쏟아져 나올 일이다. 사건을 관리비 연체료 문제가 아니라 아파트 전체의 비리 혐의로 몰아가면 관리소장이나 입주자대표 회장이 아주 피곤한 상황에 처하게 된다.

> **관리소장** : (경리직원을 보며) 잠시 기다려 보세요. 그리고 더 이상 얘기하지 말고…
>
> **임소장** : 이 사람들 큰일날 사람들이네.
>
> **경리** : 무슨 말을 그렇게 심하게 하십니까?
>
> **임소장** : 아니, 당신이 지금 무슨 일을 저지르고 있는지 아세요? 지금 사태 파악도 안 됩니까?

관리소장이 중재에 나선다. 그리고 경리직원에게 그렇게 회계처리를 하면 안 된다는 것을 조곤조곤 설명하고 있다. 즉 아파트 회계처리가 잘못된 것을 관리소장은 시인하고 있나.

그런데 경리직원은 여전히 억울한 모양새다. 자신은 시키는 대로 하고 있고, 몇 년째 문제가 없다는 것이다. 이렇게 자신의 무고를 입증하기 위해 불리한 정보까지 발설하면 그의 상급자는 치명적인 상황에 놓여진다. 지금 임소장이 아파트 관리자금을 감찰하러 나온 조사관이 아니기에 망정이지 경리직원은 그가 시비를 걸면 뭐든 정보를 흘릴 정도로 이성을 잃고 있다.

경리 : 정말 너무하신 것 아닙니까?

임소장 : (화가 나지만 참는다. 이미 관리소장이 사태를 수습하고 있는 중이다)
　　　　참네!

관리소장 : 이 분 말씀이 맞으니 잘못 처리된 6개월치 원본을 다시 줘보
　　　　세요.

한참 후 다시 계산한 연체료내역서를 내놓는다. 약 30만원이 빠진다. 이것과 그 이전의 연체된 관리비를 합치니 대략 60만원 정도가 낮아진다.

임소장 : 하여튼 당신 같은 사람 처음 보겠소.

관리소장 : 무슨 말입니까?

임소장 : 아니, 이렇게 악착같이 받아내는 사람이 어디 있소? 아파트 관
　　　　리회에서 상장 하나는 줘야겠소(상대를 띄워주려는 의도이다).

관리소장 : 이해해 주십시오. 저도 월급쟁이입니다.

임소장 : 난 몰라요. 사실 관리실에서 배당신청 행위를 안 했기에 한 푼
　　　　도 안 내려고 했는데, 소장님한테 걸려서 손해가 이만저만이 아
　　　　니오.

관리소장 : 이제껏 있었던 얘기는 여기서 끝을 내지요. 더 이상 확대되는
　　　　일이 없기를 바랍니다.

임소장은 자리에서 일어선다. 이제 의뢰인이 계산을 하고, 마무리하면 된다.

임소장 : 난 나가봐야겠소. 이삿짐 싸는 것이나 도와줘야겠소.

그동안 수고했다고 임소장은 관리소장에게 악수를 청한다. 서로 언성을 높였지만, 각자의 역할과 임무가 있기 때문에 서로 이해를 해주어야 한다. 관리소장이 뒤따라 나오며 거듭 사과를 표한다. 임소장은 그런 가식적인 매너를 보여줄 필요는 없다고 생각하며 뒤돌아보지 않는다.

* PM 16:50 - 모두 지쳐가고

임소장은 아파트 관리사무소를 나와 이삿짐 현장을 간다. 사다리차가 짐을 내리고 있다. 엘레베이터를 타고 13층에 닿는다. 문을 여는 순간 눈앞의 모습이 가관이다. 아파트 경비원 두 명과 아파트 관리실 소속 덩치 좋은 한 명이 거실 안을 점령군처럼 차지하고 앉아 이사를 방해하고 있다. 관리소장이 짐을 못 내리게 명령하니 그 역할을 하고 있는 것이다. 갑자기 화가 치밀어 오른다.

임소장 : 딩신들 뭐야! 삘리 안 나가!

자신들은 관리소장의 명령을 받는다는 것이다. 허튼소리 하지 말고 나가라고 소리쳤더니 이삿짐업체 직원만 남고 관리실 직원들은 모두 다 내려간다.

이삿짐업체 직원들이 이제 일이 다 해결되었냐고 지쳐 말한다.

"제발 이제는 이사해도 됩니까? 이사하다 이런 꼴은 처음 봅니다. 이게 뭡니까? 아침 9시에 와서 오후 5시가 다 될 때까지 아직 짐도 못 내리고 있으니… 그리고 언제 이걸 다 실어서 인천으로 가냐구요."

임소장 : 이사하다보면 별별 상황 다 만날 것 아닙니까? 그렇게 생각하십시오.

모두 고개를 절레절레 흔든다. 그가 일을 도와주려고 했더니 차라리 비켜주는 게 돕는 거란다. 그렇게 이삿짐 싸는 것을 보다가 아래층으로 내려오니 채무자가 보인다. 아까부터 이사비가 70만원에서 시간이 늘어나고 짐이 많아지면서 105만원으로 늘어났다며, 줄곧 이사비를 더 챙겨달라고 따라다녔지만 그는 무시했다.

임소장 : 나하고 상관없는 말 더 이상 하지 마시오. 내가 오늘 당신 때문에 10년은 더 늙겠소.

결국 채무자가 의지할 곳은 의뢰인이다. 그동안 의뢰인은 가급적 그녀의 모든 부탁을 들어주었다. 이런 일을 어느 정도 예상하고 있었기에 의뢰인에게 현장에는 나타나지 말고 인근에 있으라고 얘기해 놓은 상태였다. 의뢰인이 나타나면 이 여자가 징징거리며 추가적인 지원을 요구할 것이고, 의뢰인은 또 흔들릴 것이 뻔했다.

* PM 17:10 - 그래도 세상 모든 일이 끝은 난다

이삿짐이 다 내려왔다. 이제 상대에게 약속한 이사비를 주어야 한다. 분명 상대는 더 달라고 할 게 뻔했다.

한공주 : 어떡하지요? 인천에 있는 집주인이 아직 도착 안 한다고 계약
파기한다고 하는데…

임소장 : 알아서 하세요. 이젠 더 이상 내게 말도 걸지 마세요. 오늘 녹초
가 됩니다.

한공주 : 좀 도와주시면 안 될까요? 지금 들어가야 할 인천 집에 부동산
복비 줄 것도 모자라는데… 제가 월급타서 꼭 조금씩 갚을 게요.

임소장 : 그런 소리 백날 해봐야 소용없어요. 제가 들고 있는 이 돈이 전
부입니다.

한공주 : 정말 안 되겠습니까?

임소장 : 이 돈 받을 겁니까, 안 받을 겁니까?

상대는 더 달라고 하고 싶었지만 차마 더 이상 말을 떼지 못하고 있다.
그리고 이제 포기하는 표정이다.

임소장 : 잘 사세요. 아마 오늘 같은 날이 평생 다시 일어나기야 하겠소?
하지만 딩신이 넘들에게 피해를 입혀가면서 편안하게 산 내가치
고는 약하다고 생각하는 게 좋을 겁니다. 피곤할 테니 이만 가
보시오. 인천 도착하면 한밤중이겠군요.

한공주 : (눈물을 흘리며) 고맙습니다. 그리고 미안했구요. 장사장님에게
는 꼭 안부 부탁드립니다. 아까 전화를 걸었는데도 안 받으시더
군요.

임소장 : 일이 있어 먼저 가셨소. 하고 싶은 말 있으면 내일 전화로 하시오.

그녀는 인천으로 가는 이삿짐 차에 올라타고 있다. 그 많은 짐을 싣고 어두운 가을밤을 달려 인천으로 가버렸다. 그렇게 임소장은 떠나는 그녀를 보고 있고, 다른 한 남자는 먼발치의 차 안에서 똑같이 그녀를 보고 있었다.

성내동 빌라 명도
– 불법건축물이라 신고하겠다고요?

이 건은 서울 강동구 성내동에 있는 빌라의 명도 사례이다. 단타용도로 받았으며 낙찰 받은 후 바로 매각을 할 물건이었다. 물건이 좋아 신건에 단독 응찰하였다. 권리분석 상으로는 말소기준권리보다 앞선 선순위의 사람이 점유하고 있었으나 채무자였다.

#1

경매로 낙찰을 받았으나 채무자 측에서 항고가 들어와 잔금납부가 연기되었다. 항고 사유는 감정평가금액이 너무 적다는 것이다. 사실 이 물건은 대장상으로 50m²(15평)이지만 실제로는 115m²(35평)였다. 따라서 이 낙찰은 적법하지 않다는 것이다.

다시 등기부를 살펴보니 과거에도 이 집은 경매로 나왔다 취하되기를 여러 번 반복된 집이었다. 소위 말하는 선수의 집이다. ❶ 최근의 항고는 공탁금 10%를 넣는 것이 아니라 일단 항고를 제기해 놓고 공탁절차를 지연한다. 약 20일에서 한 달 정도는 채무자 측에서 공탁금 없이 시간을 끄는 것이다.

빨간펜 study

❶ 이론상으로 본다면 채무자 측은 돈이 준비되어 있다는 것이다. 즉 경매절차를 중지하고자 항고를 제기했기 때문이다. 하지만 그럴까? 채무자의 항고는 거의 99% 기각이 된다는 사실을 모르고 있을까? 그렇다면 항고 공탁금인 낙찰대금의 10%가 몰수된다는 사실을 정녕 모르고 있을까? 아니다. 채무자는 자신의 항고가 받아들여지지 않는다는 것을 이미 알고 있었다.

그렇게 형식적인 한 달이 지나자 법원으로부터 잔금납부통지서가 날아왔다. 사실 잔금을 납부하면서도 상대에게 과연 인도명령이 순조롭게 나올지 근심스러웠다. 무슨 얘기인가 하면 말소기준권리보다 선순위로 상대가 전입이 되어 있다. 그러나 그가 채무자인 이상 인도명령이 날 것이라 생각했지만 채무자의 사위인지라 혹시 채무자인 소유자와는 제3자 관계에 있지는 않는지 염려스러웠다.

❷ 따라서 인도명령은 소유자와 사위를 각각 상대방으로 하여 2개를 신청했고, 별 무리 없이 인용이 났다. 경매취하를 밥 먹듯이 하는 상대인지라 약간의 긴장을 하고 준비를 해나간다.

빨간펜 study

❷ 인도명령을 신청할 때 피 신청인을 아래처럼 작성할 수 있다.

피 신청인 : 송사리

　　　　　황인식

서울특별시 강동구 성내동 ○○○번지 ○○○호

위처럼 작성을 하면 송사리와 황인식이 동시에 받아야 하는가의 문제도 있을 것 같아 피 신청인을 각각 신청하였다.

상대가 경매취하에 대한 화려한 전적이 있으므로 초반부터 철저하게 준비해 상대를 접하려고 법원으로 가서 서류를 열람 복사했다. 그러나 연락처나 상대에 대한 특이한 기록들은 나타나 있지 않았다. ❸ 따라서 대면협상으로 파악해 나가야 했다.

빨간펜 study

❸ 정보의 취득에는 많은 애로사항이 있다. 자료상 등장하는 정보가 정확한지 아닌지도 모르겠고, 모든 것이 부정확하다. 따라서 상대를 만나면서 구체화되어긴다.

오후 시간대다. 과연 집에 사람이 있을까? 지난번 임장 때는 낮 시간에 젊은 여자가 있었는데… 이런저런 생각으로 복잡한 마음을 잠시 미뤄두고, 무슨 말을 어떻게 해야 할지 생각하며 계단을 오르고 있는데 입찰 전 대화를 나누었던 젊은 여자가 내려온다. 당시 대화가 제법 길었으므로 기억할 줄 알았는데, 전혀 모르는 척 내려간다.

안정국 : 여보세요? 할 말이 있는데…

한 여자 : 올라 가보세요. 다른 사람이 있으니…

여자는 빠르게 계단을 내려간다. 입찰 전에는 채무를 변제할 테니 헛걸음치지 말라고 하던 여자였다. 초인종을 눌렀지만 인기척이 없다. 아까 여자가 내려가면서 분명 사람이 있다고 했는데… 잠시 후 다시 초인종을 눌러도 인기척이 없어, 문을 두드렸다.

송사리 : 누구세요?

목소리가 젊다. 채무자인지 사위인지 알 수가 없었다.

안정국 : 낙찰자입니다. 어떻게 되시죠? 황인식씨 맞으신가요?

송사리 : 아닙니다. 저희 장인이세요.

안정국 : 문 좀 열어보시죠? 드릴 말씀이 있으니…

송사리 : 미안합니다. 제가 필리핀에서 입국한 지 얼마 안 되어 집에서 업무를 보고 있으니 연락처를 주시면 전화를 드리죠. 그리고 지금 집에 식구들이 있어서 얘기하기 곤란합니다.

안정국 : 그럼 밑에서 기다릴 테니 나오시죠?

송사리 : 제가 전화를 드릴 테니 나중에 봅시다.

안정국 : 저는 뵈면서 드릴 말씀이 있습니다.

사실은 내부를 한 번도 보지 못했고, 등기상 50m²(15평)가 실제 115m²

(35평)라면 어떤 구조인지도 궁금했다. 그러나 그는 결국 문을 열지 않았다. 집은 낙찰을 받았는데 아직 내부는 구경도 못했다.

밑에서 기다리고 있으니 내려오지는 않고 전화만 걸려왔다.

송사리 : 무슨 일로 오셨나요?

아니, 낙찰자에게 이게 무슨 질문인가? 낙찰자가 집을 보러 오지 무슨…

안정국 : 앞으로 어떤 계획을 가지고 있는지 확인하러 왔습니다.

송사리 : 필리핀에서 온 지 1주일밖에 되지 않아 아직 정신이 없습니다.

안정국 : 현재 소유권이 바뀐 것은 알고 계시죠?

송사리 : 확인했습니다. 그런데 소유자 외 1인으로 등재되어 있던데…

안정국 : 처제입니다. 처제와 함께 공동투자로 받은 것입니다.

송사리 : 아시다시피 제가 사업을 하다 경기가 안 좋아져 아버님 집을 담보로 돈을 쓰다 이 지경이 됐습니다. ❹ 그래서 하는 말인데 혹시 들어오실 계획이 아니면 저한테 임대 뇌주시면 안 될까요? 현재 이 집 재계약 못하면 장모님, 장인어른 몸져누우실 겁니다.

지금 이 발언은 협박인가, 부탁인가 구분을 못하겠다. 채무자들은 되산다거나 다시 임차한다는 말을 자주한다. 그러나 경험상으로 볼 때 그렇게 될 확률은 거의 없다.

❹ 경매, 특히 명도에 있어서는 상대가 내뱉는 말 한 마디 한 마디에 신중을 기해서 들어야 한다. 벌써부터 위의 문장과 같은 말이 나오면 시간을 끌겠다는 것이다. 사건을 은폐하려고 하거나 가족들한테 숨기려 든다. 특히 다시 사겠다는 제안이 나오면 상당한 명도기간을 예측해야 할 수도 있다. 즉 아직까지 집이 왜 경매로 넘어갔는지 현실 파악이 안 된 경우가 발생하기 때문이다.

안정국 : 안되겠습니다. 저는 들어와야 합니다. 그리고 이런 얘기는 만나서 하는 게 좋지 않을까요?

송사리 : 죄송합니다. 오늘은 일도 그렇고, 아이들도 있으니 내일 약속잡고 만나시죠.

하는 수 없었다.

안정국 : 그럼 내일 오후 2시경 다시 오겠습니다.

송사리 : 집에서는 아이들이 있어 그렇고, 근처에서 뵙는 것으로 하죠.

안정국 : 저는 내부를 꼭 봐야겠습니다.

송사리 : 아이들이 4시쯤이면 어디를 가니 대화 후 그때 보여주도록 해보겠습니다.

안정국 : 그럼 4시 이후에 자택에서 뵙죠.

송사리 : 그러지 말고 근처에서 보는 것으로 합시다.

안정국 : 알겠습니다. 그럼 오후 2시에 보는 것으로 하죠.

그렇게 약속을 잡고 통화를 끊었다. ❺ 상대는 결정권한이 있는 것일까? 장인 장모와 함께 있는데 결정권한이 있을까?

빨간펜 study

❺ 맞다. 상대에게 결정권한이 있는지 좀 더 확인했어야 했다. 통상적이라면 사위와 장인이 함께 거주한다면 사위에게 결정권한을 주지는 않는다. 특히 집이 매매되거나 하는 과정인데… 좀 더 시간을 가지고 집요하게 파고들었어야 하는데, 한 번의 의심만으로 끝이 났다. 훗날 두고두고 후회하게 된다.

다음날 오후 2시. 상대와 만나기로 한 시간이다. 혹시라도 변동사항이 있으면 어제 오후라도 연락을 달라고 했건만, 상대는 방금 전화를 걸어오면서 내일 만나자고 한다.

> 안정국 : 내일로 미루어진 이유를 물어도 됩니까?
>
> 송사리 : ❻ 부산에 계신 누님이 돈을 해주기로 하여 내려갔다 와야 합니다. 지금은 그게 가장 시급한 것이니 말입니다. 우리가 만나서 얘기하는 것은 그 다음일 것이라 생각이 듭니다.

돈을 구하겠다는데, 달리 할 말이 없다.

빨간펜 study

❻ 누누이 말하지 않았던가? 경매로 넘어간 물건을 다시 사겠다는 사람의 말을 믿어서는 안 된다는 것을… 그래도 사람의 마음에 다시 살지도 모른다는 알

팍한 마음이 드는 것은 어쩔 수가 없다.

~~~~~~

송사리 : 그리고 지난번 통화처럼 안 되겠습니까?

안정국 : 무슨 말이지요?

송사리 : 주변에 전세물건도 없고, 애들 학교 문제로 이사를 하는 것이
　　　　만만치 않아서 그러니 저희에게 전세를 다시 주면 안 될까요?

안정국 : 안됩니다. 못 들은 것으로 하겠습니다. 내일은 몇 시에 만날까요?

송사리 : 다다음 날 올라올 수 있으니 그때 뵙죠. 시간은 정확하게는 말
　　　　씀드리기 어렵고, 상황을 봐가면서 올라와야 하니 제 쪽에서 전
　　　　화를 드리지요.

안정국 : 좋습니다. 그렇게 합시다.

그렇게 다시 하루가 지났고, 내일이면 약속한 기일인데 오늘쯤 약속에
대한 시간을 줘야 하는데 아무런 연락이 없다. 핸드폰 문자를 넣었다.

〈언제쯤 댁으로 찾아뵈면 될까요?〉

한 시간이 지나도 아무 연락이 없다. 신경질이 나기 시작한다. 전화를
걸었다.

그런데 전화기가 꺼져 있다. 뭐지, 이 황당한 시추에이션은?

2

우선은 인도명령이 상대에게 송달이 되어야 압박을 할 수 있는데, 대법
원에 들어가 송달이 되었는지 확인해 보았지만 예상대로 상대는 송달을

전혀 받지 않고 있다. 의도적으로 안 받고 있는 것으로 판단이 된다.

법무사가 인도명령을 신청한 것이어서 혹시나 송달료가 부족해서 그런 건 아닐까 하는 마음에 경매계로 전화를 해보았다. 경매계장의 대답은 송달을 보냈고, 등기집배원이 2번 나갔고, 오늘도 나갈 예정이라며 기다려보라고 한다.

순간 상대가 송달은 받지 않는다고 해도 우리가 만나는 시간 때에 집배원이 오면 받기 싫어도 받을 수밖에 없지 않을까 하는 생각에 집배원 전화번호를 알아낸 후 연락을 해보았다.

안정국 : 수고하십니다. 다름이 아니라 등기를 받을 게 있는데 몇 시쯤 오시나요?

집배원 : 주소하고 성함 말씀해주세요.

안정국 : 강동구 성내동 ○○○번지 ○○○호 황인식입니다.

집배원 : 본인 되시나요?

안정국 : 본인은 아니고 법원에서 등기 올 게 있는데 저쪽에서 받지 않아 몇 시에 약속할 예정인데, 혹시 그 시간에 맞추어 오시면 안 될까 하고요.

집배원 : 법원에서 보낸 건 당사자 이외에 아무도 알려드릴 수 없습니다. 그리고 그곳은 오전 10시에 이미 갔다 왔고, 벌써 3번째 나갔는데 아무도 계시지 않네요.

안정국 : 그런가요? 계속 송달을 받지를 않아 조치를 취하지 못하고 있는데, 다른 방법은 없을까요?

집배원 : 딱히 방법은 없습니다.

안정국 : 그럼 한 가지만 물어보겠습니다. 처음 방문했을 때 사람이 없을 경우 법원으로 하여금 반송하여 폐문부재라고 알려야 하는 것 아닌가요?

집배원 : 그건 아니고요, 총 3번 방문하여 3번 다 없을 경우 그때 법원으로 반송하여 폐문부재라 받지 못했다고 알려드립니다.

안정국 : 그렇군요. 아무튼 날도 추운데 고생하세요.

상대가 연락이 없고, 전화를 받지 않으니 기다리는 것 외에 다른 방도가 없을까를 생각하고 있을 때, 상대에게 전화가 걸려온다. 오후 1시쯤이었다.

송사리 : 죄송합니다. 배터리가 나가는 바람에 제 전화로 연락을 드릴 수가 없었습니다. 그래서 문자는 남겨드렸는데, 받으셨죠?

안정국 : 문자 받은 적 없습니다.

송사리 : 분명히 보냈는데…

안정국 : 자택으로 언제쯤 가면 될까요?

송사리 : 아직 고향이라 오늘 만나뵙기가 힘들 것 같습니다.

안정국 : 어제는 분명 올라올 수 있다고 하지 않았습니까?

송사리 : 고향 부모님과 형제 친척들한테 제 사정에 대해서 얘기하다보니 생각보다 시간이 많이 지체되고 있습니다. 다른 게 아니고 돈 구해서 이사 나가려고 하는 것이니 이해 부탁드립니다.

안정국 : 그럼 언제 올라오나요?

송사리 : 아마도 주말까지는 있어야 할 것 같군요. 다음 주 월요일쯤 되

어야 시간이 날 것 같습니다.

안정국 : 다음 주는 제가 너무 바쁠 것 같아 안 될 것 같고, 이번 주 금요
일에 보는 걸로 하죠.

송사리 : 죄송합니다. 이해 좀 부탁드립니다. 지금 어떻게 해서든 돈을 구
하려고 여기저기 뛰고 있는 것이고, 제가 돈을 구해야 이사를
나갈 것 아닙니까? 제 입장에서 생각 좀 해주시기 바랍니다.

돈을 구한다는데, 어쩌겠는가? 딱히 할 말이 없다.

안정국 : 알겠습니다. 그럼 월요일에 만나는 걸로 하죠. 대신 저번에 통
화로 잠깐 얘기했듯이 이미 절차는 계속 진행되고 있습니다. 즉
시간은 한계가 있으니 이 점 아시고, 다음 주 월요일에는 약속
어기지 마세요.

송사리 : 예, 알고 있습니다. 그쪽 계통에서 일을 하고 있어 절차에 대해
잘 알고 있습니다. 회피하는 게 아니고, 일 처리 때문에 그런 것
이니 이해바랍니다.

안정국 : 절차에 대해서 잘 안다니 길게 말하진 않겠습니다. 약속 지키는
걸로 알고, 다음 주 월요일 2시에 보는 걸로 알겠습니다.

송사리 : 예. 이해해주셔서 감사합니다.

전화를 끊고 곰곰이 생각해보았다. 처음에는 절차에 대해 물었을 때
모른다 했고, 두 번째 통화에서는 법 계통에 일을 하고 있어 잘 안다고
한다. 어느 게 진실일까? 자신이 잘 아는 것일까, 아니면 뒤에서 봐주는

자가 있는 것일까?

참고로 입찰 전 물건분석 시 등기부등본에 의하면 서너 번 경매가 진행되었고, 경매가 낙찰되면 상대는 꼭 항고를 신청해 경매를 취하시켰다. 그런 물건을 낙찰 받은 상태고, 역시나 항고가 들어와 잔금까지 가지 못할 것이라고 생각했다.

하지만 상대의 항고가 기각되고 허가확정이 떨어져 바로 잔금을 납부한 상태이다. 이런 작업들을 밥 먹듯이 한 자이므로 자신이 잘 모르면 분명 뒤에서 조종하는 자가 있을 것이라 생각이 들어 상대를 만나기 전 신경이 곤두 서 있다.

상대와 월요일에 다시 만날 약속을 했지만 상대가 약속을 지킬지는 모른다. 하지만 이번에도 약속을 어긴다면 더 이상 신뢰를 가질 필요 없이 협상에 임할 것이다. ❼ <u>즉 내 이익만을 추구하는 협상을 하게 될 것이다.</u>

빨간펜 study ✏️

❼ 관계정립을 해보면. 이쪽 계통에 대해 잘 안다고 하는 상대는 내 쪽의 약속 제안을 번번이 묵살하고 있다. 서로 윈-윈 할 수 있는 관계로 보이나요? 아마 그것과는 정반대로 해석해야 할 듯하다. 즉 상대가 투쟁적 전략을 구사하고 있는데 나는 투쟁적 전략을 구사하지 않고 있다면 언제나 내 쪽이 불리하다. 따라서 전략 구상을 적대적인 투쟁구조로 바꿔 합의과정은 최대한 상대에게 양보를 얻어냄으로써 상대의 저항하는 가격에 영향을 줘야 한다. 그것은 힘이든 협박이든 가리지 않는다.

#3

인도명령이 송달되지 않고 있다. 3일에 인도명령 신청을 했는데 상대가 받지를 않아 15일에 폐문부재로 뜨고, 다시 특별송달을 하고, 공시송달이 남아 있다. 송달만으로 한 달 이상을 잡아먹는다. 사실 상대는 과거에도 이렇게 시간을 끌면서 주변 상황을 자기에게 유리하게끔 몰아간 전력이 있다.

그런 상대로부터 연락이 왔다.

송사리 : 미안하지만 못 올라갈 것 같습니다. 언제 올라갈지 모르겠어요.

안정국 : 지금 와서 그건 무슨 소리죠?

전하는 말은 이랬다. 장모와 장인, 그리고 그쪽 식구들이 이제야 살고 있는 집이 경매로 넘어간 것을 알고 난리가 났다는 것이다. 다 해결한 줄 알았는데 경매로 남에게 넘어갔다니 사위 말만 믿고 낭패가 되었다는 것이며, 심지어 처남이 찾아와 집안에 난동을 부렸다는데, 자신의 아내는 그런 처남한테 심한 구타를 당한 상황이란다. ❽ <u>과연 그 말을 어디까지 믿어야 하나?</u>

빨간펜 study ✏️

❽ 점점 더 믿지 못하고 있다. 점유자는 계속 거짓말을 하고, 낙찰자는 거짓인지 참인지를 찾기 위해 고심하고 있다. 어디까지 거짓말이 계속되는지 인내하며 더 읽어보자.

안정국 : 그래서 원하는 바가 뭡니까? 안 올라오는 것으로 이해하면 됩니까?

송사리 : 그런 것은 아닙니다. 약속시간을 사나흘만 연장해 달라는 것입니다.

뭔가 믿지 말아야 한다는 느낌이 오고 있다. 이 분야를 잘 아는 사람, 약속을 번복하는 사람, 낙찰자가 집을 한 번 보자고 하는데도 보여주지 않는 사람… 뭔가 구린 구석이 있고, 식구들에게 법원에서 오는 서류는 받지 말라고 주문을 하고, 그 식구들은 그대로 실행을 하고 있는 것으로 보인다. 안정국은 생각 끝에 이 사람과 협상을 이어가는 것은 의미가 없다고 판단한다. 협상 대상자를 바꿀 필요성을 느낀다. 그런데 나오는 말과 머릿속은 이미 정반대로 가고 있다.

안정국 : 네, 그러시죠.

송사리 : 이해해 주시니 감사합니다.

상대는 이런 내 의중을 알아챈 것일까? 이제는 아예 기다려 달라는 전화도 없다. 낙찰 받은 집으로 직접 찾아가기로 했다. 식구들에게 직접 얘기를 전하려고 한다. 이 정도면 낙찰자로서의 도리는 다한 듯 싶어 양심의 가책은 덜 느꼈다. 그렇게 생각하고 현장으로 향하는데 마침 전화가 걸려온다.

송사리 : 죄송합니다. 제가 깜빡하고 전화를 못 드렸네요.

안정국 : 중요하지 않습니다. 그게 뭐 그리 중요합니까?

무시하듯, 그리고 비꼬듯이 답변했다.

안정국 : 당신과는 더 이상 얘기가 어려워 지금 집으로 가고 있는 중입
　　　 니다.
송사리 : 미안합니다. 마침 제가 어제 올라와 지금은 집에 있으니 근처에
　　　 서 오후에 봅시다.

지금 이 상황은 뭐란 말인가? 지방 내려갔다는 말은 거짓말인가? 이렇
게 어느 한 쪽이 거짓말을 하는 것 같으면 그 의심은 꼬리에 꼬리를 문다.

#4

그렇게 약속이 되어 근처 커피숍에서 만나기로 했지만, 마땅한 곳이 없
다. 어쩔 수 없이 간이 레스토랑에서 만나기로 했고, 그렇게 상대와 제대
로 된 첫 대면을 했다.

송사리 : 안녕하세요?
안정국 : 예, …음료 뭐 드시겠습니까?
송사리 : 커피로 하지요.

커피 2잔을 주문하고 상대와 본격적인 대화를 시작한다. 그런데 원두

커피기계 작동소음 때문에 시끄러워 상대가 무슨 말을 하는지 알아들을 수 없다. 커피가 나올 때까지 말을 잠시 중단하고 침묵하면서 창 밖만 보고 있다. 그렇게 얼마의 시간이 지나 주문한 커피가 나왔고, 중단되었던 대화는 다시 이어졌다.

안정국 : 고향 내려가서 일은 잘 보고 오셨나요?(보증금은 마련해 왔냐고 돌려서 묻고 있다)

송사리 : 뭐 동네 창피하죠. 그래도 어쩌겠습니까? 제가 저지른 일인데 수습은 해야죠. 형님들과 매형이 도와주신다고 했습니다. 거기 가서 평생 들을 욕이란 욕은 다 먹고 온 것 같습니다.

안정국 : 다행이네요. 그럼 앞으로 어떻게 하실 건가요?

송사리 : 장인 장모님은 이곳에 계속 거주했으면 합니다. 저 또한 그렇구요. 재계약을 하고 싶지만 안 된다고 하니 다른 곳을 찾아보고 있지만, 전세 금액도 만만치 않고 물량도 없다고 합니다.

안정국 : 저번에 전화로 말했듯이 재계약은 안 됩니다. 다른 곳을 알아보셔야 될 겁니다.

송사리 : 예. 그래야죠. 알아보고 있는데 쉽지 않네요. 애들 학교 문제도 있고, 식구가 있어 적은 집으로는 갈 수도 없고, 그래서 이쪽에서 찾고는 있지만 정 없을 경우 길 건너편도 생각을 하고는 있습니다.

여기서 상대가 말하는 길 건너란 암사동 쪽을 말한다.

안정국 : 굳이 이쪽을 고집할 필요는 없지 않습니까?

송사리 : 안 그래도 이 지역을 벗어나 하남으로 넘어갈까도 생각하고 있습니다. 장인 장모님이 오랫동안 거주한 곳이다 보니 이런 일을 당하고 동네분들과 얼굴을 맞대고 다니기가 남사스럽다 하고 있고, 저 또한 그렇습니다. 지금 여기도 동네분이 장사하는 곳이라 이런 대화하는 게 사실 좀 그렇습니다.

안정국 : 자리를 다른 곳으로 잡을 걸 잘못했군요.

송사리 : 아닙니다. 뭐 지금 그게 중요한가요.

안정국 : 그럼 제가 어떻게 해드리면 되겠습니까? 부탁하고 싶은 게 있으시면 말씀해보세요.

송사리 : 우선 시간을 조금 넉넉히 주셨으면 합니다. 아까 말했듯이 애들 학교 진학문제 때문에 2월 초까지 이 지역에 있어야 이 근방으로 학교를 배정받을 수 있고, 장인어른이 종손이라 조상들 제사를 모시고 있어 친척분들이 오는 관계로 구정(설) 지나고 움직였으면 합니다.

그렇게 시간을 끌더니 또 다시 시간을 달라고 한다. 상대의 의도를 잘 파악해야 한다.

안정국 : 그리고요? 또 없습니까?

이 질문에서 자유로울 사람은 별로 없다. 지금 아니면 자신의 요구사항을 전할 수 없을지도 모르기 때문이다. 그러나 낙찰자 입장에서는 상대의 요구를 파악할 수 있는 아주 효율적인 질문이다.

송사리 : …전세보증금 일부를 지원해주셨으면 합니다.

점유자는 보증금을 얘기하고, 낙찰자는 강제집행비용 즈음에서 얘기들이 되곤 한다. 각자 주장하는 기준이 다르니 자연히 금액 차원이 다르다.

안정국 : 그러고요?

상대의 모든 요구를 들어보는 것이다. 상대는 이쪽에서 다 들어줄 줄 알고 말을 할 수 있다. 그러나 들어주고 말고는 나중에 판단할 문제다.

송사리 : 그것 말고는 없는 것 같습니다.

안정국 : 그럼 정리해보겠습니다. 첫째, 설 이후에 나가고 싶다. 둘째, 이사비를 지원해 달라. 이렇게 정리하면 될까요?

송사리 : 예…

안정국 : 음… 그럼 저도 조건을 걸겠습니다. 원래는 1월 20일쯤 이사를 들어왔어야 하는데 항고가 들어오는 바람에 현재 너무 많이 지체가 되었습니다. 그래서 그 기간까지는 기다려줄 수 없습니다. 다만 이번 주 내로 이사 갈 곳을 계약할 경우에는 기간을 최대한 맞춰주는 쪽으로 해주겠습니다. 그렇다고 무한정으로 기간을 줄 수는 없으니 그 기간까지는 생각을 해보겠습니다. 그리고 절차에 대해서 잘 안다고 했으니 말을 안 해도 아실 거라 생각

이 됩니다. 혹시 절차에 대해서 모르시면 일부 설명을 해드리겠습니다.

상대를 바라보았다.

송사리 : 잘 알고 있습니다.

알 거라 생각이 된다. 몇 번의 경매진행 항고와 경매 취하가 있었으니 모를 리가 없다. 그래서인지 현재 송달도 제대로 받고 있지 않아 속만 타들어가고 있다.

안정국 : 버틴다고 버티는 게 아니니 이번 주 내로 계약을 하십시오. 그러면 그 기간 동안 배려를 해주겠습니다.

송사리 : 무슨 말씀인지 알겠습니다. 우선 다음 주쯤 형님과 매형이 자금을 해준다고 했는데, 가서 다시 물어봐야겠습니다. 최대한 빨리 해달라고…

안정국 : 그나저나 오늘은 집 내부를 볼 수 있을까요?

송사리 : 제가 전화로 말씀드렸듯이 집 꼬라지가 말이 아닙니다. 지금 가신다면 불난 집에 기름을 붓는 거나 다름없으니 이해 부탁드립니다. 그리고 얼마 안 있으면 볼 수 있는 건데 그리 급하게 보실 필요는 없지 않습니까?

집 내부가 궁금한 것보다 대장상 전용평수와 현황상 평수가 다르니 궁금해서이다. 그런데 저렇게 얘기를 하니 달리 할 말이 없다.

안정국 : 알겠습니다. 그럼 그 집이 실제 대략 몇 평 되나요?

송사리 : 등기상으로 작죠. 아마 33m²(10평) 정도 되는 것으로 알고 있
는데…

안정국 : 50m²(15평)입니다.

송사리 : 그런가요? 현황상 평수와 아주 다르지요.

안정국 : 그게 왜 그렇게 탄생하게 되었나요?

송사리 : 뭐 있겠습니까? 허가받아 놓고 베란다 부분 확장한 것이지요.
제가 이 계통에서 일을 하다 보니 그걸 알고 있었고, 불법건축
물을 트집 잡아 신고한다고 하니 일부 DC해준다고 해 분양받
았죠.

안정국 : 뭐라고요? 불법건축물이라 신고하겠다고요?

뭐야! 명도 과정에서 이것을 트집 잡아 물고 늘어지겠다는 것인가? 일
단 상대가 내 약점을 알고 있다. 이 부분이 아주 신경이 쓰였다. 그런데
그것을 물고 늘어지고 있으니…

송사리 : 아니, 예전 분양받았을 당시에 그렇게 해서 일부 싸게 샀다고요.

불법건축물 신고가 가능하다는 말인 줄 알고 순간적으로 욱했었다.

안정국 : 그런 거군요. 현재 이 호수만이 아닌 다른 호수들도 다 그렇게

대장과 현황이 다릅니다.

불법으로 물고 늘어지지 말라는 의미였다. 그렇게 되면 다른 호수도 모두 다친다는 것이고, 나만 피해보는 게 아니니 크게 놀랄 일은 아니라는 의도였다.

송사리 : 그런가요?

안정국 : 3층, 4층 모두 다 대장과 현황이 다릅니다.

송사리 : 시간이 생각보다 많이 지체됐습니다. 혹시 더 하실 말씀이라도 있나요?

안정국 : 전할 말은 전한 것 같습니다.

송사리 : 그럼 먼저 일어나겠습니다. 그리고 연락드리도록 하겠습니다.

안정국 : 예, 알겠습니다. 그리고 제가 연락은 하지 않겠습니다. 계약하시면 연락주시기 바랍니다.

송사리 : 예. 그렇게 하겠습니다.

상대가 이번 주 내로 계약을 할지 여부는 모른다. 하지만 송달이 너무 늦어지고 있는 관계로 설까지는 불가피하게 시간이 흘러갈 수밖에 없다. 노부모와 가족들이 한 곳에 오랫동안 거주해 웬만한 동네분들은 다 알 것이며, 그렇다보니 창피스러운 일을 당하며 나갈 일은 없다는 생각이 든다. 또한 장인이 이곳 성내동에서 반장까지 맡아서 관리하고 있어 집행까지는 가지 않을 것으로 예견된다.

하지만 이건 오로지 내 감과 생각일 뿐 상대가 어떻게 나올지, 또 어떤 변수가 있을지는 모른다. 그리고 이사비에 대해 아직 얼마라고 말을 꺼내지 않았다. 전세보증금의 일부를 해달라고 상대는 말하고 있지만, 그것이 얼마를 말하는 것인지는 상대가 계약서를 가지고 오면 그때 얘기해도 늦지 않는다. 만약 상대가 계약을 못할 경우라면 약속을 지키지 못했으니 이사비는 지원해주지 않는 것으로 얘기하면 된다. 과연 연락이 올 것인가?

5

지난번 만남 때 이야기하기를 계약을 했을 경우 설 이후까지 연장해주기로 했다. 하지만 기간은 이미 지났는데도 상대에게 어떠한 연락도 없는 실정이다. 아직 송달이 제대로 되고 있지 않는 걸 알고서 여유를 부리는 걸까?

6

송달 한 번 하는데 10일. 왜 이렇게 더디게 가는지 속만 타들어 가고 있다. 도저히 안 되겠다 싶어 직접 경매계로 연락해 이런저런 사정에 대해 설명한 후 의도적으로 안 받고 있으니 공시송달 처리해달라고 한 결과 경매계장도 경매진행부터 항고, 그리고 현재까지를 종합적으로 비추어봤을 때 의도적으로 안 받는 것이 명백하다고 판단했는지 한 번의 송달 후 바로 공시송달을 내려주었다. 송달 – 폐문부재 – 특별송달 – 공시송달로 가야 할 코스가 폐문부재에서 바로 공시송달로 갔다. 그래, 버틸 테면 버텨 봐라. 끝은 언제나 있다.

#7

며칠이 지난 후 상대에게 연락이 왔고, 상대는 아직 계약은 하지 못했지만 가격 조정 중에 있으니 조만간 계약서를 팩스로 보내준다고 한다. 즉 아직 계약은 하지 못한 상태이다.

> 안정국 : 저번에 제가 어떻게 해서든 계약을 해야 그쪽이 원하는 시간 때까지 최대한 배려해줄 수 있다고 했는데, 아직 계약을 못하셨다는 얘긴가요?
>
> 송사리 : 알아봤고, 월세 가격이 만만치 않아 협의 중에 있습니다. 월세가 200만원이라 제 월급으로는 생활비에 월세를 감당하기가 너무 힘들 것 같아 집주인과 조정 중에 있으니 조금만 기다려주세요.

계약을 앞두고 있단다. 진실일까, 거짓일까?

> 안정국 : 그럼 언제까지 기다려야 하나요?
>
> 송사리 : 오늘 만나 협의 후 다음 주 토요일쯤 계약을 할 겁니다.

아니, 오늘 만나 협의하면 당일 계약을 해야지 왜 다음 주라고 하는가? 시종일관 시간을 벌기 위한 태도이다.

안정국 : 오늘 만나 협의하고 바로 계약하면 되는 것 아닌가요?

송사리 : 제가 사정이 있어서 그런 겁니다. 그리고 제가 계약하는 것까지
그쪽에게 알려줘야 할 이유는 없죠.

안정국 : 그럼 계약할 경우 날짜는 구정쯤이 되나요?

송사리 : 아니 그런 걸 제가 왜 알려줘야 됩니까?

어라! 이 양반 봐라!

송사리 : 아니 현실적으로 봅시다. 다음 주 토요일쯤 계약하면 그 다음
주가 구정입니다. 빈 집을 들어간다면야 바로 입주할 수 있겠지
만 현재 계약할 곳이 비워져 있지도 않고, 또한 계약을 한다는
보장도 없으니 확실한 날짜에 대해서 알려줄 수도 없고…

안정국 : 지금 말장난합니까?

송사리 : 아니 회사 일하며 최대한 빨리 비워주려고 알아보고 있는 사람
에게 너무한 것 아닙니까? 제가 그 기간에 맞춰서 최대한 나간
다고 하지 않았습니까? 그렇다고 계약이라는 게 하루이틀 미루
어질 수도 있는 거고 그런 건데, 재촉만 하니 미치겠네요.

안정국 : 아니 부동산을 통해 집을 봤고, 아직 가격이 맞지 않아 협의는
못했다한들 날짜는 어느 정도 합의 봤을 텐데 그 부분에 대해
서 알려줄 수 없다 하고, 계약한다는 보장도 없고… 무작정 기
다려 달라고 하면 어느 누가 기다려줍니까? 그리고 저번에 말했
듯 1월 중순쯤 입주를 했어야 하는데 그쪽에서 항고가 들어오
는 바람에 이렇게 장기간 연장되었고, 자진해서 비워준다고 해

서 구정까지 배려해준다고 한 건데 약속에 대해 이행도 하지 않고, 전화를 준다고 한 날에 제때 연락도 없고… 모든 걸 종합적으로 봤을 때 이젠 믿지 못할 것 같네요. 그냥 저는 저대로 이행하는 걸로 하겠습니다.

송사리 : 뭘 한다는 겁니까?

안정국 : 아시면서 뭘 물어봅니까? 전 기다리지 못하니 그렇게 하는 걸로 아세요.

송사리 : 제가 월요일까지 이사 들어갈 날짜와 계약 여부에 대해 알려드릴 테니 월요일까지만 기다려 주세요.

연락이 오든 안 오든 집행은 밟아갈 것이다.

#8

과연 계약 후 연락이 올까? 아마도 연락은 올 수 있겠지만 계약은 하지 못하거나, 구정쯤이 아닌 기간에 대해 더 연장해달라고 할 가능성이 커 보인다. 계약만 한다면야 구정에서 1~2주 정도는 더 봐줄 수도 있다. 어떻게 되었건 집행으로 가는 것보다는 자진해서 점유를 이전받는 것이 좋다.

하지만 계약도 하지 않은 상태에서 무작정 기다려 달라고 할 경우 이젠 더 이상 상대와 대화할 가치가 없다. 상대는 지연전술을 사용하고 있고, 이미 노출될 대로 노출이 되었는데도 계속 같은 방법을 연출하고 있다.

약속한 31일. 상대가 계약한 후 계약서를 팩스로 보내준다고 했지만 팩스는커녕 어떠한 연락도 없다. 계약서를 보내준다고 한들 믿을 바 못되지만 그래도 계약서가 들어온다면 다시 한 번 만나 대화를 해볼 생각이었다.

상대의 거짓말이 도를 넘어서고 있다. 그러나 안정국은 크게 분노하고 있지는 않다. 어차피 어느 순간부터 그를 믿지 않았고, 형식적인 대화를 이어갔지만 강제집행에 대한 시간만 기다리고 있었기 때문이다. 상대가 자신의 말을 지키지 못하니 어쩔 수 있겠나. 강제집행을 신청하는 수밖에!

집행진행에 대해 어느 정도 마무리 단계까지 와 있고, 말로 하는 백 번의 협박보다 한 번의 집행관 계고가 더 효과가 좋다. 계고를 나가지 않고 합의를 보는 점도 나쁘지 않지만, 계고 후 합의를 한다면 이사비는 생각했던 것보다 내려갈 수도 있다. 그래서 오히려 집행관 계고까지는 대충 협상하다가 계고 후 압박을 할 수도 있다. 여하튼 다음 주 화요일 공시송달에 의해 도달된 것으로 간주되어 강제집행을 신청할 수 있으므로 당일 바로 신청할 예정이다.

이렇게 생각을 정리하고 있었는데, 상대에게 문자가 왔다.

〈화요일 3시경 만나뵐 수 있을까요?〉

이제 와서 연락하는 것은 뭘까? 우선 아무런 답변을 하지 않았다. ❾ 자신이 급박하면 다시 연락이 올 것이고, 또한 연락이 온다 한들 부탁 이외에는 할 것이 없다. 즉 계약이 결렬되어 기간을 조금 더 달라고 하거나, 계약금이 부족하므로 이사비를 먼저 지원해 달라고 할 가능성이 커 보인다.

문자에 아무런 답변을 안 하고 있으니, 10분 후 상대에게 전화가 왔다.

빨간펜 study ✒

❾ 상대를 압박할 수 있는 카드기 있는데 상대와의 협상 마무리를 서두를 필요는 없다. 굳이 낙찰자가 나서지 않아도 이제부터는 점유자가 적극적으로 나서게 되어 있다.

───────────────

송사리 : 바쁘셨나봐요? 문자 보냈는데 아무런 답변이 없네요.

안정국 : 예. 말씀하세요.

크게 동요하지 않고, 감정이 없는 로봇처럼 대하고 있었다.

송사리 : 화요일 만나뵐 수 있을까요?

안정국 : 뭐 때문에 그러시죠?

송사리 : 월요일 계약하니 화요일에 만나뵙고 이사비지원금에 대해 말씀을 나누었으면 합니다. 다행히 제가 급한 사정을 얘기하니 임대인께서 구정 이후에 바로 이사 들어올 수 있도록 해주셨네요.

믿지 않는다. 뭐라 해도 믿지 않을 것이다.

안정국 : 31일 계약한 후 계약서를 팩스로 보내준다고 했는데, 아직도 계약하지 못했나요?

송사리 : ❿ 그렇게 됐네요. 이번에는 계약을 하니, 월요일 계약한 후 화요일 만나뵙고 계약서 보여드리겠습니다.

안정국 : 아니, 됐습니다. 반복적으로 약속을 지키지 못하고 있고, 구정

까지 1주일 남았습니다. 더 이상은 믿지 못하겠네요.

송사리 : 아니, 계약한다니까요! 그리고 구정 이후 바로 이사 나갈 겁니다.

안정국 : 믿지 못하겠습니다. 그냥 저는 저대로 하겠습니다.

송사리 : 현재 제 집도 아니고, 월요일 계약한 후 계약서를 보여드린다는
데 믿지 못한다고 하면 어쩌십니까? 그리고 제 집도 아니고, 버
틸 수 있는 시간도 정해져 있는데 굳이 제가 거짓말할 이유가
뭐가 있습니까?

신뢰는 과거로부터 형성이 된다. 상대는 자신이 과거에 얼마나 많은 약
속 번복을 했는지 잊었나보다. 안정국은 치밀어 오르는 화를 누르고 있었
다. 그러나 만에 하나 상대가 불법건축물 운운하며 관할 관청에 투서를
할까봐 두려웠기 때문이다.

안정국 : 다시 한 번 말하지만 전 믿지 못하겠습니다.

송사리 : 그럼 어떻게 하자는 겁니까?

안정국 : 전 저대로 알아서 하겠습니다.

상대의 얘기에 일체의 동의를 안 하는 이유는 얘기를 들어주면 자신의
거짓이나 속임수가 먹혀들고 있다고 생각해서인지 계속하여 새로운 약속
을 해오고 있기 때문이다. 지금 대장상 면적보다 크게 나온 부분이 혹시
나 문제가 될까봐 조심조심 진행해왔는데, 더 이상 상대의 페이스대로 진
행했다가는 끝도 없겠다 싶었다. 그리고 상대가 보여주겠다는 계약서를
굳이 안 볼 필요는 없지만, 계약서를 본다고 강제집행을 향한 절차가 중

단되지는 않는다.

❿ 봤는가? 이렇게 태도가 돌변한다. 그렇기에 상대와의 협상에서 가장 빠른 시
간 내 합의를 이끌어낼 자신이 있으면 빨리 합의를 해야 한다. 그렇지 못하
면 낙찰자의 태도가 달라지는 경우를 보게 될 것이다. 지금 낙찰자는 인도명
령에 대한 절차가 거의 막바지에 왔다고 생각하고 있다.

안정국 : 월요일 오전까지 계약서를 팩스로 보내세요.

송사리 : 화요일에 만나서 보여드리겠습니다.

여전히 상황파악이 안 되나 보다. 이렇게 쪼잔한 이유를 들어 시간을
벌어가는 그의 전술이다.

안정국 : 월요일에 계약서를 받아본 후 만나는 건 제가 결정하겠습니다.

단호한 태도가 상대에게 그대로 전해진다. 이미 상당한 시간이 흘렀다.
강제집행 일보직전이다. 명도대상자는 반드시 이 시기까지 오면 힘은 기
하급수적으로 빠진다. 낙찰자는 언제든지 협상을 거부하고 대안을 실행
할 수 있기 때문이다.

송사리 : 알겠습니다. 월요일에 보내드리겠습니다.

월요일에 계약한 후 계약서를 보낸다고 한다. 팩스로 계약서가 들어오든 말든 상관없이 집행은 신청한다. 다만 계약서를 본 후 판단해야 되겠지만 계약서대로 이행될 가능성이 커 보인다. 노부모, 고등학생, 초등학생을 둔 가장이다. 집행으로 가기까지 대처를 못한다면 자녀들에게 큰 상처가 될 것이라는 건 자신이 먼저 알 것이다. 또한 절차에 대해 알고 있으므로 버틸 대로 버텼다고 생각하고 있을 것이고, 공시송달에 의해 집행 신청이 가능하다는 것 또한 확인했을 것이다.

내일 계약서가 들어올까, 안 들어올까?

9

상대가 계약서를 팩스로 보낸 후 연락을 준다고 했지만 계약서는커녕 아무런 답변도 없는 상태이다.

안정국이 하는 말들이 상대에게 충분히 전달되지 못한 것일까? 계약을 하든 못하든 절차는 진행되고 있다는 것에 대해 명확히 알려주었는데도 무엇이 문제일까? 집행보다는 대화로 풀어보려고 한 게 잘못일까? 아니면 월세든 전세든 간에 자금을 마련할 수 없는 자에게 계약을 하면 명절까지 봐준다고 한 게 잘못일까? 재기가 힘든 상대에게 괜한 기대심만 준 것일까? 상대가 경매 전반에 대한 지식이 있다는 게 거짓일까?

머리가 복잡하다. 그동안 무엇이 문제였는지를 생각해본 결과, 말이 통하지 않는 자에게 더 이상 대화를 한다는 게 무의미하다는 결론을 내리고 강제집행을 신청하게 되었다. 그리고 의뢰인의 부탁으로 마지막 입장 표명을 명확히 해달라고 요구하기 위해 상대에게 연락을 했다.

안정국 : 아무런 답변이 없어서 연락을 했습니다. 보낸다는 계약서는 왜 보내지 않으셨나요?

송사리 : 계약은 했고, 만나뵙고 보여 드리려고 했습니다.

이 말을 믿어야 할까?

안정국 : 무슨 소리입니까? 저번에 자발적으로 보내주신다고 하지 않았습니까?

송사리 : 계약했고, 이사준비하고 있으니 명절 지내고 이삿짐센터에 날짜 알아본 후 바로 연락을 드리겠습니다.

믿어 달라는 마지막 발악일까?

안정국 : 무슨 말을 하는지 모르겠네요.

송사리 : 이삿짐센터를 알아봐서 3월 초가 되었건 구정 끝나고가 되었건 계약이 되면 이사하겠다고요.

안정국 : 보세요! 통상 계약을 했다면 계약한 날짜에 맞춰서 이사날짜를 맞추면 되지 이삿짐업체와 상의한 후 날짜를 맞춰서 나가겠다는 건 무슨 말입니까?

송사리 : 안 그래도 이번 주부터 조금씩 짐을 싸고 있으니 조금만 더 기다려주시면 빠른 시일 내에 비워드리겠습니다. 저번에 말했듯이 제 집도 아니고 이제는 미련 없습니다.

도대체 무슨 말인지 알아먹을 수가 없다. 그리고 믿을 바도 못된다.

안정국 : 그럼 계약은 했다고 하니 날짜는 어떻게 됩니까?
송사리 : 구정 끝내고, 다음 주 화요일 오전에 연락드리겠습니다.

나가는 날짜만 얘기를 해도 들어줄까 말까 한데, 이렇게 계속 시간을 끄는 지연전술을 하고 있다.

안정국 : 아닙니다. 앞으로 연락하실 필요 없습니다. 대화로 합의까지 가보려고 했지만 지금까지 저하고 한 약속을 지킨 적도 없고, 이행한 적이 없으므로 더 이상 믿지 못하겠습니다. 오늘부로 송달이 도달된 것으로 간주되었으니 집행을 진행하겠습니다.
송사리 : …
안정국 : 집행신청 후 바로 들어낼 테니 그쪽은 이사를 하든 안 하든 알아서 하시죠.
송사리 : 알겠습니다.

계약을 했다, 명절을 보내고 나갈 것이다, 계약서를 보내주겠다… 저번에도 겪어봤지만 사짜 기질이 있는 사람들이 흔히 쓰는 수법 중 하나가 뭐든 다 해줄 듯 상대를 안심시킨 후 약속을 밥 먹듯이 어기는 것이다.
상대에게 더 이상 휘말리고 싶지 않아 강제집행신청을 했고, 계고날짜가 잡혔다. 강제집행신청 후 통상 1주일 전후로 계고날짜를 잡아주며 조금 더 빨라질 수도 있고, 느려질 수도 있다. 다행히 이 건은 집행신청 후 얼마 지나지 않아 계고날짜가 잡혔고, 집행관과 목적지에서 보기로 약속을 잡았다.

통상은 계고 때 열쇠업자를 동반하여 목적지에 아무도 없을 경우 문을 열어 내부에 계고장을 붙이고, 집행시 얼마 정도의 이삿짐이 나올지를 파악한다. 하지만 법원마다 조금씩 달라 처음부터 개문한 후 계고장을 붙이는 법원이 있는가 하면, 1차 방문 때 폐문부재시 2차로 다시 방문해 개문 후 계고장을 붙이는 법원이 있다. 낙찰자 입장에서는 전자가 더 좋겠지만, 대부분의 법원은 후자 쪽을 많이 택하는 것으로 보인다. 이 건도 1차 방문에 폐문시 2차 때 개문 후 계고장을 붙여준다고 했다.

오전 10시에 계고시간이 잡혔다. 아이들도 방학이고 노부모가 같이 살고 있어 이 시간이면 폐문부재가 아닐 것이라 생각했는데, 추측대로 목적지에 사람이 있었다. 그런데 평일 오전 10시인데 노부모와 아이들은 없고, 상대와 딸이 있다. 회사원이라면 당연히 그 시간에는 없어야 하는데 쉬는 날인지 아니면 예측을 하고 있었는지 상대가 있다.

짐이 얼마나 있을까 내부를 보고 싶었지만 집행관이 들어오면 안 된다고 하여 아쉽게도 내부를 보지 못했다. 집행관은 상대에게 2주의 시간을 더 주기로 했고, 그 이후에도 비워주지 않을시 집행해주겠다고 말한 후 뭐가 그리 바쁜지 휑하니 다른 곳으로 이동했다.

#10

계고 후 상대에게 연락이 올 것이라 생각해 1층에서 기다리고 있었지만, 아무런 연락이 없다. 통상 계고 후 대부분의 대상자들은 집행기간이 얼마 남지 않음을 인식해 이사비가 되었건, 이사기간이 되었건 낙찰자와 진솔한 대화를 하기 원한다. 하지만 상대는 어떤 대책이 있는 건지, 나 몰라라 하는 건지 연락이 없다.

순간 올라가서 상대와 대화를 해봐야 하는 건지, 아니면 집행을 하기로 했으니 상대에게 일관적으로 보일 수 있게 그냥 가야 하는 건지 잠시 고민에 빠졌다. 그리고 집행으로 가면 누가 더 잃는 게 많을까 생각해보았고, 고심 끝에 우리 쪽이 잃는 게 더 많다는 판단이 들어 상대를 한 번 더 만나보기로 했다. 즉 잃는 게 많다고 생각하는 자가 한 번이라도 문을 더 두드리고 양보를 하게 된다. 아는 게 문제라고, 집행절차에 대해 모르면 "네가 그렇게 나와? 그래 난 강제집행하면 돼"라고 할 수 있겠지만 집행을 한 번이라도 해본 투자자라면 이런 말을 하는 이유를 알 것이다.

상대를 만나기 위해 다시 목적지로 올라가 몇 번이나 초인종을 눌러도 대답이 없다. '뭐하자는 거야, 진짜 집행하기를 원하는 거야.'라는 생각이 확 올라왔다. 안에 있는 걸 아는데 싶어 수차례 문을 두드리니 뒤늦게 상대가 나온다.

안에 들어가 대화를 하고 싶었지만 상대가 거부해 옥탑에서 대화를 나눈다.

안정국 : 집행관이 대화를 해보라고 해서 올라왔습니다.

송사리 : 오늘쯤 계고가 올 거라고 생각해 회사도 나가지 않고 기다리고 있었습니다.

어떻게 알았다는 거야? 집행관이 미리 연락을 주었나?

안정국 : 이젠 집행까지 얼마 남지 않았습니다. 어떻게 하실 겁니까?

송사리 : 알아보고 있지만 생각보다 세가 높고 보증금이 넉넉지 않으니 쉽지가 않습니다.

안정국 : 저번에 계약했다는 건 모두 거짓이라는 말이네요.

송사리 : 계약하려고 했지만 세가 절충이 안 돼 하지 못했습니다.

안정국 : 고향에 내려가 보증금 구해오신 것 아닌가요?

송사리 : 도와주는 것도 한계가 있는 것이라 많이들 도와주지는 못했네요.

안정국 : 전 처음에 사장님과 대화가 되는 줄 알았고, 약속을 지켜줄 거라 생각했습니다. 하지만 저하고 한 약속들에 대해 한 번도 지키신 적이 없습니다. 그래서 더 이상 믿지 못한다는 판단을 했고, 집행을 신청하게 되었습니다. 아마도 사장님이 약속을 지켰더라면 여기까지 오지 않았을 겁니다. 이 모든 게 사장님 때문이라고 생각하셔야 될 겁니다.

송사리 : 압니다. 기간에 대해 편의를 봐주신 거. 어떻게든 집행 전까지 구해 나갈 겁니다. 그리고 집 구하면 연락드리겠습니다. 그때 가서 이사비에 대해 말씀을 나누는 걸로 하죠.

안정국 : 이사비라뇨?

갑자기 열을 받아 언성이 높아졌다.

송사리 : 제가 자진해서 나가니 이사비 지원은 해주셔야 하는 것 아닌가요? 통상 그렇게들 하고 있고요.

안정국 : 뭘 착각하시는 것 같은데, 그건 여기까지 오기 전에 계약을 한

후 계약서가 들어왔어야 하고, 명절 전이나 명절 지난 후 바로 이사 나갔을 경우를 말하는 거지, 집행이 바로 코앞에 있는 상황에서 이사비라뇨? 절대 줄 수 없습니다. 이사비 생각하지 마시고 자진해서 비워주시든가 아니면 집행 당하시든가 알아서 판단하세요. 저는 자진명도 안 될시 바로 집행할 테니까.

송사리 : 알았으니 오늘은 이만하죠. 비우든 집행당하든 알아서 할 테니…

안정국 : 서로에게 상처 남는 일을 안 만들었으면 좋겠습니다.

집행관은 계고 때 채무자에게 2주의 시간을 더 주었다. 조금 앞당겨 줄 수 없냐고 하니 채무자가 자녀 학교 진학문제 때문에 부탁을 하니 기다려 주라고 한다. 그 말이라면 예전부터 나왔던 말이고, 이미 학교 배정 받는 것에 대해서는 문제가 없으므로 시간을 그렇게까지 줄 이유가 없다. 하지만 집행관 말이 법인지라 어쩔 수 없이 기다려 줄 수밖에.

이후 2주 동안 상대에게 연락이 없어 집행예납비용을 납부하기 위해 집행관과 통화를 했다.

안정국은 28일 이후 바로 집행하기를 원했으므로, 25~26일 집행비용 명세서를 받아 바로 납부하고 3월 4~5일 사이에 집행해줄 것을 요구했으나, 연장해준 기간이 28일이므로 그 이후에 법원으로 들어오라고 한다.

할 수 없이 또 기다려야 했다. 성질 같아서는 집행관사무실을 찾아가 고함을 지르고 싶은 마음도 없지 않았으나 집행진행시 혹시나 꼬투리 잡힐까 참고 기다렸다. 그렇게 28일이 되었고, 집행예납명세서를 받기 위해 법원을 방문했다.

대부분의 집행관들은 현장에서 근무를 많이 하기 때문에 법원에 붙어 있는 시간대는 대략 4시가 넘어야 한다. 집행관과 미리 약속을 하지 않고 갔을 경우 집행관을 만나지 못해 접수를 하지 못하는 불상사가 생기니 사전에 미리 약속을 하고 가야 한다.

오후 4시 40분쯤 도착하니 업무 중이라 바빠서 그러니 조금만 기다리라고 한다. 그렇게 기다린 조금만이 30분을 지나 5시 20분이 돼서야 오라고 한다. 집행관은 집행에 대해 설명해주었고, 노부모와 아이들이 있어 짐이 많으니 웬만하면 집행 전까지 합의할 수 있으면 해보라는 식으로 말을 한다.

나도 합의가 된다면야 이사비를 주더라도 합의를 하고 싶지만, 약속을 밥 먹듯 어기는 자에게 합의한들 약속을 지킨다는 보장은 없어 보인다. 다만 연락이 온다면 합의할 생각은 여전히 있다. 시간이 많이 흐른 게 억울하지만 집행비용보다 절감할 수 있다면야 합의를 하는 게 현명한 것 아닌가.

그런데 명세서를 뽑는데 집행관이 부른다.

집행관 : 이거 면적이 왜 이래요?

젠장! 이게 결국은 발목을 잡는다.

안정국 : 뭐가 잘못됐나요?
집행관 : 등기상 면적은 50m²(15평)인데 현장에 가서 봤을 때는 그렇지가 않았잖아요.

젠장! 계고 때 들어가서 보려고 했더니 채무자를 자극할지 모른다고 못 들어오게 해서 나는 보지 못했는데 어떻게 알겠는가?

안정국 : 예, 맞습니다. 공부상 면적과 현황상 면적이 다릅니다.

집행관 : 이거 50m²(15평) 이외의 것들에 대해 감정평가에 포함되었나요?

안정국 : 현황조사서를 보면 현장에 방문하여 도면 확인했고, 이 부분에 대해서 명시가 되어있으니 당연히 평가되었죠.

난 당연히 되었다고 말하고 있다. 의도는 이 부분에 대해서 태클 걸지 말라고 확실하게 말하고 있다.

집행관 : 그럼 집행 전까지 그 평가된 부분에 대해 자료를 출력하신 후 추가로 자료제출하세요. 경매 기록보관실에 있을 테니 찾아서 제출하시면 됩니다.

안정국 : 만약에 평가금액에 대해 언급이 없다면 어떻게 되죠?

감정평가서에는 이 부분에 대한 언급이 없던 것으로 기억이 났고, 폐문부재 이후 추가로 현장에 나갔을 때 조사된 것으로 기억이 되었다. 따라서 집행관과 대화에서 함부로 단정지어서 얘기를 할 수도 없었다.

집행관 : 그럼 집행을 못하죠! 집행할 목적물은 부동산 표시목록에 작성한 것처럼 50m²(15평)밖에 안되는데 그 이상에 대해서 집행한다는 건 권원 없이 집행하는 것이니 말도 안 되죠.

안정국 : 그럼 저한테 그때 당시 현황조사관님이 조사한 현장 도면이 있으니 그 부분을 제출하겠습니다.

집행관 : 그것도 제출하시고 추가된 부분에 대해 감정평가되었다는 부분도 제출하세요.

안정국 : 알겠습니다. 다시 오기는 그러니 팩스번호 알려주시면 서류 넣어드리겠습니다.

집행관 : 그렇게 하시죠. 그리고 웬만하면 합의하세요. 그게 서로에게 좋습니다.

집행관 계고시에도 그런 느낌이 없었던 것은 아니지만, 안정국은 상대가 집행관과 통화를 나누고 있다는 느낌이 들면서 집행관이 자신을 채무자와 함께 압박하려는 의도가 아닌지 의심을 가지게 된다. 강제집행에 대해 별 탈 없이 진행될 것이라 생각을 했는데, 이제 와서 추가분에 대해 평가에 포함이 되었는지를 물어오는 걸 보니 평가가 빠졌을 경우 집행이 안 된다는 말인가?

우선 중요한 것은 평가가 되었는지를 확인해야 된다. 그런데 감정평가서는 테블릿으로 열지를 못하니 빨리 체크하고 싶지만 확인이 안 된다. 과연 포함되어 기재되어 있을까? 만약 되어있지 않다면 정말로 집행시 문제가 될까? 사무실로 들어가는 내내 불안스러웠다.

만약 이 부분에 대해 문제가 생길 경우 집행으로 가면 안 된다. 어떻게 되었든 간에 다시 상대를 협상 테이블로 나오게 하여 협의해야 한다.

감정평가서 확인 결과 이렇게 기재가 되어있다.

〈내부구조도 공부와 현황이 상이하며 이를 감안해서 평가했음〉

천만다행이다. 집행관은 3월 중순으로 집행날짜를 잡아주었고, 조금 더 빨리 잡아달라고 부탁했지만 적어도 그 정도는 줘야 한다고 한다.

이젠 막바지까지 다 왔다. 한편 채무자는 장인 장모님이 15년 넘게 거주한 이곳 사람들이 보는 앞에서 망신당하는 상황을 만들까, 아니면 자진명도를 할까? 상대가 어떤 선택을 할지 모르겠다.

하지만 지금 누가 더 불안해하고 있을까를 생각해보면 답은 간단해질 수도 있다. 협의가 안 돼 집행으로 갈 시에 스트레스를 받는 내가 힘들까, 아니면 언제 집행이 들어올지 모르고 버티고 있는 채무자가 불안할까?

앞으로 2주. 어떻게 결말이 날지 두고 보면 알 것이다.

집행날짜는 잡혔지만 주말 내내 생각을 해보았다. 마지막으로 상대의 의견을 들어봐야 하는가, 아니면 집행관계고 때 상대에게 보여준 내 의지를 일관성 있게 보여줘야 하는가? 그러기 위해선 상대의 연락이 와야 가능한데…

현재 상대는 아무런 연락이 없다. 진짜 나 몰라라 식으로 대처하는 것인가? 연락을 해볼까, 그냥 내버려둘까? 고민은 극에 달했다.

'그냥 집행하자! 아마도 계약이 되었다면 벌써 연락이 왔을 거야.'

안정국은 고심 끝에 이렇게 결정했지만, 이내 얼마 가지 못하고 다시 생각이 바뀌었다. 이유인즉슨 집행으로 갈시 400만~500만원이 깨진다는 데 있었다. 비용이 너무 많이 지출되다 보니 "집행하겠습니다"라는 말이 쉽게 나오지 않는다.

이번이 진짜 마지막이다라는 다짐을 몇 번이나 하고, 이번에도 똑같은 상황이 반복될시 추후 집행으로 가더라도 양심에 가책을 느끼지 말자고 자신을 합리화시킨 후 상대에게 전화를 걸었다.

안정국 : 집행관이 마지막으로 통화를 나눠보라 해서 연락해봤습니다.

송사리 : 안 그래도 저번에 집행관님이 와서 통보한 후 이번 주 내로 어떻
　　　　게 해서든 비워드리려고 하고 있습니다.

안정국 : 이번 주가 아니고 집행관이 준 기간은 28일까지였으니 저번 주
　　　　까지였죠. 이사 갈 곳은 계약하셨나요?

송사리 : 알아보고 있는 중입니다.

평생 죽을 때까지 이 말을 할 위인이다.

안정국 : 아직도 계약을 못하셨다는 말이군요.

송사리 : ⑪ <u>백방으로 알아보고 있는데, 뭐 그리 세가 높은지… 이제는
　　　　비싸든 싸든 어떻게 해서든 계약해야죠.</u>

뭐라고 해도 이제 안 믿는다.

안정국 : 제가 많이 배려해준 건 아시죠?

송사리 : 예, 알고 있습니다.

안정국 : 이제는 어쩔 수가 없을 것 같습니다. 사실 저번에 기회가 없어서
　　　　말을 못했는데 명절 전후로 해서 비워주신다고 해서 믿고 저희
　　　　도 사는 곳에 이사기간을 맞춰놨는데 비워주질 않아 현재 짐이
　　　　이삿짐 창고에 보관 중에 있습니다.

⓫ 거짓말이다. 상대에게 압박이 되는 방법은 무엇이든 강구한다. 왜냐하면 이
   미 투쟁적 전략을 선택한지 오래 전부터이기 때문이다.

송사리 : 그러셨군요. 죄송합니다.

안정국 : 잘못을 듣자고 이런 말을 꺼내는 게 아니고, 저희도 지금 많은
        피해를 보고 있다는 걸 알려드리는 겁니다. 그래서 저번 주에
        최종적으로 집행비용을 납부했고, 이번 주 내로 집행이 이행될
        것입니다.

상대는 한숨을 내쉰다. 이제 막바지까지 왔다는 것을 알고 있다.

안정국 : 안 좋은 기억 남기는 게 싫지만 자진 명도 해주질 않으시니 어
        쩔 수가 없네요. 오늘 내일 안으로 비울 수 있으면 서로 좋게 헤
        어지는 것이지만, 그렇지 않으면 집행을 할 수밖에 없습니다. 집
        행이 진행되더라도 원망 마시고 이해하시길 바라겠습니다.

사형선고를 내리듯 차분하게 얘기를 했다.

송사리 : 어떻게든 해봐야죠. 조금만 시간을 더 주시면 안 될까요?

안정국 : 그건 힘듭니다. 아무튼 마지막으로 알려드리려고 연락드렸습니다.

상대는 연신 한숨을 내쉰다.

안정국 : 그럼 그렇게 알고 진행하겠습니다.

송사리 : 예, 알겠습니다.

안정국 : 혹시 내일까지 계약해서 이번 주 내로 나갈 수 있으면 연락은
한 번 주세요.

대화에서처럼 자신이 잃는 게 많다고 생각하니 어떻게 해서든 상대와 끈을 놓지 않으려고 노력 중에 있다. 하지만 계약을 하지 못했다고 하는데 뭘 더 어떻게 하겠는가? 그렇다고 계약할 때까지 기다려줄 수도 없고, 서로 상처가 남겠지만 집행이 불가피할 수밖에 없어 보인다.

#11

상대에게 할 만큼 했으니 집행시 매몰차게 하자고 다짐한 후 집행날짜를 기다렸다. 그러나 주말 내내 집행으로 간다는 것이 영 마음에 내키지 않았다.

마지막으로, 상대가 아닌 그의 장모 등 어른들과 얘기를 나누는 게 필요할지도 모른다고 생각했다. 집행할 때 충격을 받으나 지금 얘기해서 충격을 받으나 한 가지이니 마지막 기대를 해보기로 했다.

이번엔 사위인 상대를 빼고 직접 담판할 생각이므로 상대에게는 전화를 걸지 않고 목적지로 바로 갔다.

오후 1시. 상대는 일 때문에 집에 없을 것이라 생각했다. 그러나 그가 나온다.

송사리 : 들어오시죠.

안정국 : 일 나가시고 없을 줄 알았는데 계셨네요.

송사리 : 주말 내내 집 구하려고 돌아다니다보니 몸살에, 스트레스까지
겹쳐 죽은 시체처럼 지내다 오늘에서야 그나마 기운 차렸습니
다. 연락을 드렸어야 하는데 아프다보니 연락을 못 드렸습니다.

이제는 어디까지가 진실이고 거짓인지 구분을 못하겠다.

안정국 : 그럼 이번 주 내로 나가실 수 있나요?

송사리 : 집은 정해졌고, 내일이나 모래쯤 돈이 마련되니 계약한 후 다음
주 화요일에 비워드리겠습니다.

돈도 마련이 되지 않았고, 계약이 된 것도 아닌데 어떻게 믿겠나?

안정국 : 이번 주 금요일이 집행인데 화요일이라뇨?

송사리 : 다음 주 화요일까지만 이해바랍니다.

안정국 : 그건 안 됩니다. 이미 그 단계는 지났고, 그 전에 충분한 시간을
드렸는데도 이사할 곳을 찾지 못했다는 건 버티기 식으로밖에
해석할 수 없어 더 이상 기간에 대해서는 양보할 수 없습니다.

송사리 : 집행이 코앞까지 왔는데 제가 거짓말하겠습니까? 그렇게 아시
고 화요일까지만 믿어주시기 바라겠습니다.

안정국 : 뭘 믿고 제가 양보해드려야 하나요?

송사리 : 내일이나 모래까지 계약서를 보내드리겠습니다.

이 말을 다시 믿어야 하나?

안정국 : 그건 저번에도 얘기했던 부분인데 이행하지 못했잖아요?

송사리 : 그때는 안 드리려고 했던 게 아니라 돈이 나올 줄 알고 있었는
데 나오지 않으니 어쩌겠습니까? 그래서 보내드릴 수가 없었습
니다.

안정국 : 이번에도 똑같지 않습니까? 나온다는 보장이 어디 있습니까?

송사리 : 이번에는 확실합니다.

안정국 : 설사 나온다한들 보증금 전액을 마련할 수 있는 건가요?

송사리 : 전체가 나올 수도 있고, 일부 나온 후 화요일에 전액 다 들어올
수도 있습니다.

안정국 : 내일 돈이 들어와 계약을 했다고 칩시다. 계약 후 저한테 계약서
를 보내줘서 제가 화요일까지 연기를 해주었다고 하자고요. 그
런데 들어오기로 한 잔금이 들어오지 않을시 어떻게 하실 겁니
까? 확정된 것도 아니고, 잔금을 지급할지 못할지도 모를 불확
실성에 대해 믿으라고 하는데 전 믿지 못하겠습니다.

송사리 : 애들도 있고 한데 제가 이 마당에 집행까지 당하면서 나가겠습
니까? 앞으로 길어봐야 2~3일 연장해주는 겁니다. 부탁 좀 드
리겠습니다.

안정국 : 그럼 이렇게 하죠. 오늘 계약을 하든 내일하든 주말에 하든 집
행은 연기해 드리겠습니다. 대신 계약서 주는 조건이 아닌 저한
테 일정금액을 맡겨놓고, 비우기로 한 화요일에 비워주면 그 비
용은 반환해드리는 걸로 한다면 제가 연기해드리겠습니다.

송사리 : 제가 왜 돈을 줘야 합니까?

안정국 : 돈을 달라는 게 아니라 일정금액을 맡겨놓고, 그 날에 비워주면 반환해주겠다는 겁니다.

송사리 : 그러지 말고 금요일까지 계약한 후 계약서를 보내드릴 테니 화요일까지 연기해주시기 바라겠습니다.

안정국 : 그 말은 더 이상 믿지 못하니 그만하시고, 일정금액을 맡겨놓으신다면 연기해드리고 그렇지 않으면 그대로 이행하겠습니다.

송사리 : 아무튼 그만하시고, 제가 내일이든 모레든 간에 계약하는 대로 계약서 넣어드리겠습니다. 그리고 화요일에 무조건 뺄 겁니다.

사실 집행은 다음 주 후반부로 잡혀 있으니 목요일쯤으로 예상된다. 그때까지는 줘야 될 시간이므로 믿든 안 믿든 시간을 줄 수밖에 어쩔 도리가 없다.

안정국 : 그럼 금요일이 아닌 내일 오전 12시까지 계약한 후 계약서를 보내주세요.

송사리 : 오후 3시까지 넣어드리겠습니다.

안정국 : 지금 저하고 줄다리기합니까? 자신이 급하다 생각하면 오후 3시에 계약 미팅이 되어 있다 한들 오전으로 앞당겨서 계약해야 되는 것 아닙니까? 가장으로서 너무 무책임한 것 아닙니까?

송사리 : 그런 얘기는 하지 마세요. 저도 미치고 답답하니까…

안정국 : 여하튼 12시까지 보내세요.

송사리 : 알겠습니다. 12시까지 보내드리겠습니다.

안정국 : 그럼 그렇게 알겠습니다. 제가 연락은 안 할 테니 계약서 보내시면 연락주세요.

집 내부에 짐이 아주 많다. 5t 트럭 두 대가 아닌 세 대까지도 충분히 나와 보인다. 화요일까지 나간다고 하는데 여전히 믿지 못하겠다. 혹시나 화요일 나가지 못하더라도 집행날짜에 대해 절대 연기해줄 생각이 없다.

상대와 헤어지고 난 뒤 3시간쯤 지나 휴대폰에 낯선 번호로 전화가 걸려온다.

집행관 : 안정국씨 되시죠?

안정국 : 예, 맞는데 누구시죠?

집행관 : 동부지법 집행관사무실입니다.

안정국 : 왜 그러시죠?

집행관 : 다름이 아니라 채무자한테 연락이 왔는데 다음 주 화요일까지는 어떻게 해서든 나간다고 하니 그때까지만 이해해줘요.

뭐야! 집행관하고 이렇게 죽이 잘 맞는 사이였어! 집행관 계고 때도 그렇고, 상대가 뭔가 믿고 있는 구석이 있나 보다 생각했는데 집행관과 이렇게 허심탄회하게 얘기할 수 있는 사이였다니… 막판까지 오니 둘 다 괘씸하게 생각된다.

안정국 : 그 분 매번 나간다고만 하지 이행하지 않는 사람입니다.

집행관 : 15일 집행해주기로 했으니, 약속한 날에 안 나가면 내가 그 날

에는 꼭 해줄 테니 속는 셈치고 한 번 더 믿어봐요. 내가 채권자 이해 못 하는 건 아닌데, 그렇다고 채무자도 망해서 나가는데 어쩌겠어.

무언의 압박이다. 그러나 집행관의 얘기가 틀린 것은 아니기에 조정절차 정도쯤으로 이해를 한다.

안정국 : 저번에 말씀드렸듯이 짐 들어올 곳이 없어 이삿짐보관함에 짐들이 보관되어 있어 저는 최대한 빠른 시일 안에 점유를 이전받아야 합니다.

집행관 : 안다니까, 채권자 입장도… 그리고 집행 연기해주는 조건으로 돈을 맡기라고 했다면서요?

젠장! 이런 시시콜콜한 얘기까지 전해진 것인가? 본래 의도와 다르게 전해진 게 분명하다. 이행을 확고히 하고자 그 증거를 받고자 함인데 상대는 집행관에게 낙찰자가 아주 더티하고 인정머리 없는 놈이라 묘사했을 게 뻔하다.

안정국 : 그 분이 그렇게 말합니까?

집행관 : 돈 맡기는 건 자기가 좀 그렇다고 하네요. 화요일까지 무슨 일이 있어도 비운다고 했으니 그렇게 하는 걸로 해요.

집행관의 중재를 받아들일 수밖에 없다.

안정국 : 알겠습니다. 집행관님이 그렇게 말씀하시니 그렇게 해드리겠습니다. 그런데 한 가지만 여쭤보겠습니다. 혹시 다음 주 금요일에 집행날짜 잡혔다고 채무자한테 말했나요?

둘 간의 대화가 사사로운 것까지 얘기하는 사이이니 일단 물어본 것이고, 이 질문 속에는 더 이상 그런 플레이를 하지 말라는, 즉 직무와 관련하여 사적인 감정을 개입시켜서는 안 된다는 뉘앙스를 담았다.

집행관 : 집행날짜에 대해서는 말 안 했으니 신경 쓰지 마시고, 아마도 화요일까지는 비울 겁니다. 화요일에 이사 나가면 집행실로 연락 줘요. 그래야 집행 취소하니…

안정국 : 알겠습니다.

상대는 안정국이 집행에 대해 조건부 연기해준다고 하니 집행관한테 직접 연락을 했다. 여기서 특이한 점이 있다. 그동안 집행관한테 직접 전화를 걸어 집행날짜에 대해 연기해달라고 한 건 이 채무자가 처음이다. 통상의 명도대상자일 경우 집행관한테 전화를 하거나 하지는 않는다.

집행날짜가 정해져 있는 관계로 울며 겨자 먹기 식으로 날짜를 연기해줄 수밖에 없었다. 상황이 어찌되었든 간에 강제집행보다는 채무자 스스로 나가는 게 모두에게 이득이 될 것이다.

상대는 계약서를 12시까지 보낸다고 했지만, 집행관을 통해 다음 주 화요일까지 집행을 연기해줄 것을 하소연하여 확답을 받아놓았으므로 급할 게 없는지 역시나 연락이 없다. 집행으로 간다는 건 서로에게 아픔이지만 약속을 밥 먹듯이 어기는 데다 기회를 줄 만큼 주었으므로 집행을 하더라도 양심에 가책을 느낄 필요는 없다. 그 아픔이 누가 더 클지는 지켜보면 알 것이다. 이렇게 생각을 하면서 혹시나 상대에게서 연락이 올까 기대는 했지만 연락이 없다. 목마른 자가 우물을 파는 것처럼 다시 핸드폰을 꺼내들고 전화를 해보았다. 통화 결과 화요일까지는 힘들고, 수요일까지 비우겠단다. 또 연기해달란다. 그래, 또 참자. 자진해서 나가지 않으면 이틀 후 집행하면 된다. 그렇게 수요일까지 연기해주기로 하고, 당일 오후 2시에 상대와 만나기로 했다.

수요일. 이런 저런 생각에 잠겨 약속 장소로 가고 있을 때 채무자한테서 전화가 걸려왔다. 오후 1시 조금 넘은 시각이다. 설마 이번에도 못 나간다는 건 아니겠지…

송사리 : 언제쯤 오실 겁니까?

안정국 : 네, 가고 있습니다.

짐을 다 뺐겠구나 생각했다. 그런데 목적지에 도착하니 주변 어디를 봐도 이삿짐 차량은 없고, 그 흔한 쓰레기조차 없다. 어제 이삿짐을 다 뺐나? 계단을 올라가면서 서서히 불안한 기운이 느껴진다.

'설마 아니겠지…'

해당 호수에서 큰 호흡을 내쉰 뒤 벨을 누르니 상대가 나와 안으로 들어오라고 안내를 한다. 이런 젠장! 머리꼭지가 열린다. 집안에 들어가 아무 말도 않고서 소파에 앉았다.

안정국 : 어떻게 된 겁니까?

송사리 : 뭐라고 드릴 말씀이 없습니다. 죄송합니다. 아직 이사를 하지 못했습니다. 전화로 말씀드리기가 너무 죄송해서 다시 한 번 부탁드리려고 오시라고 했습니다.

사람이 이렇게까지 약속을 안 지킬 수 있다는 것을 이제야 알았다. 더 이상 얘기하는 것 자체가 자존심이 상해 나오려고 했다.

안정국 : 됐습니다. 내일 집행하겠습니다.

송사리 : 부탁 좀 드리겠습니다.

안정국 : 감사합니다.

상대는 무슨 영문인지 모른다. 이런 상황에서 웃으면서 던지는 감사하다는 말에 어리둥절해한다.

안정국 : 집행하는데 죄책감을 전혀 없게 만들어주시는군요.

송사리 : ⓬ 집행하게 되면 아이들과 장인 장모님이 쓰러지십니다.

빨간펜 study ✎

⓬ 이건 선처를 바란다는 내용일까, 아니면 협박으로 사용하는 것일까? 지금 이 순간은 그런 것을 따질 겨를이 없다. 협상은 물 건너간 지 오래 전이고, 지금은 어떻게든 명도를 받아야 한다.

안정국 : 그건 알아서 처리하셔야죠. 저는 할 만큼 했습니다.

송사리 : 제가 무릎을 꿇고 부탁드리겠습니다. 주말에 계약을 앞두고 있으니 제발 다음 주 월요일까지 시간을 주시기 바라겠습니다.

안정국보다 띠 동갑은 많아 보이는데 무릎을 꿇고 사정을 한다. 진심인지 쇼인지 알 수는 없다. 다만 상대의 이런 태도는 순간 그의 마음을 흔들고 있다.

안정국 : 뭐하시는 겁니까? 일어나세요. 그런다고 해결되지 않습니다.

송사리 : 제가 이렇게 빌겠습니다. 집행연기 부탁드리겠습니다.

안정국 : 일어나시라니까요!

안정국은 상대의 이런 태도를 쇼라고 생각하고 있다. 하지만 그것이 쇼이든 진심이든 이런 행동이 그를 흔들고 있다는 것 자체가 기분이 좋지 않았다. 수많은 약속 번복, 그리고 이런 행위들이 모두 명도를 지연하려는 전술로밖에 보이지 않았다.

송사리 : 제가 오죽하면 이러겠습니까?

안정국 : 정말 너무한 것 아닙니까? 4달이라는 시간 동안 가장으로서 이렇게밖에 대처를 못하십니까?

송사리 : 어떻게든 해보려고 했는데 이런 상황이 오니 주변에서 아무도 도와주지 않고, 돈 구할 데도 없고, 매번 사장님을 속이기만 했습니다. 죄송합니다.

경매교육생들한테 협상을 강의하면서 항상 얘기하는 게 '남자의 눈물'이었다. 남자가 눈물로 하소연해오면 거부하기 어렵다. 그것도 자신보다 띠 동갑은 더 되는 사람이 이러고 있다. 그러나 마음 한 켠에는 이제껏 당해온 것에 대하여 더 이상 속지 말자는 마음이 함께 일고 있다.

> 안정국 : ⓭ 집사람과 통화 좀 나누고 오겠습니다. 현재 이삿짐센터에 짐이 보관된 지 2달이 넘어 아내는 감정이 좋지 않아 100% 집행하라고 할 겁니다. 사장님이 눈물 흘리며 부탁해서 마지막으로 설득은 해보겠지만 그리 큰 기대는 하지 마세요.

빨간펜 study 🖍

⓭ 물론 핑계다. 이제는 무슨 내용이 나오면 다 거짓말이다. 어떻게든 상대를 명도하면 된다는 생각뿐이다.

옥상에서 시간을 보낸 후 다시 거실로 돌아왔다. 이 상황에서 어떻게 판단을 내려야 할지 충분히 다시 생각했다.

> 안정국 : 그냥 그대로 집행하자고 하네요. 이해하세요.
> 송사리 : 제발 부탁드립니다.

상대가 다시 무릎을 꿇고 사정을 한다.

> 안정국 : 아, 진짜! 일어나세요. 뭐하는 겁니까!

송사리 : 부탁드리겠습니다. 월요일이 안 되면 토요일까지 어떻게 해서든
비워드리겠습니다.

저걸 믿어야 하나, 아니면 이제는 흔들리지 말아야 하나? 사람의 진심을 열어보는 장치라도 있었으면 좋겠다. 그러나 여전히 집행보다는 타협이 실리적이다. 동산 경매까지 처리하면 400만원 혹은 500만원이 소요되는데, 지금이라도 잘 타협하면 그보다는 훨씬 좋은 결과에 도달한다. 눈은 상대를 향하지만, 머리는 실리를 택할 것인지 구겨진 자존심을 회복할 것인지를 계산하고 있다.

안정국 : 그럼 이렇게 하겠습니다. 제 독단적으로 미뤄보겠습니다. 대신
약속해주실 게 있습니다.
송사리 : 뭐죠?
안정국 : 우선 제 통장에 200만원 입금시키시고, 각서를 받겠습니다.
송사리 : 예. 각서 써드리겠습니다. 그런데 지금 가진 돈이 없어 드릴 게
없습니다. 내일이나 돼야 돈이 마련될 것 같으니 내일 부쳐드리
겠습니다.
안정국 : 지금 그렇게도 상황 파악이 안 되십니까? 매번 반복된 거짓말
에 나보고 또 속으라는 겁니까? 그 정도는 해줘야 제가 아내를
설득할 것 아닙니까? 이런 것조차 못해준다면 없던 걸로 하겠
습니다.
송사리 : 저도 있으면 맡기고 싶지… 진짜 없어서 그럽니다. 내일 계약서
와 이행금을 보내드릴 테니 믿어주세요.

안정국 : 이번에는 절대 못 믿습니다. 일정 부분 이체 못 시키면 내일 그
　　　　대로 집행 진행하겠습니다.

송사리 : 정말 없어서 그럽니다.

안정국 : 안됩니다.

송사리 : 그러면 돈은 없고, 500불 회사 공금이 있는데 이거라도 안 될
　　　　까요?

안정국 : 안됩니다. 누구한테 부탁을 하든 지금 처리해주셔야 집행 연기
　　　　해드립니다.

송사리 : 진짜 어디 구할 데도 없고, 미치겠습니다. 아이들만 없으면 인생
　　　　끝내고 싶습니다.

　잠시 침묵이 흐른다. 상대의 심정을 이해 못하는 바는 아니다. 그러나
이렇게 이해를 해주면 끝도 없다.

송사리 : 부탁드립니다. 내일 돈이 들어오는 대로 150만원은 계좌로 부쳐
　　　　드리고, 토요일에는 어떻게 해서든 나가겠습니다.

안정국 : 알겠습니다. 그럼 한 번만 더 속는 셈치고 믿겠습니다. 여기 자
　　　　필로 각서 쓰시고, 내일 보내주신다는 150만원은 안 보내주셔도
　　　　되니 토요일 꼭 자진해서 비워주시길 바라겠습니다.

송사리 : 정말 감사합니다.

　반복된 거짓말, 핑계, 눈물… 4달 동안이라는 기간 동안 이렇게밖에 대
처할 수 없었던 것일까? 무책임하다. 어린 자녀들을 생각하면 어떻게 해

서든 빨리 털고 대책을 세워야 할 가장이거늘⋯ 그 전에 대처를 했다면 마지막 자존심은 지킬 수 있지 않았을까?

상대가 자존심을 버리고 무릎까지 꿇어가며 사정해 연기는 해주었지만 마음이 편치 못하다. 낙찰자가 가해자가 된 느낌이고, 내가 저 상황에 놓였다면 어떤 선택을 했을까?

토요일에 자진해서 비워줄 것에 대해 나름 확신을 갖고 있었기에, 몇 시에 가면 될지 오전 9시에 안정국은 상대에게 전화를 걸어보았다. 상대는 전화를 받자마자 잠시 후 연락을 준다는 말을 한 후 전화를 끊는다.

'들어갈 집을 계약하고 있나?'

그렇게 5분, 10분, 20분을 기다려도 상대에게 연락이 없다. 뭐야, 자존심까지 버리면서 그렇게까지 했는데 혹시 안 비우는 건 아니겠지? 30분이 지났는데도 연락이 없어 문자를 보냈다.

〈기다리고 있으니 연락주세요.〉

문자를 보내고 얼마 지나지 않아 연락이 왔다.

안정국 : 여보세요?

송사리 : 조금 더 지나서 오셔야 될 듯합니다.

안정국 : 그럼 몇 시까지 가면 될까요?

송사리 : 툭 까놓고 말씀드리겠습니다. 집행 연기해준 날 장인 장모님께
경매진행된 것을 막지 못해 토요일까지 비워준다고 일러드리니
그 말 듣고서 장인어른이 쓰러지셨습니다. 처남은 멱살 잡고서
어떻게 할 거냐고 저한테 그러고 있고, 지금 상황이 너무 좋지

않습니다.

안정국 : 지금 장난하십니까?

송사리 : 제가 이 마당에 말장난하겠습니까? 지금 아이들 짐과 저희 짐을 챙겨서 빼고 있지만, 어른들 짐은 오늘 빼기가 힘들 것 같습니다.

안정국 : 그날 그렇게까지 무릎 꿇고 빌었던 게 단지 집행을 임시방편으로 피해가기 위해 했던 것에 불과한 겁니까?

송사리 : 저는 약속했던 것처럼 제 짐을 비워드리겠습니다.

안정국 : 장난하십니까?

목소리를 깔았다. 의도적으로 깔았다기보다 너무 화가 나니 자연스럽게 깔린다.

안정국 : 그럼 들어갈 집은 어떻게 됐습니까?

송사리 : 오후에 보증금 완납하기로 했습니다.

안정국 : 그럼 그곳으로 어르신들 짐도 모두 빼가세요.

송사리 : 지금 그럴 상황이 아닙니다. 장인어른은 쓰러지셨고, 처남은 난리치고… 진짜 미치겠습니다.

안정국 : 그럼 어떻게 하자는 겁니까?

도저히 이 순간을 참지 못하여 고함을 질렀다.

송사리 : 염치없지만 며칠의 시간을 조금 더 줄 수 없나요?

사람의 약속이 바뀔 수 있다지만 이렇게까지 번복을 할 수도 있는 것일까? 이 위인은 영혼이란 게 있는 것일까?

안정국 : 됐고, 오늘 뺄 수 있습니까, 없습니까?

송사리 : …오늘은 힘들 것 같습니다.

안정국 : 그럼 빼지 마세요. 그리고 알아서 대처하세요. 저도 이제부터는 인정사정 봐드리지 않고, 수단과 방법 가리지 않고 당신한테 피해줄 수 있는 모든 것에 대해 조처하겠습니다.

더 이상 상대하는 내 자신이 한심했다. 저런 위인을 믿고 여태까지 왔다니…

송사리 : 그러지 마시고 이해 부탁드립니다.

안정국 : 더 이상 뭘 이해해 달라는 겁니까?

나오는 모든 대화가 고함이다.

송사리 : 잠시만요. 처남이 바꿔달라고 해서…

처남 : 안녕하세요? 처남되는 사람입니다.

뭐야? 상대를 해야 하나 말아야 하나 순간 망설여졌지만, 그럴 틈도 없이 끼어든 처남이라는 사람이 말을 이어간다.

처남 : 아버지가 충격을 받아 쓰러지셔서 오늘은 이사가 정말 힘들 것 같습니다.

안정국 : 지금껏 모르셨다는 말인가요?

처남 : 예, 해결된 줄 알았지… 전혀 모르고 있다가 날벼락 맞은 기분입니다.

안정국 : 그럼 대략적으로 설명해드리겠습니다. 경매가 진행되어 소유권 변경된 지 4달이 됐습니다. 4달 동안 매형되시는 분과 6~7번 정도 약속을 했지만 지킨 적은 단 한 번도 없고, 이틀 전에 집행을 하루 앞두고 매형분이 무릎 꿇고 사정하는 바람에 마지막으로 집행을 연기해드렸습니다. 그런데 역시나 아무것도 지켜진 것이 없습니다. 저는 해드릴 만큼 해드렸다고 생각하므로 다음 주 월요일에 집행하겠습니다. 할 말 있으면 하세요.

처남 : 저희는 전혀 모르고 있었습니다. 어제부터 알아보고 있고, 조만간에 나갈 테니 조금만 더 시간을 주시기 바랍니다.

안정국 : 죄송합니다. 다시 한 번 말하지만 해드릴 만큼 해드렸다 생각합니다. 집행해도 저를 원망하지 마시고 4달 동안 대처하지 못한 매형을 탓하세요.

처남 : 확인해보니 집행은 수요일에 된다고 하던데… 며칠만 더 주시면 안 되겠습니까?

순간 움찔했다. 처음부터 그랬듯이 집행관과 모든 일정을 상의하고 있다는 기분이다. 집행자가 아닌 집행 당하는 사람이 이렇게 하나하나 알고 있다면, 문제다. 그러나 지금은 그런 것은 안중에도 없다.

안정국 : 일정이 그렇게 잡혔지만 앞당겨 달라고 하면 앞당길 수 있습니다.

처남 : 며칠만 부탁드리겠습니다.

안정국 : 안됩니다. 그대로 진행하겠습니다. 화요일까지 자진명도를 하시건, 집행을 당하시건 대처하십시오.

처남 : 전혀 모르고 있다가 이렇게 되다보니 막막하네요.

처남의 저 말이 과연 진실인지 아닌지 모르겠다. 일면 그럴 수도 있겠다 싶지만 이렇게 긴 시간 동안 몰랐다는 것은 말도 안 된다. 상대가 출장을 나가거나 집을 비운 시간이 꽤 될 텐데 법원에서 보낸 서류나 컨설팅업체들이 보내오는 서류들을 안 보았다는 것은 말이 안 된다.

안정국 : 이해는 합니다. 그렇다고 저한테 계속 피해를 주시면 안 되죠. 알아들었을 거라 생각하고 그대로 진행을 할 테니 그렇게 아시고 그만 끊겠습니다.

사람이 거짓말을 하는지 아니면 돈이 거짓말을 하는지⋯ 어찌되었든 자존심까지 버리며 부탁했으면 어떻게 해서든 약속을 이행했어야 하지 않나. 진짜 대책이 없는 사람이다. 그날 눈 한 번 딱 감고 진행했어야 하는데 후회가 된다.

#12

집행관사무실에 전화를 했다. 더 이상 대화는 무의미하다는 것이었고,

집행관도 더 이상 미루거나 중재를 할 명분이 없다.

이런 내용이 상대들에게 전해진 것일까? 집행 하루 전 오후에 상대에게서 전화가 걸려왔다.

송사리 : 지금 짐을 빼고 있습니다. 오시죠.

목소리를 들어보니 꽤 침착하다. 진짜인 듯하다.

현장에 도착하니 짐이 거의 다 빠지고 있다. 상대는 이사비에 대하여 얘기를 나누고 싶었는지 말을 꺼내려다 하지 않고 있다. 그렇다고 안정국이 일부러 먼저 말을 꺼낼 사안도 아니다. 그렇게 짐이 다 빠졌다.

송사리 : 다 뺐습니다.
안정국 : 수고하셨습니다.
송사리 : 이사비라도…
안정국 : 지금 이 순간 이사비를 얘기하는 게 말이 된다고 생각하십니까?
송사리 : 그래도 부탁드립니다.
안정국 : 알겠습니다. 포장이사비 정도에서 지원해 드리지요.

그렇게 약소한 금액을 받고, 그는 떠났다.

구로동 빌라 명도
- 학생이라 들었는데 직장 다니나요?

이 건을 낙찰 받은 당시의 시대적인 배경은 서울 외곽지역까지 소형 빌라가 투자처로 상당히 인기가 있었다. 서울 전 지역이 재개발 뉴타운 열풍이라고 볼 만했으니 감정가의 거의 2배나 되는 금액으로 응찰했다. 응찰인원은 40명이나 되었다. 이 물건에 대한 전입신고된 사람은 없었다. 그래서 명도는 그리 어려워 보이지 않았다. 그러나 해당 주택에는 임차인이 점유 중이었는데, 전입신고도 안 된 사회 초년생이었다.

#1 - 첫 방문, 아무도 없고

비가 주룩주룩 내린다. 낙찰 받은 빌라를 향해 계단을 올라간다. 초인종을 아무리 눌러도 응답이 없다. 연락처를 현관문에 꽂아두고 온다. 언제 전화가 올까?

2 - 채무자에게 전화가 걸려오고

사흘이 지나도 연락이 없던 경매낙찰 빌라에서 나흘째 되던 날 전화가 걸려왔다. 젊은 남자의 목소리다. 자신은 세입자이며 자신의 권리는 어떻게 되느냐는 것이다. 당시 권리신고도 없던 상태라 세입자가 거주하고 있을 것이라는 생각은 하지 않았다. 하지만 탐문조사 결과, 그리고 동사무소에서 전입을 확인한 결과에 따르면 경매신청 이후에 전입해온 학생인 것이다. 따라서 경매정보지에는 전혀 나타나지 않았던 것이다.

보증금 500만원, 월 45만원

처음 전화를 받았을 땐 가슴이 덜컹했다. 세입자가 있는 줄 모른 상태에서 응찰한 것이며, 잔금납부 후 인근의 부동산 탐문조사 결과 문제가 많았던 집이라는 게 마음에 걸렸는데, 그게 이것인가 하는 생각이었다.

하지만 전화를 건 세입자는 후순위였으며 따라서 일단 안심했다. 간단히 통화 후 그는 약 4개월 전부터 월세를 받으러 오는 주인아줌마가 연락이 안 되어 자신도 어떻게 현 상태에서 처리해야 할지 모르겠다는 것이다. 그의 권리구제와 명도 관련해서 이틀 후 저녁에 만나기로 했다.

3 - 잘못된 정보로부터 생긴 의뢰인의 심기. 그로부터 잡은 협상전략

의뢰인에게서 갑자기 전화가 걸려온다. 명도를 완료하지 않은 상태에서 주변에 전세를 내놓았는데 부동산에서 계약하자고 연락이 왔다는 것이다. 잔금대출을 많이 받기로 했으므로 그 이자가 부담이 되는 의뢰인 입장은 충분히 이해가 되었다. 하지만 명도가 완료되지 못했으므로 전세 건은 취소하라고 당부하는데, 재미있는 정보가 들어왔다.

1) 현재 공실이다.

a) 김장수에게 전화를 걸어온 채무자는 세입자이며 자신이 거주 중이라는 내용을 밝혔고, 아래층 반장으로부터 학생들이 가끔 왔다가고 주인도 왔다간다는 내용을 들은 의뢰인이 김장수에게 그 사실을 전한다.

b) 이런 내막을 잘 아는 부동산, 즉 위에서 전세를 놓으려고 했던 서울부동산에서 그 빌라는 지금 100% 비워져 있으며, 이 물건이 대한부동산에 전세로 나와 있고, 열쇠도 그쪽에서 가지고 있다고 한다.

※ **보충 설명** – 엇갈린 진술이다. 당시 의뢰인과 통화하면서 열쇠를 가지고 있다는 대한부동산이 경매로 낙찰된 집에 대하여 전세를 놓는다는 것은 절대 있을 리 없고 혹시 잘못 들은 게 아니냐는 말을 의뢰인에게 했지만, 의뢰인은 전세를 놓기로 한 서울부동산에서 이런 정보를 알리지 말아달라는 부탁까지 하니 그 말을 믿을 수밖에 없는 것이다.

그럼 의뢰인과 전세를 놓기로 한 서울부동산의 얘기가 맞다면 대한부동산은 왜 빌라 열쇠를 가지고 있는 것일까? 열쇠를 가지고 있다는 게 사실이라면 이 명도 건과 무관하지 않은 위치에 있다는 것이다. 위장 세입자를 집어넣고 뒤에서 이사비를 뜯어내려는 수작일 것이라고 판단했다.

따라서 의뢰인이 전해준 정보들을 기초해 인터넷 '온나라'로 접속해 해당 물건지 반경 3km 이내의 '대한' 상호를 사용하는 부동산중개소를 찾아낸다. 수백 개의 부동산중개소 중 대한부동산이라는 상호를 사용하는 곳은 3곳이다. 두 곳은 현장과 너무 멀어 용의선상에서 지우고, 가장 근접한 곳을 문제의 부동산으로 지목한다.

만일 서울부동산에서 얘기한 소문이 맞다면(100% 비워져 있다) 일은 간단하게 처리할 수 있다. 즉 용의선상에 오른 부동산을 방문하여 전세물건 찾는다고 하면서 상대가 그 물건을 보여주면 왜 이런 미친 짓거리를 하는지 머리통을 쥐어뜯으며 물어볼 것이고, 그리고 비워져 있다면 즉시 별도의 소송절차 및 후순위 세입자와 타협 없이 바로 현관문을 교체하여 상황 종료시킬 것이다. 하지만 짐이 많다면 협상 및 강제집행 둘 중 하나를 택하고, 짐이 적다면 그 상황에 따른 대처를 하면 된다.

2) 후순위 세입자라고 밝힌 학생은 정말 세입자일까, 아니면 누군가의 조정을 받는 간 큰 어린놈인가 확인이 필요하다.

a) 전입신고된 임순자, 박순희는 여자 이름이다. 그런데 통화가 되는 학생은 남자다. 어떤 관계일까?

b) 진정한 세입자라면 타협으로 진행할 것이고, 그렇지 않다면 상대가 사용하는 비신사적인 전략을 그대로 사용한다. 따라서 진정한 후순위 세입자인지의 판단기준은 계약서 확인 및 필체를 확인하고, 계약금 지불방법과 계좌이체와 상대의 입을 통해 나오는 진술을 근거로 판단하겠다.

c) 채무자와의 만남은 낙찰 받은 빌라 안방에서 하기로 마음먹는다. 정상적인 가재도구가 있는지 달랑 TV 하나만 두고 채무자인 것처럼 쇼하는지 확인이 필요하다. 짐이 없거나 간단한 가재도구만 있다면 짜고 치는 고스톱으로 인정해 명도협의 절차를 무시하고 바로 현관문 열쇠를 교체해 해당 빌라를 점유할 작정이다.

3) 현재 의뢰인은 감정이 많이 상해 있다.

합리적인 타협이 경제적으로 이익이 갈 수 있음에도 짜고 치는 고스톱이 맞다면 의뢰인은 일체의 타협에 응할 생각이 없다는 의사를 거듭 전해온다. 그 말뜻은 바로 강제집행을 신청하고, 배당금에 가압류 및 채권추심지급명령을 해놓으면서 상대들이 배당금을 찾기 위해 찾아오더라도 수단과 방법을 동원해 골탕 먹이려고 한다. 즉 눈에는 눈, 이에는 이로 대처하자는 것이 의뢰인의 생각이다. 당시 낙찰가액보다 총부채가 적었기 때문에 경매등기 이후의 채권자에게는 배당이 가능해 보였던 상황이었다. 만나보면 어느 정도의 윤곽은 나타나고 앞으로 해야 할 일 역시 정해지는 것이다.

세입자와 오후 6시에 만나기로 약속했다. 의뢰인이나 김장수나 예상치 못한 정보에 이 작자들을 일망타진하기 위해 한 수 한 수를 신중하게 둬야함을 실감하며 전투의식을 불사른다.

하지만 만나기로 약속한 6시가 되기 한 시간 반 전인 4시 30분에 문제의 후순위 학생에게서 전화가 걸려온다.

4 - 잘못된 정보의 내막이 풀리고

심마니 : 어떡하지요? 오늘 만나기로 약속한 것 낼로 미루어야겠는데요?

김장수 : (상대가 수를 쓰고 있는 것이라 생각했다) 왜 그렇죠?

심마니 : 저희 사장님이 외국에서 출장을 다녀와서 오늘이 귀국하는 날인데 회식이 잡혀 있습니다. 제가 아직 입사년도가 얼마 안 되어 중간에 빠져 나오지 못할 것 같습니다.

김장수 : (사장님? 학생이 아니란 말인가?) 하나 좀 물어봅시다. 학생이라고 들었는데 직장을 다니나요?

심마니 : 누가 그러던가요?

김장수 : 아래층 반장님이 학생들이라고 하더군요.

심마니 : 그렇군요. 그게 아니고 제 여자 친구가 유아도서 출판사에 근무
　　　　합니다. 업무상 항상 책을 들고 다니니 사람들이 학생으로 본
　　　　모양입니다. 어려보이기도 하구요.

김장수 : 그렇군요. 그런데 전입신고된 사람은 여자인데 전화 받는 분은
　　　　어떤 관계이지요?

심마니 : 남자 친구입니다.

김장수 : 그럼 전화 받는 분은 어디서 일하시나요?

심마니 : 직장은 집 근처인 구로동입니다.

김장수 : 듣자하니 주인아주머니가 자주 찾아온다는데 열쇠를 주인과 같
　　　　이 사용하나요?

심마니 : 그럴 리가 있나요. 저도 주인 못 본 지 4개월이 되었는데…

김장수 : 부동산에서 그 집을 전세 놓기 위해 주인도 들른다고 분명히 들
　　　　었습니다.

심마니 : 아, 옆집 말이군요. 301호가 현재도 비어 있고, 전세 놓기 위해
　　　　부동산에서 자주 방문하는 것으로 압니다.

김장수 : 그럼 지금 집안에 살림살이가 많은가요?

심마니 : 그럼요. 모든 살림살이가 다 있지요.

김장수 : 예, 알겠습니다. 일정이 그러하시다니 낼 5시경 만나서 얘기합
　　　　시다.

심마니 : 알겠습니다. 계약자로 되어있는 여자 친구와 같이 나오겠습니다.

　　통화를 끝내고 보니 확신을 가지고 정보를 제공해주던 서울부동산은
301호와 302호를 혼동한 것이고, 대한부동산에서 열쇠를 가지고 있다는

것은 우리 옆집 즉 301호의 열쇠를 가지고 있고, 의뢰인은 반장에게 물어볼 때 3층이라고 물은 것이다. 즉 '3층에 누가 살아요?'라고 물었는데 공교롭게도 의뢰인은 302호를 물은 것이고, 반장은 301호를 묻는 것으로 알고 답변한 것이다. 따라서 의뢰인이 적개심을 가지고 원칙적 대응을 하자는 반응은 잘못된 정보에 기초한 반응이었다. 오해는 풀렸고, 웃지 못할 한바탕의 연극 수준이었다.

다음날 미리 집 근처에 도착하여 전화를 건다.

김장수 : 만나기로 한 사람입니다. 어디 계시죠?

심마니 : 집 근처입니다. 곧 갈게요.

근처라면 5분 내 도착할 줄 알았는데 10분을 기다려도 오지 않는다. 여자 친구와 같이 오기 때문일까? 빌라 주변을 배회하고 있는데 빌라에서 젊은 남녀가 나온다. 직감적으로 만나기로 약속한 사람들임을 알 수 있다.

김장수 : 혹시…?

심마니 : 예, 맞습니다.

근처라고 해놓고서는 집 안에서 나온다.

김장수 : ❶ 집에 들어가서 얘기합시다.

심마니 : 밖에서 얘기하시죠.

김장수 : 왜 그러시죠? 이렇게 뻘쭘하게 밖에서 얘기하자구요?

심마니 : 집 안이 정돈이 안 되어서 그럽니다. 여기서 얘기하시죠.

김장수 : 좋습니다.

빨간펜 study 🖋️

❶ 안방을 점령할 의사였으며, 그 집은 이미 내 집이라는 인식을 미리 심어주어 남의 집에서 빨리 나오라는 무언의 의사를 전달함과 보지 못한 집 내부를 볼 겸 제의한 것이다. 그러나 한방 먹었다.

#5 - 호의적 접근

김장수 : ❷ 직장이 여기 근처인가 봅니다. 어디시죠?

심마니 : ○○○사의 ○○지점입니다.

김장수 : 옆에 계신 분은?

심마니 : ○○사의 직원입니다.

김장수 : 그렇군요. 저도 임씨인데 어디 임씨이죠?

심마니 : ○○임씨입니다(엥? 처음 듣는 곳이다).

김장수 : 그렇군요. 그런데 어떻게 된 사연입니까? 경매 후에 전입 들어온 사람들이라 위장 세입자거나 주인의 딸인 줄 알았습니다.

심마니 : 저희는 몰랐어요.

김장수 : 부동산에서 임대차 계약을 했나요?(당연히 아닐 것이라 생각했지 만 일단 물어보았다)

심마니 : 예.

김장수 : 예? 아니, 어떻게 그런 일이… 이 사실을 부동산에 얘기했나요?

심마니 : 이미 그 부동산은 인터넷상에서 폐쇄됐어요(인터넷을 보고 연락하여 계약을 한 모양이다).

김장수 : 그래요? 그럼 지금 계약서는 소지하고 있나요?

심마니 : 예. 갖고 있습니다.

김장수 : 그 계약서에 상호와 연락처가 있을 것 아닙니까?

심마니 : 봐야 알겠지만 계약은 부동산 직원과 했는데, 계약서는 이 빌라의 방에 들어와서 건물주의 위임장을 받고 왔다고 보여주면서 계약을 하고 잔금을 치러 그 부동산은 어디에 있는지 한 번도 가보지 않았습니다. 그리고 상호나 연락처는 빠져 있지만 명함은 아직 가지고 있어요.

김장수 : ❸ 계약할 때 등기부는 안 보았나요?

심마니 : 부동산 직원이 동네 선배입니다. 그래서 믿고 했죠.

김장수 : 일단 손해는 발생했지만 구제할 방법은 있겠군요.

심마니 : 어떻게 하면 되죠?

김장수 : ❹ 이런 상황에서 권리를 구제할 방법에 대해 전혀 알아보지 않았나요?

심마니 : 저희가 어떻게 그런 것을 알겠습니까?

김장수 : 명함을 가지고 있다면 일단 그 중개소에 사용자 책임을 물을 수 있을 겁니다.

심마니 : 그게 뭔데요?

김장수 : 사용자는 피사용자의 사고 책임을 1차적으로 져야 하고, 사용자는 피사용자 즉 사고 친 사람에게 구상권을 행사할 수 있습

니다.

심마니 : 복잡한가요?

김장수 : 다소 복잡하기는 하지만 당신들의 의지가 중요합니다. 돈을 받아내겠다는 의지!

심마니 : 안 준다고 하면 어떻게 하나요?

김장수 : 방금 말씀드렸듯이 누가 호락호락 돈을 주겠습니까? 그래서 의지가 필요하다고 말하지 않았습니까? 당신들이 의지만 가지고 있다면 제가 옆에서 도와드릴 수 있습니다. 주인과는 아직 연락이 안 되나요?

심마니 : 계약서 작성 후 월세를 받으러 올 때도 계약했던 부동산 직원이 와서 직접 받아갔기 때문에 볼 일이 없었습니다.

김장수 : 언제까지 월세를 받으러 왔나요?

심마니 : 올 4월까지 왔었어요(경매낙찰 한 달 전까지이다).

김장수 : 그럼 5월부터 연체된 액수는 얼마인가요? ❺ 그때부터 제가 주인이니까요.

심마니 : 월 45만원이니 220만원 정도입니다.

김장수 : 일단 이 거래를 체결한 중개소에 1차적인 손해배상을 청구할 권리가 있습니다. 저에게 명도에 협조해준다는 조건이면 제가 그 방법을 가르쳐 드리지요? 어떻습니까?

심마니 : 감사합니다.

김장수 : 그리고 전 주인에게 돈을 받을 수 있는 방법도 있습니다.

심마니 : 어떻게요?

김장수 : 8월 ○○일이 배당기일입니다 그날 오후 2시까지 남부지방법원

에 출두하시고, 주인아줌마를 보면 멱살을 잡고 돈 내놓으라고
하세요.

심마니 : 어떻게 그런 일을 할 수 있어요.

김장수 : 하고 안 하고는 당신들의 선택 문제입니다.

심마니 : 그런 행동은 한 번도 해본 적이 없는데….

김장수 : ❻ 보증금 500만원이 그렇게 쉽게 포기될 수 있는 금액입니까?

심마니 : 그건 아니지만…

김장수 : ❼ 얘기를 들어보니 당신들은 세 가지의 실수가 있었네요. 첫째
는 등기부를 보지도 않고 계약을 한 점. 이것은 분명한 과실입
니다.

심마니 : 인정합니다.

김장수 : 두 번째는 배당신청을 하지 않았더군요?

심마니 : 소액임차인이라 그냥 받을 수 있다는 사람과 낙찰자에게 달라
고 하거나, 그리고 법원 직원은 배당될 금액이 없을 거라고 하더
군요.

김장수 : 소액임차인이라도 배당을 신청해야 하며, 감정가 1억3000만원
인데 부채가 2억이니 받을 게 없을 거라 생각해서 법원 직원이
그렇게 얘기한 것으로 보입니다만, 낙찰금액이 2억3000만원대
이니 총부채를 해결하고도 남는 돈이 충분히 있습니다.

심마니 : 그렇군요. 그걸 몰랐어요.

김장수 : 셋째는 경매가 들어간 것을 알면 그때부터 월세를 내지 않고 보
증금을 까먹어 가면 되는데 최근 4개월 전까지 낸 것은 실수라
고 보여집니다. 당신들의 실수가 너무 많군요. 이 점에 대해 어

떻게 생각하나요?

심마니 : 말씀을 들어보니 그렇군요.

빨간펜 study

❷ 일단 이 질문을 가장 먼저 한 이유는 나중에 부담스러운 상황에서는 이에 대한 답변을 얻기가 어려울 수 있다. 이 질문은 나중에 상대를 압박하기 위해 먼저 정보를 얻는 과정이다.

❸ 이 모든 사단은 자신의 실수에서 비롯된 것이라는 과실을 인정받기 위한 질문이다.

❹ 배후에 누가 조정하는가를 알아보기 위함이다.

❺ 이사비를 언급하지 못하게 하고, 내 집에 무상으로 거주하고 있다는 죄의식을 주기 위한 질문이다.

❻ 상대가 전 주인에게 받아야겠다는 강한 의지가 들어야 나와의 싸움은 피하고, 나와 공조관계를 맺을 수 있다.

❼ 확실한 죄의식 주기와 당신들의 과오를 내 쪽에 묻지 말라는 의도이다. 그리고 충분히 전문가다운 분석을 제시하여 이의를 달지 못하게 하기 위함이다.

#6- 요구

김장수 : 일단 이 모든 일의 수습이 쉬워보이지는 않네요. 하지만 당신들이 저를 도와준다면 저도 당신들을 도와드릴 수 있습니다.

심마니 : 어떤 것이지요?

김장수 : ❽ 일단 열흘 이내 집을 비워주셔야 합니다.

❽ 무리하다는 것은 이미 알고 있다. 다만 다른 곳에서 양보를 얻어내기 위해 먼저 강한 요구를 하는 것이다.

#7 - 강한 요구

심마니 : 열흘요? 너무 촉박합니다. 여름이라 집을 구하기도 어렵고, 저희가 직장을 다니므로 퇴근 후에 알아보아야 하는데 열흘은 너무 촉박해요.

김장수 : ❾ 경매가 시작된 지 꽤 오래 되었는데 여지껏 팔짱만 끼고 있었나요?

❾ 이때 너무 짧다면 언제쯤이라는 질문을 하지 않았다. 이 말을 하면 이미 그 부분만큼 양보해줄 수밖에 없는 대화로 이어지기 때문이라고 판단했다. 가장 중요한 것인데 너무 쉽게 양보할 수는 없는 사안이다.

#8 - 상대의 대안 알아내기

심마니 : 낙찰자가 찾아오면, 그때부터 한두 달간 찾아보면 된다길래…

김장수 : 누가 그럽니까?

심마니 : 인터넷에서 보았어요.

김장수 : (웃으며) 자신에게 유리한 정보만 얻으셨군요. 맞죠?

심마니 : …

김장수 : 물론 일부는 맞는 말이지만 그것이 진실은 아닙니다. 저 역시 그
런 답변을 해주는 직업을 가진 사람입니다.

이때 같이 간 회원 중 1인이 타이밍에 맞게 한 수 거든다.

일행 : ❿ 이 분 유명한 사람이에요. 경매계에서는 알 만한 사람들은 다
알죠.

심마니 : 명함 좀 주시겠습니까?

김장수 : 안됩니다. 일이 끝나면 제 신분을 밝힐 것이고, 서로 협조적인
관계로 일이 마무리되면 저와 좋은 관계를 유지하게 될 것이고,
그렇지 못하면 우린 악연으로 마주할 겁니다(묵시적인 언급이 더
큰 힘을 줄 수 있다).

빨간펜 study ✏

❿ 선한 역 악한 역과 비슷하지요. 제3자가 옆에서 권위의 힘을 실어주고 있습
니다. 제 입으로 '저 유명한 사람이거던요'라고 하는 것은 보기 우습죠.

9 - 암시적인 힘

김장수 : 좋게 마무리되지 못하면 어쩔 수 없이 소송에 들어간 비용과 연
체 차임을 당신의 ○○○사 ○○지점 급여에 채권추심 들어갈 수
밖에 없습니다. 그런 관계로 확대되는 것을 원치 않습니다(위협의

강도가 높아진다).

심마니 : 그렇군요.

김장수 : 이제 당신과 나는 전 주인에게 당신의 피해를 구제받기 위해 한 배를 탄 사람입니다. ⓫ 우리끼리는 협조합시다.

심마니 : 알겠습니다. ⓬ 하지만 열흘은 너무 무리입니다. 우리가 생각할 수 있게끔 이틀의 시간을 주세요.

김장수 : 좋습니다. ⓭ 하지만 이 일을 다른 사람과 의논하기 위한 시간 벌기로 생각하시면 전 주인을 상대로 한 채권회수에 대해서는 발을 뺄 겁니다.

심마니 : 전문가라고 하셨으니 제가 다른 사람과 의논해봐야 똑 같을 것 아닙니까? 그런 것은 아닙니다. 이틀의 시간을 주세요.

김장수 : ⓮ 이틀의 시간을 드릴 테니 모레 오후 5시까지 연락을 주세요.

빨간펜 study 🖊

⓫ 우리라는 표현을 자주하여 공동의 적에 대해 동질성이 생기게끔 단어와 문장내용을 사용한다.

⓬ 상대의 거절과 요구가 이어진다. 당연한 현상이므로 감정이 상할 이유는 없다.

⓭ 조건부 제시였으므로 조건이 이루어지지 않으면 당연히 기회는 차단됨을 알린다.

⓮ 뚜렷한 시간을 제시하여 두리뭉실한 답변이 나오지 않게 한다.

이틀의 생각할 시간을 달라고 한 약속! 그 약속을 어기지 않고 상대에 게서 전화가 걸려온다.

심마니 : 경매 건 때문에 오셨던 분이죠?

김장수 : 말씀하세요.

심마니 : 저희에게 열흘만 더 시간을 주면 안 될까요?

김장수 : 열흘을 준다고 크게 다를 게 있나요?

심마니 : 압니다. 열흘 정도만 주면 고시원을 구해서라도 나갈 예정입니다.

김장수 : 글쎄요. 하지만 그 기간연장에 대해서는 만나서 얘기 나눕시다.

심마니 : 그리고 지난번 말씀하신 저희 보증금 회수하시는데 도와주실
수 있나요? 물론 그 사례는 하겠습니다.

김장수 : 글쎄요. 도와드릴 수는 있습니다. 그리고 돈을 받으면서 도와드
릴 생각은 안했습니다. 경매로 보증금 잃어버린 사람한테 그런
수고비까지 받고 싶지는 않습니다.

심마니 : 그럼 저희야 너무 감사하구요.

김장수 : 하지만 제가 무료로 도와드리는 것은 그쪽에서 나의 요구사항
을 잘 따라줄 경우입니다.

심마니 : 그 정도는 알고 있습니다.

김장수 : 기간연장에 대해서 만나서 얘기합시다. 내일 모레 어떤가요?

심마니 : 휴가기간 중이라 여친과 통화 후 연락드리겠습니다.

김장수 : 전화 기다리겠습니다.

상대와 6시에 만나기로 약속이 정해졌다. 오늘 만남에서 합의가 이루
어질 확률이 높아 합의서를 미리 작성해서 챙겨간다.

근처에 도착하니 4시 30분이다. 카페 회원 중 1인이 근처에서 자동차
광택 점포를 운영 중이라 방문해 근황을 얘기 나누다가 500cc 맥주 세

잔을 마셨더니 땀이 삐질삐질 흐른다.

약간의 취기가 오른 상태에서 상대에게 전화를 건다.

김장수 : 접니다. 집에 계시나요?

심마니 : 예, 집에서 기다리고 있습니다.

김장수 : 집으로 갈까요, 가까운 남구로역에서 만날까요? 편한 대로 하

시죠.

심마니 : 집으로 오시죠.

한낮에 얼큰하게 취기가 오른 상태에서 땀을 흘리며 해당 빌라 근처에
도착한다. 방문하기 전에 예상 시나리오와 점검사항들을 다시 한 번 훑
어보고 마음을 다잡는다. 초인종을 누르니 상대가 문을 열어준다.

10 - 명도의 원칙적 합의문제

김장수 : 지난번 만남 때 제가 실수를 한 적은 없었나요? 혹시 매너스럽

지 못하다던가….

심마니 : 그런 것은 없었습니다.

김장수 : 어제 전화 중에 이해가 안 가는 부분이 있어 만나자고 했습니다

(사실 오늘은 합의 분위기를 잡기 위한 만남이다). ⓯ 열흘을 드렸으

면 충분한 시간이라고 생각하는데 추가적인 열흘이라니요?

⑮ ① 당시 상대는 사흘 전 전화로 열흘의 말미를 달라는 얘기를 했다. 충분히 줄 수도 있는 시간이었고, 내 쪽에서 원하는 이상의 빠른 시간이다. 첫 요구가 강했기에 가능한 것이다. 이런 것을 '닻의 효과'라고 한다. 양 당사자 중 누군가 처음 제시한 안건이 협상의 기준점이 되는 첫 제시는 누가 먼저 하여야 하는가에 대해 상대가 먼저 하게 하는 것이 좋다고 한다. 그것은 상대가 의외로 좋은 조건을 제시해올 수도 있고, 또 반반 전략을 구사할 수도 있기 때문이다. 하지만 서로 상대에 대한 정보가 약할 때는 닻의 효과로 인해 상대의 가치관을 변화시킬 수 있기 때문에 먼저 요구할 수도 있는 것이다. 여기서는 후자의 경우이다.

② 요구의 법칙이 이어지고 있다. 전화상으로 상대가 열흘의 추가적인 시간을 달라고 한 부분에 있어서 yes를 하면 너무 쉬운 양보를 대가도 없이 한 경우가 되고, no를 하면 서로의 입장 표현만 하게 된다. 즉 거절이 너무 쉬워지는 것이다. 게다가 전화협상에서는 너무 쉽게 no가 발생될 수 있으므로 열흘의 추가적인 시간을 양보는 하되 반대급부를 요구하기 위해서는 대면협상이 필요했던 것이다.

협상의 기본적인 공식을 다시 한 번 요약하면, 크게 요구하고 → 전략적으로 양보는 해주되 → 양보에 대한 반대급부를 요구하는 것이다. 이 반대급부가 없을 때 상대는 애초 너무 무리한 요구를 한 것에 대한 양보로 생각하여 쌍방 간의 신뢰가 손상될 수도 있다.

③ 쟁점 부분이므로 혹시 상대의 표현되지 않은 다른 요구가 없나 하는 정보의 취득에도 유리한 접근이다.

심마니 : 이미 비워주기로 마음을 먹었지만 그 시간은 하늘이 두 쪽 나도 구할 수 없는 시간입니다.

김장수 : ⓰ 그럼 열흘이면 확실히 구한다는 보장이 있나요?

심마니 : 자신은 할 수 없지만, 그래도 구해보려고 하고 있습니다.

김장수 : ⓱ …(침묵)

심마니 : ⓲ 그때까지 못 얻으면 고시원이라도 들어갈 예정입니다.

김장수 : 고시원에 들어갈 의지까지 있다면 ⓳ 굳이 열흘까지 필요한가요? 5일 연장으로 합시다.

심마니 : 만일 그 전에 구한다면 그렇게 나갈 수도 있으나, 혹시 못 구할 수도 있기 때문입니다.

김장수 : 그리 어렵지는 않을 것 같은데…

심마니 : 열흘을 주시면 감사하겠습니다.

김장수 : 좋습니다. ⓴ 단 저도 열흘을 양보하는 대신 한 가지 협조를 받아야겠습니다.

심마니 : 뭐죠?

김장수 : 먼저 이행각서에 서명날인해주시는 것과 다음 주부터는 이 집을 전세 놓기 위해 제가 지정하는 부동산에 잘 보여주어야 합니다.

심마니 : 알겠습니다. 그렇게 하죠.

김장수 : 그럼 다시 한 번 요약해봅시다. 첫째, 8월 ○○일까지는 무조건 명도한다. 비이행시 모든 가재도구는 임의로 폐기처분한다. 둘째, 다음 주부터는 부동산에 전세를 놓기 위한 열쇠복사 및 비밀번호를 알려주는 등의 적극적인 협조를 한다.

⑯ 상대의 의지와 대안이 있는지 확인해보는 것이다.

⑰ 이 순간은 중요하다. 백 마디 설득보다 침묵이 더 효과를 발휘할 수 있다. 상대가 '자신은 할 수 없지만'이라고 했다. 침묵을 유지하면 협상이 서툰 사람들은 아래와 같은 얘기(고시원이라도 들어갈 예정)가 따라 나오게 되어 있다.

⑱ 바로 이 대답을 원했던 것이다. 내 입으로 '고시원이라도 구하시죠'라고 하는 것보다는 서로의 자존심을 건드리지 않는 대안을 선택한 것이다.

⑲ 1/2 전략을 사용하는 것이다.

⑳ 양보를 해주는 대신 반대급부를 요구하는 것은 협상의 기본이다.

11 - 이사비 합의문제

김장수 : 실례되는 말인지 모르겠지만 처음 두 분은 이사비를 뜯으러 들어온 위장 전입자인 줄 알았습니다. 그래서 사실 벼르고 있던 참이었으나 전후 사정을 들어보니 선의의 피해자임을 알았습니다. 하지만 저도 피해를 입고 있는 중입니다. 왜냐하면 아무도 없는 줄 알고 잔금 내면 바로 들어올 수 있을 것이라 생각했다가 그러지 못하고 있기 때문입니다. ㉑ <u>자진명도해줄 의사는 없는지요?</u>

심마니 : 저희도 너무 큰 손해를 입었는데 20일의 시간 안에, 게다가 그냥 나가라는 것은 너무한 처사라고 생각합니다. 100만원 정도는 주셔야…

김장수 : 무리한 요구입니다. 아까 열흘의 말미를 추가적으로 드리지 않

았습니까? 그리고 채권회수에 대한 지원까지 해드린다고 말씀드리지 않았습니까?

심마니 : 그건 압니다. 그래도 그 정도는 있어야 어디 가서 계약이라도 하죠.

김장수 : 수정제시안을 내놓아보세요. 딱 한 번만 받아들이겠습니다.

심마니 : 그럼 70만원만 주십시오.

김장수 : 60만원은 안되겠습니까?

심마니 : 70만원으로 주세요. 그럼 저희가 8월 20일에서 사나흘 전이라도 빼도록 노력할 게요.

김장수 : 믿어도 되겠습니까?

심마니 : 믿어보세요.

김장수 : 좋습니다. 시원시원하게 나오시니 지금 당장 40만원 드리고, 이사 나가는 날 30만원 드리지요.

심마니 : 감사합니다.

빨간펜 study

㉑ 상대가 거부할 것이라고 생각이 들더라도 요구를 해본다. 손해날 일은 없다.

12 - 채권회수

김장수 : 우리 둘의 합의는 순조롭게 마무리되었군요. 채권회수에 대해 얘기 나누어봅시다.

…중략….

심마니 : 예, 알겠습니다. 도와주세요.

김장수 : 이제 일어나겠습니다. 혹시 더 하고 싶은 얘기 없나요?

심마니 : 아닙니다. 이렇게 편의를 봐주시니 감사합니다. 그리고 제가 이 사올 때 해놓은 디지털 열쇠는 떼어가도 되지요?

김장수 : 구멍을 메울 수 있다면 그렇게 하셔도 됩니다.

심마니 : 메우는 비용이 더 많이 들겠네요.

김장수 : 그럼 그대로 두고 가세요. 그 정도의 선물은 하나 받아도 될 것 같은데, 어떠세요?

심마니 : 좋습니다. 그렇게 하시죠.

여느 명도 협상보다 상대를 만나기 전 협상의 원칙을 잘 따랐고, 철저한 준비 덕택에 어렵지 않게 합의를 도출할 수 있었다. 허브 코헨Herb Cohen의 〈협상의 법칙〉 어디엔가 이런 구절이 있다.

'목표에는 완고하지만 수단과 방법에는 융통성을!'

명도를 하면서 어려움에 부닥칠 때면 김장수가 혼자 조용히 되새겨보는 좌표가 되는 말이다. 명도로 가는 길, 노력하고 애쓴 만큼 그 길이 평탄하지 않을까.

참고 서식

재판기록 열람 · 복사/출력 · 복제 신청서			허	부

신 청 인	성 명	진 정 수	전화번호	
			담당사무원	
	자 격	경매낙찰자	소명자료	

신 청 구 분	■ 열람　　□ 복사　　□ 출력　　□ 복제		

사 용 용 도	열람		

대 상 기 록	사건번호	사건명	재판부
	2016타경2345	부동산 임의경매	경매16계

복사/출력 · 복제할 부분		(복사/출력 매수　　매) (복제용량　　메가바이트)

복사/출력 방법	■ 법원 복사기　　□ 변호사단체 복사기　　□ 신청인 복사설비　　□ 필사

이와 같이 신청하고, 신청인은 열람·복사/출력·복제에 관련된 준수사항을 엄수하며, 열람·복사/출력·복제의 결과물을 통하여 알게 된 개인정보, 영업비밀 등을 개인정보 보호법 등 관계법령 상 정당한 용도 이외로 사용하는 경우 민사상, 형사상 모든 책임을 지겠습니다.

20 년 월 일

신청인　진 정 수　(서명 또는 날인)

비 고 (재판장 지정사항 등)		
영 수 일 시	20 ． ． ．	영수인
신청수수료	□ 500 원　　□ 면 제	(수 입 인 지 첩 부 란)
복사/출력 · 복제 비용	원	

※ 준수사항 및 작성요령

1. **[개인정보 보호법 제19조]** 개인정보처리자로부터 개인정보를 제공받은 자는 다음 각 호의 어느 하나에 해당하는 경우를 제외하고는 개인정보를 제공받은 목적 외의 용도로 이용하거나 이를 제3자에게 제공하여서는 아니 된다. 1. 정보주체로부터 별도의 동의를 받은 경우 2. 다른 법률에 특별한 규정이 있는 경우
2. **[민사소송법 제162조 ④항]** 소송기록을 열람·복사한 사람은 열람·복사에 의하여 알게 된 사항을 이용하여 공공의 질서 또는 선량한 풍속을 해하거나 관계인의 명예 또는 생활의 평온을 해하는 행위를 하여서는 아니 된다.
3. 신청인·영수인란은 서명 또는 날인하고, 소송대리인·변호인의 사무원이 열람·복사하는 경우에는 담당 사무원란에 그 사무원의 성명을 기재
4. 신청수수료는 1건당 500원(수입인지로 납부). 다만, 사건의 당사자 및 그 법정대리인·소송대리인·변호인(사무원 포함)·보조인 등이 그 사건의 계속 중에 열람하는 때에는 신청수수료 면제
5. 법원복사기/프린터로 복사/출력하는 경우에는 1장당 50원의 비용을 수입인지로 납부 (다만, 100원 단위 미만 금액은 이를 계산하지 아니함)
6. 매체를 지참하여 복제하는 경우에는 700메가바이트 기준 1건마다 500원, 700메가바이트 초과 시 350메가바이트마다 300원의 비용을 수입인지로 납부(매체를 지참하지 아니한 경우 매체 비용은 별도)
7. 복사/출력·복제할 부분 란에 복사대상(기록의 일부를 복사/출력·복제하는 경우에는 대상을 열거하여 특정하여야 함) 및 복사/출력을 정확하게 기재하여야 함
8. 열람·복사 담당 법원공무원의 처분에 대하여 불복하는 경우에는 이의신청을 할 수 있음

명 도 확 인 서

사건번호 : 2018타경 ○○○○

이   름 : 이 몽 룡

주   소 : 서을특별시 성북구 정릉동 ○○번지

위 사건에서 위 임차인은 임차보증금에 따른 배당금을 받기 위해 매수인에게 목
적부동산을 명도하였음을 확인합니다.

첨부서류 : 매수인 명도확인용 인감증명서   1통

2018년   ○○월   ○○일

매수인 진 정 수   (인)

연락처(☎) 010-6789-○○○○

지방법원   귀중

명도이행각서

낙찰자 귀하

부동산의 표시 : 서울시 성북구 정릉동 ○○번지

　본인은 상기 부동산의 점유인으로서 상기인과 원만한 합의를 이루었으며 …(생략)… 2018년 ○월 ○일까지 해당주택을 자진명도할 것이며, 만약 이를 이행하지 못할 경우 상기일 이내까지 방치된 일체의 가재도구는 임의 폐기처분하셔도 좋습니다.

　위 사항 각서인 : ○○○
　　　　　　　　 서울시 성북구 정릉동 ○○번지
　　　　　　　　 2018년 ○월 ○일

부동산인도명령신청

사건번호 : 2017타경○○○○호

신청인(매수인)　 : 외뢰인 부부
　　　　　　　　　서울특별시 중구　○동 ○번지

피신청인(임차인) : 오 단 정
　　　　　　　　　서울특별시 성동구　옥수동 ○○아파트 ○○○동 ○○○호

위 사건에 관하여 매수인은 2018.　　.　　.에 매각대금을 완납한 후 채무자 (소유자, 부동산점유자)에게 별지 매수부동산의 인도를 청구하였으나 채무자가 불응하고 있으므로, 귀원 소속 집행관으로 하여금 채무자의 위 부동산에 대한 점유를 풀고 이를 매수인에게 인도하도록 하는 명령을 발령하여 주시기 바랍니다.

사 실 확 인 서

집행관 귀하

부동산의 표시 : 서울시 성동구 옥수동 ○○아파트 ○○○동 ○○○호

아래의 사항이 틀림없음을 확인합니다.

① 상기 부동산의 점유자는 채무자 본인이며 제3전입자인 홍길동은 전입만 되어
 있고 실제 거주와는 상관이 없는 사람입니다.
② 상기 부동산 내부의 모든 짐은 본인의 소유이며 다른 제3자의 짐은 일체 없습
 니다.
③ 위 사항에 대하여 허위 진술 등으로 인한 책임은 민형사상 본인이 책임지겠습
 니다.

2018. 3. 29

위 사항 확인자 겸 채무자 : 오 단 정   (인)

68○○○○-2○○○○○○

010-9876-○○○○

○○ 지방법원

강 제 집 행 신 청 서

○○ 지방법원 집행관사무소 집행관 귀 하

<table>
<tr><td rowspan="3">채권자</td><td rowspan="1">성 명</td><td></td><td>주민등록번호
(사업자등록번호)</td><td></td><td>전화번호</td><td></td></tr>
<tr><td>우편번호</td><td>□□□ – □□□</td></tr>
<tr><td>주 소</td><td colspan="3">서울시 강동구 길동 ○○번지 ○○○(통 반)
아파트 동 호</td></tr>
<tr><td>대리인</td><td colspan="3">성명(임병철)
주민등록번호(700123 - 100000)</td><td>전화번호</td><td></td></tr>
<tr><td rowspan="2">채무자</td><td>성 명</td><td>한공주</td><td>주민등록번호
(사업자등록번호)</td><td></td><td>전화번호</td><td></td></tr>
<tr><td>주 소</td><td colspan="3"></td><td>우편번호</td><td>□□□ – □□□</td></tr>
</table>

집행목적물 소재지	채무자의 주소지와 같음 (※다른 경우는 아래에 기재함) 부 구 동(로) 아 번지 호(통 반) 아파트 동 호
집 행 권 원	2019 다인다123호
집행의 목적물 및 집 행 방 법	동산압류, 동산가압류, 동산가처분, 부동산점유이전금지가처분, 건물명도, 철거, 부동산인도, 자동차인도, 기타( )
청 구 금 액	원(내역은 뒷면과 같음)

위 집행권원에 기한 집행을 하여 주시기 바랍니다.

※ 첨부서류

1. 집행권원   1통   2019.   .   .
2. 송달증명서   1통   채권자 임병철   (인)
3. 위임장   1통   대리인   (인)

※특약사항

1. 본인이 수령할 예납금잔액을 본인의 비용부담하에
   오른쪽에 표시한 예금계좌에 입금하여 주실 것을
   신청합니다.

<table>
<tr><td rowspan="3">예금계좌</td><td>개설은행</td><td>신천은행</td></tr>
<tr><td>예 금 주</td><td>임병철</td></tr>
<tr><td>계좌번호</td><td>000-00-0000</td></tr>
</table>

채권자 임병철 (인)

2. 집행관이 계산한 수수료 기타 비용의 예납통지 또는 강제집행 속행의사 유무 확인 촉구를 2회 이상 받
   고도 채권자가 상당한 기간내에 그 예납 또는 속행의 의사표시를 하지 아니한 때에는 본건 강제 집행
   위임을 취하한 것으로 보고 종결처분하여도 이의 없습니다.

채권자 임병철 (인)

주 1. 굵은 선으로 표시된 부분은 반드시 기재하여야 합니다.(금전채권의 경우 청구금액 포함).
   2. 채권자가 개인인 경우에는 주민등록번호를, 법인인 경우에는 사업자등록번호를 기재합니다.

청구금액계산서

내 용	금 액
합 계	원

집행목적물 소재지 약도

부동산협상 2 - 명도편

지은이 임병혁
펴낸이 박영발
펴낸곳 W미디어
1쇄 발행 2019년 11월 11일

등록 제2005-000030호
주소 서울 양천구 목동서로 77 현대월드타워 1905호
전화 02-6678-0708
e-메일 wmedia@naver.com

ISBN 979-11-89172-28-2 03320

값 17,000원